高校跨境电商人才培养的
理论与实践研究

程书燕 著

天津出版传媒集团
天津科学技术出版社

图书在版编目（CIP）数据

高校跨境电商人才培养的理论与实践研究 / 程书燕著. -- 天津：天津科学技术出版社，2023.6
ISBN 978-7-5742-1323-4

Ⅰ.①高… Ⅱ.①程… Ⅲ.①电子商务–人才培养–研究–高等学校 Ⅳ.①F713.36

中国国家版本馆CIP数据核字(2023)第109383号

高校跨境电商人才培养的理论与实践研究
GAOXIAO KUAJING DIANSHANG RENCAI PEIYANG DE LILUN YU SHIJIAN YANJIU

责任编辑：宋佳霖

责任印制：兰　毅

出　　版：	天津出版传媒集团 天津科学技术出版社
地　　址：	天津市西康路35号
邮　　编：	300051
电　　话：	（022）23332490
网　　址：	www.tjkjcbs.com.cn
发　　行：	新华书店经销
印　　刷：	定州启航印刷有限公司

开本 710×1000　1/16　印张 14.75　字数 240 000
2023年6月第1版第1次印刷
定价：88.00元

前言

互联网正在不断影响着传统国际贸易的方式与手段，而跨境电商作为一种新型国际贸易手段，使位居不同国家的交易主体能够方便快捷地完成进出口贸易中的展示、洽谈与成交等活动，并通过跨境物流或异地仓储送达商品、完成交易，从而实现传统国际贸易流程的电子化、数字化和网络化，成为各国经济增长的新引擎，是开放型经济转型升级的新动力。

近年来，我国跨境电子商务取得了较好的发展成效，对经济增长的贡献率不断提升，因此如何实现跨境电子商务产业的优化升级，促进跨境电子商务的进一步发展也成了我国政府与学术界所关心的问题。产业的发展需要以人才为基础，跨境电子商务也不例外。虽然我国跨境电子商务产业的发展取得了显著的成效，但是跨境电子商务人才的培养却相对滞后，造成跨境电子商务行业存在一定的人才缺口，亟须具有较高综合素质的应用型人才的补充。

本书以跨境电商人才培养为研究对象，在对跨境电商进行了简要的阐述后，分析了跨境电商人才应具备的能力素质以及跨境电商人才培养的基础理论，针对跨境电商人才培养的课程体系、教学模式和师资队伍的建设做了系统的分析与研究，探究了校企合作背景下跨境电商人才培养的路径。本书兼具理论性和实践性，在内容安排上，力求结构严谨、层次分明。在表述上，力求语言平实、通俗易懂。本书对从事跨境电商教育的教师以及从事电子商务培训的工作人员具有一定的参考价值。

本书以系统的方式研究了在高校环境中培养跨境电子商务人才的多个方面，从理论到实践，从课程设计到教学方法，再到师资队伍的建设和评价体系的构建，涵盖了全面的内容。这种全方位、系统化的研究方法是本书的重要创新之处。本书的研究为高校跨境电商人才培养提供了重要的理论参考，有助于教育者和学者更深入理解此领域的问题，同时为高校改进跨境电商人才培养体系提供了实用的指导和建议。通过实施本书的研究成果,能够促进高校教育改革,显著提升高校跨境电商人才培养的质量,进而推动跨境电商行业发展。

跨境电商贸易方兴未艾,对跨境电商领域的认识还在初步积累、研究和深化之中,与此相关的很多概念和观点尚未成型或尚未完全达成共识,更由于编写者水平有限、编写时间有限等原因,书中的疏漏、不当之处难免,望读者不吝指正。

目录

第一章 跨境电商概述 ... 1
- 第一节 电子商务与跨境电商 ... 1
- 第二节 跨境电商的特征与类型 ... 21
- 第三节 跨境电商的发展历程与趋势 ... 31

第二章 跨境电商人才概论 ... 36
- 第一节 跨境电商人才的概念与分类 ... 36
- 第二节 跨境电商人才的能力结构分析 ... 39
- 第三节 跨境电商人才现状分析 ... 49

第三章 跨境电商人才培养的理论分析 ... 52
- 第一节 跨境电商人才培养的理论基础 ... 52
- 第二节 跨境电商人才培养的胜任素质模型 ... 68
- 第三节 跨境电商人才培养的原则 ... 75
- 第四节 跨境电商人才培养的意义 ... 77

第四章 高校跨境电商人才培养的课程体系建设 ... 81
- 第一节 高校课程概述 ... 81
- 第二节 高校跨境电商人才培养课程体系建设的基本原则 ... 88
- 第三节 高校跨境电商人才培养课程体系建设的策略 ... 95
- 第四节 高校跨境电商课程评价体系的构建 ... 104

第五章 高校跨境电商人才培养的教学模式创新 ············ 108

第一节 任务驱动型教学模式 ············ 108

第二节 翻转课堂教学模式 ············ 119

第三节 实训教学模式 ············ 132

第四节 双元制教学模式 ············ 137

第六章 高校跨境电商人才培养的师资队伍建设 ············ 143

第一节 高校跨境电商师资队伍建设情况 ············ 143

第二节 高校跨境电商师资队伍建设的可提升空间 ············ 146

第三节 高校跨境电商师资队伍建设的路径 ············ 148

第七章 高校跨境电商人才培养的评价体系构建 ············ 157

第一节 人才培养评价体系概述 ············ 157

第二节 高校跨境电商人才培养评价体系构建的原则 ············ 164

第三节 高校跨境电商人才培养评价指标体系的设计 ············ 168

第四节 高校跨境电商人才培养评价体系的完善策略 ············ 174

第八章 基于校企合作的跨境电商人才培养 ············ 182

第一节 校企合作概述 ············ 182

第二节 跨境电商校企合作的影响因素分析 ············ 200

第三节 基于校企合作的跨境电商人才培养策略 ············ 207

第四节 校企合作背景下跨境电商产业学院建设实践 ············ 216

参考文献 ············ 225

第一章 跨境电商概述

本章主要对跨境电商的基本知识进行阐述，主要包括电子商务与跨境电商、跨境电商的特征与类型、跨境电商的发展历程与趋势。

第一节 电子商务与跨境电商

一、电子商务

（一）电子商务的概念

电子商务的出现改变了传统的商业贸易模式，也改变了商业伙伴之间建立的合作关系模式以及计算机应用平台的模式。电子商务是在20世纪90年代兴起于美国、欧洲等发达国家的一个新的概念。1997年IBM公司第一词使用了电子商务（electronic commerce）一词，从此之后，电子商务一次逐渐普及开来。从电子商务的英文名称"electronic commerce"的表面意思来解释，前者"electronic"意为"电子的"，后者"commerce"意为"商务""贸易"，所以电子商务可以简单地理解为"电子"+"商务"的模式，是指借助网络技术完成整个商业交易过程的一种贸易模式。

其实，关于电子商务的定义至今没有得到统一，不同的组织以及不同的学者从不同的角度提出了他们对电子商务的认知并对电子商务做了不同的定义。

1. 国际组织对电子商务的定义

不同的组织，对电子商务的定义也有所不同。欧洲议会认为，电子商务是通过电子方式进行的商务活动；联合国经济合作和发展组织认为，电子商务是利用电子化手段从事的商业活动；世界贸易组织认为，电子商务是通过电信网络进行生产、营销、销售和流通活动；加拿大电子商务协会认为，电子商务是通过数字通信进行商品和服务的买卖以及资金的转账，包括公司间和公司内利用 E-mail（电子邮件）、电子数据交换（electronic data interchange，EDI）、文件传输、传真、电视会议、远程计算机联网所能实现的全部功能，如市场营销、金融结算、销售以及商务谈判。[①]

通过分析上述国际组织对电子商务的定义可知，他们都强调了电子商务的电子化以及通信技术，但各组织中界定的"电子方式""电子化手段""电信网络""数字通信"等术语无疑都有具有一定的片面性。其中，"电子方式""电子化手段""数字通信"等术语过于宽泛，忽略了网络的诸多特征；而"电信网络"又过于狭窄，因为"电信"知识网络的一种形式，并不能将其与网络同等化，所以将电子商务限定在"电信"的范围内，显然也不合适。

2. 企业对电子商务的定义

作为与商业贸易密不可分的企业来说，电子商务的出现对企业的发展产生有巨大的影响作用，所以各企业在发展电子商务的过程中也形成了对电子商务的认知。IBM 公司则认为，电子商务即 E-Business，是把买卖双方、厂商和合作伙伴在 Internet（国际因特网）、Intranet（企业内部网）、Extranet（企业外部网）上结合起来的应用，并提出了这一公式：Web+IT= 电子商务；惠普公司（HP）认为，电子商务是指"从售前服务到售后支持的各个环节实现电子化、自动化"，电子商务是惠普电子化世界（E-World）的重要组成部分，并被战略划分为三大网络框架——Internet、Extranet、电子市场和一个企业安全方案；美国通用电气公司 GE 对电子商务的定义是通过电子方式进行商业交易，分为企业与企业间的电子商务和企业与消费者之间的电子商务。企业与企业间的电子商务：以 EDI 为核心技术，增值网（value added network，VAN）和 Internet 为主要手段，实现企业间业务流程的电子化，配合企业内部的电子化生产管理系统，提高企业

---

① 董德民.电子商务[M].北京：中国水利水电出版社，2017：3.

从生产、库存到流通（包括物资和资金）各个环节的效率。企业与消费者之间的电子商务：以 Internet 为主要提供手段，实现公众消费和服务提供方式以及相关的付款方式的电子化。[①]

企业对电子商务的定义一般是站在企业自身发展及其在企业应用的基础上，并且也注重电子商务的技术实现形式，所以也不可避免地表现出一定的局限性与片面性。当然，电子商务的出现一个主要的任务就是为商业贸易服务，所以要理解电子商务不能仅仅通过理论层面。作为以商业贸易为重要主体的企业来说，在不断的电子商务实践中形成的对电子商务的认识是其他组织或学者所不能轻易形成的，因此各企业对电子商务的定义同样具有非常重要的参考价值。

通过上述从不同角度对电子商务下的定义可知，有关电子商务的定义可谓是百花齐放、各有春秋，反映了电子商务内涵的丰富性。其实，如果对上述电子商务的定义进行深入的分析，便可以发现这些定义所具有的共同之处以及不同之处。相同之处主要表现在三个方面：一是都采用（或源于）"电子商务"这一术语；二是都强调电子信息工具的重要性，都指出了电子信息工具的支撑性作用；三是都将电子商务的基本对象确立为商业贸易活动。不同之处则主要表现在：前提描述不同，作用对象的定义范畴不同。

其实，作为一种新兴事物（相对于人类贸易发展的历史而言），电子商务既有广义的一面，也有狭义的一面，笔者从广义和狭义的角度对电子商务进行如下定义。

（1）广义地讲，电子商务就是通过电子手段进行的商业事务活动。通过使用互联网等电子工具，使公司内部、供应商、客户和合作伙伴之间，利用电子业务共享信息，实现企业间业务流程的电子化，配合企业内部的电子化生产管理系统，提高企业的生产、库存、流通和资金等各个环节的效率。

（2）狭义地讲，电子商务是指通过使用互联网等电子工具（包括电报、电话、广播、电视、传真、计算机、计算机网络、移动通信等）在全球范围内进行的商务贸易活动。它是以计算机网络为基础所进行的各种商务活动，包括商品和服务的提供者、广告商、消费者、中介商等有关各方行为的总和。人们一般理解的电子商务通常是指狭义上的电子商务。

---

① 董德民.电子商务[M].北京：中国水利水电出版社，2017：3.

（二）电子商务的内涵

在阐述电子商务的定义时，笔者指出了电子商务内涵的丰富性，如果对这种丰富性进行总结，笔者认为可以分别从三个方面展开：技术手段、参与对象、商务活动。

1. 技术手段

技术手段是电子商务出现和发展的基础，没有技术手段做支撑，电子商务也便不可能出现，更不可能发展。电子商务的技术手段主要包括三个方面。

（1）计算机技术。计算机技术的内容非常广泛，可粗略分为计算机系统技术、计算机器件技术、计算机部件技术和计算机组装技术等几个方面。计算机技术具有完备的学习处理能力与数据处理能力，这使依托于计算机技术的商贸活动能够快速且高效地完成。

（2）远程通信技术。远程通信是指在连接的系统间，通过使用模拟或数字信号调制技术进行的声音、数据、传真、图像、音频、视频和其他信息的电子传输，远程通信技术则是指应用在远程通信中的技术手段，包括无线网络技术、通信技术和计算机网络技术。远程通信技术是电子商务实现的基础和纽带。

（3）信息技术。信息技术指用于管理和处理信息所采用的各种技术的总称，包括信息处理技术和信息表示技术。信息处理技术体现在电子商务的各个环节中，如信息的收集、存储、分析、更新和传播等；信息表示技术是企业信息化进程的核心技术，是支撑企业从传统商业贸易模式向电子商务模式转变的重要手段。

2. 参与对象

从电子商务参与的主体进行分析，电子商务的参与对象一般包括消费者、企业、支付以及中介机构四类。

（1）消费者。消费者是指为达到个人消费使用目的而购买各种产品与服务的个人或最终产品的个人使用者。在经济贸易活动中，消费者是产品和服务的最终使用者，他们必然会作为经济贸易活动中不可或缺的一部分参与到电子商务的大环境中，对电子商务的发展产生影响。当然，电子商务的发展也在影响着消费者的购物方式，甚至在逐渐改变着消费者的生活方式。

（2）企业。企业一般是指以盈利为目的，运用各种生产要素（土地、劳动力、资本、技术和企业家才能等），向市场提供商品或服务，实行自主经营、自负盈亏、独立核算的法人或其他社会经济组织。企业是电子商务的推动者之一，没有企业的参与，电子商务的发展必然会受到影响。相较于国外的一些发达国家来说，我国电子商务的起步较晚，但发展迅速。目前，中国企业信息化应用的程度日趋广泛，这不仅促进了企业的发展，也促进了电子商务的发展，更促进了我国经济的发展。

（3）政府。政府是指国家进行社会治理的机关，其功能是表达国家意志、发布命令和处理事务。在社会经济发展的体系中，政府扮演着指导者和调控者的角色。电子商务作为经济活动的一个组成部分，政府自然也要发挥其调控和指导的作用，通过制定政策和监督机制，保障电子商务的健康、可持续的发展。从某种意义上来看，我国电子商务之所以能够在短时间内实现快速的发展，和政府政策的支持是离不开的。另外，电子商务的本质是商业贸易，这种贸易模式是中国过去几千年未曾出现过的一种模式，虽然在其发展的过程中表现出了巨大的优势作用，但也同样表现出了一种野蛮生长的态势，如果不对这种态势加以约束，电子商务也难以"成为一棵参天大树"。由此，政府的约束与监督作用就显得至关重要。当然，作为社会发展中的组成部分，政府同样也是电子商务的参与者与受益者，这一点随着电子商务的发展愈加凸显。

（4）中介机构。中介机构是指依法通过专业知识和技术服务，向委托人提供公证性、代理性、信息技术服务性等中介服务的机构。在电子商务中，中介机构起到连接买卖双方的桥梁作用，也是电子商务中的一个重要的参与者。中介机构是独立于买卖双方的第三方机构，其主要是为了分散和规避风险。关于这一点，我们可以参考银行授权的信用证，通过信用证的使用，买卖双方的信用风险便从买卖双方转换成买方和开证行、卖方和收单行、开证行和收单行的信用风险，从而降低和分散信用风险。电子商务作为一种商业贸易模式，自然也存在信用风险，而且由于电子环境的虚拟性，使风险的表现形成也发生了转变，而传统纸质的信用证在降低和分散网络虚拟环境中的信用风险中所发挥的作用有限，所以便需要一种新的方式来分散和规避风险，由此，便出现了专门从事信息服务的中介机构。

目前，从事信息服务的中介机构主要分为三类：一是为商品所有权的转移过程（即支付机制）服务的，如支付宝一类的金融机构；另一类是提供电子商务软硬件服务、通信服务的各种厂商，如 IBM、HP、微软这样的软硬件和解决方案提供商；还有一类像 Yahoo、Alta Vista、InfoSeek 这样的提供信息及搜索服务的信息服务增值商。在电子商务的大环境中，上述三类中介机构在信息服务中分别发挥着不同的作用，同时为电子商务的发展贡献着自己的力量。

（三）电子商务的产生与发展

1. 电子商务产生和发展的条件

电子商务产生和发展的重要条件主要有四个方面。

（1）信息技术的发展促进了电子商务的产生。信息技术的发展是电子商务产生的物质基础，主要体现在以下两个方面：①计算机的广泛应用。20 世纪 90 年代之后，计算机的处理速度越来越快，处理能力越来越强，价格越来越低，应用越来越广泛，这为电子商务的应用提供了基础。②网络的普及和成熟。由于互联网逐渐成为全球通信与交易的媒介，全球上网用户呈指数增长，网络快捷、安全、低成本的特点为电子商务的发展提供了应用条件。

（2）信用卡的普及应用为电子商务中的网上支付提供了重要手段。信用卡以其方便、快捷、安全等优点成为人们消费支付的重要手段，并由此形成了完善的全球性信用卡计算机网络支付与结算系统，为电子商务中的网上支付提供了重要手段。

（3）电子商务是社会经济发展的必然趋势。随着社会经济的发展，大多数商品出现了供应远远大于需求的现象，这时急需一种新的商务模式来提高企业的竞争能力，电子商务承担了这种角色。电子商务是人类社会经济发展的必然趋势。

（4）政府的支持与推动为电子商务的发展提供了有力的支持。自 1997 年欧盟发布了《欧洲电子商务行动方案》后，美国随后发布了《全球电子商务纲要》，电子商务受到世界各国政府的重视。许多国家的政府开始尝试"网上采购"，这为电子商务的发展提供了有力的支持。

总之，由于信息技术的进步和商务的发展使社会网络化、经济数字化、竞争全球化、贸易自由化成为必然，现代电子商务产生了。如图 1-1 所示为电子商务产生和发展的条件。

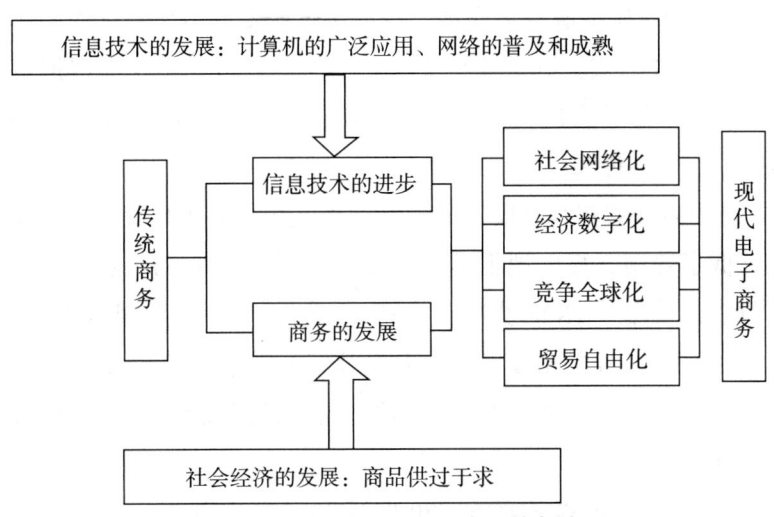

图 1-1　电子商务产生和发展的条件

2. 电子商务的发展阶段

电子商务是在计算机技术、网络通信技术的互动发展中产生和不断发展与完善的，是以 Internet 为依托，并伴随着 Internet 的广泛应用而迅速发展起来的。全球经济一体化和信息处理技术、现代通信技术的不断进步加速了电子商务的发展。从技术进步的角度来看，电子商务的产生与发展依次经历了基于 EDI 的电子商务、基于 Internet 的电子商务、基于 E 概念的电子商务和基于 P2P（peer to peer）的电子商务四个阶段。

（1）基于 EDI 的电子商务。电子数据交换（electronic data interchange，EDI）产生于 20 世纪 60 年代末的美国，当时的贸易商已经开始使用计算机处理各类商务文件，他们发现不同的计算机产生的数据之间存在关联，即一台计算机输入数据的 70% 来源于另一台计算机的输出，如果能在计算机之间实现数据自动交换，将大大提高数据的准确性，降低重复性劳动，从而提高效率，由此 EDI 技术应运而生。

EDI 是将业务文件按一个公认的标准从一台计算机传输到另一台计算机的电子传输方法。这种直接在计算机之间传送信息的方法大幅减少了纸张票据的使用数量，因此人们曾形象地称 EDI 为"无纸贸易"或"无纸交易"。EDI 通常包括硬件和软件两大部分，硬件主要指计算机网络，软件包括计算机软件和相关的 EDI 标准。1990 年之前，网络安全技术尚不成熟，因此大多数 EDI 通过租用电脑线在专用的 VAN 增值网上实现。EDI 软件主要将用户数据库系统中的信息翻译成 EDI 的标准格式，以供传输交换。由于不同行业的企业根据自己的业务特点规定数据库的信息格式，因此当需要发送 EDI 文件时，必须把它翻译成 EDI 的标准格式才能进行传输。

EDI 是电子商务的初级阶段，虽然 EDI 的运用提高了单证制作和文件处理的准确性，降低了费用，极大地推动了贸易的发展，但是 EDI 通信系统的建立需要较大的投资，使用 VAN 的费用也很高，一般的中小企业很难支付这笔费用，这大大限制了基于 EDI 的电子商务应用范围的扩大。越来越多的企业迫切盼望建立一种新的成本低廉、能实现信息共享的电子信息交换系统，基于 Internet 的电子商务便应运而生。

（2）基于 Internet 的电子商务。20 世纪 90 年代中后期，Internet 在全球迅速普及，逐步从大学、科研机构走向企业和个人，从信息共享工具演变成大众化的信息传播工具。传统的商业贸易活动开始和 Internet 结合起来，电子商务由此成为 Internet 应用的最大热点，Internet 也借助商业贸易的应用迅速扩张。

在基于 Internet 的电子商务发展初期，企业在 Internet 上建立静态网站，并发布基于 HTML 的网页。1997 年，一些创新公司实施了第二代电子商务计划，该计划的核心就是将其网站前端（信息发布浏览器主页和商品目录、价格、网上订单等）与后端的订单管理和存货控制系统相连接。第二代电子商务计划使客户能直接在一家公司的网站上发出和追踪订单，大大降低了交易费用，并使客户能更多地控制订购过程。第二代电子商务多以供应商为中心，因为公司希望其内部流程实现自动化，并将其连接到 Internet 上，以便为客户提供服务。这种后端系统与前端 Internet 界面的集成使公司随时可提供有关库存、价格及订货和发货状况的最新信息。与此同时，市场上出现了大量的工具和实用程序，它们使企业将其后端系统连入 Internet。这些易于使用的 Internet 接口甚至可以将更复杂的企业资源计划（ERP）应用程序连接到 Internet 前端。

相较于 EDI，基于 Internet 的电子商务具有以下明显的优势。

①费用低。Internet 具有很强的开放性，使用费用低，一般来说，其费用不到 VAN 的 1/4。费用的相对低廉以及安全技术的发展使中小企业不再望而却步，也能和大企业一起参与电子商务，从而促进了电子商务的深入发展。

②覆盖面广。Internet 目前已经成为全球最大的互联网络，几乎遍及全球的各个角落，涉及社会的各个领域，涵盖生活的各个方面。企业用户可以随时随地与世界各地的贸易伙伴传递商业信息和文件。Internet 使电子商务超越了时间和空间的限制。

③功能更全面。Internet 涵盖了各行各业，因此可以全面支持不同类型的用户实现不同层次的商务目标，如发布电子商情、在线洽谈、建立虚拟商场或网上银行等。Internet 使电子商务的应用范围更广、功能更全面。

④使用更灵活。基于 Internet 的电子商务不再受特殊数据交换协议的限制，任何电子商务文件或单证都与现行的纸面单证格式一致，无须翻译成标准格式后再进行传输，任何人都能看懂或直接使用。

Internet 克服了 EDI 的不足，为企业普及商务活动的电子化提供了可能。基于 Internet 的电子商务是电子商务发展的中级阶段。

（3）基于 E 概念的电子商务。自 2000 年初以来，人们对电子商务的认识逐渐由电子商务扩展到 E 概念的高度，人们认识到电子商务实际上就是电子信息技术同商务活动的结合。而电子信息技术不但可以和商务活动结合，还可以和医疗、教育、卫生、军事、行政等有关的应用领域结合，从而形成有关领域的 E 概念。电子信息技术和教育结合，产生了电子教务——远程教育；电子信息技术和医疗结合，产生了电子医务——远程医疗；电子信息技术和政务结合，产生了电子政务；电子信息技术和军务联系，产生了电子军务远程指挥；电子信息技术和金融结合，产生了在线银行；电子信息技术与企业组织形式结合形成虚拟企业等。对应于不同的 E 概念，产生了不同的电子商务模式，如电子娱乐（E-entertainment）、电子政务（E-government）等。随着电子信息技术的发展和社会需要的不断增长，人们会不断地为电子信息技术找到新的应用，必将产生越来越多的 E 概念，人类社会也将进入真正的 E 时代。

"E 概念"的思想在 2000 年被提出并迅速得到认可和广泛地传播，"E"即"Electronic"，是"电子化"的意思。"E 概念"即以电子技术和网络技术为基础，其他技术或思想为上层平台，经过功能与理念的双重整合，形成的对社会生活形态有重大影响的新事物。从这个意义上来说，电子商务只是"E 概念"的一个子集。

虽然电子商务只是"E概念"的一个子集，它却给整个世界带来了新的动力和通向未来的广阔空间。电子商务的发展可能会改变整个社会的运作规则，而"E概念"给社会带来的影响，无论从深度还是广度上来说，都要比电子商务大得多。"E概念"的意义就在于它使人们可以掌握所有未来新事物的本质特性，而不仅仅是新事物带来的表象上的巨变。

（4）基于P2P的电子商务。P2P电子商务，又称对等电子商务，是近年来兴起的一种电子商务的新概念，通过使用对等网络技术，互联网用户不需要通过中央Web服务器就可以直接共享文件和计算机资源。P2P网络彻底消除了对中央服务器的需求，它可以让用户彼此之间直接共享、搜索和交换数据，被认为是给电子商务的发展带来革命性影响的技术。P2P技术为电子商务的发展提供了一条新的途径，基于P2P技术建立的电子商务，可以较好地融合安全性和易用性，在纯对等网络技术中，不需要中间媒介的参与。

基于P2P技术的电子商务的优势主要体现为P2P在技术上的优势，这些优势使一些在C/S（client/server）模式下很难实现的功能变得容易，甚至可以提供一些原来不可能提供的服务。在P2P电子商务中，用户拥有更为灵活的通信交易模式，在网络中的每个用户节点都可能相互访问到彼此，并直接发生交易，它正作为一种新兴的电子商务模式发展起来，但信任风险仍是P2P电子商务发展的主要障碍。

P2P技术为电子商务的发展提供了一条新的途径，基于P2P技术建立的电子商务，可以较好地融合安全性和易用性，促进电子商务的发展。

（四）电子商务产生的影响

1. 电子商务对社会发展的影响

（1）电子商务对社会经济发展的影响。在经济全球化和贸易自由化的进程中，虽然为全球各国及各地区的经济发展带去了积极的作用，但风险和不确定性的因素也在逐渐增多。在这种大环境下，我国经济克服诸多困难与挑战，在高速发展的道路上始终奋力前进。其中，以电子商务为代表的数字经济取得了充足的发展，为推动我国社会经济的发展贡献了重要的力量，规模品质加速提升。

另外，随着电子商务的发展，电子商务已经逐渐下沉到乡村，越来越多的乡村开始发展电子商务，为促进乡村经济发展，促进乡村振兴战略的实现发挥了重要的作用。

相信随着我国网络基础设施的不断完善，电子商务的市场将会进一步被释放，其促进社会经济发展的作用也将实现进一步的发挥。

（2）电子商务对社会产业发展的影响。产业优化升级是国家经济持续发展的重要途径，有助于企业实现产业价值链的跃迁，提高企业的市场竞争力。在社会发展的过程中，各个企业都在不断增加科技创新的投入，积极引进先进技术并学习其他企业的管理经验，以此来促进产业结构不断趋向合理化。电子商务作为一种以互联网为依托的新的经济形态与商业模式，使传统的产业发展形势发生了变革，其在优化产业链、拓展营销渠道和高速扩散信息方面均发挥了重要的作用。的确，近些年，电子商务新模式新业态不断涌现。人工智能、大数据、小程序等技术广泛应用，直播电商、社交电商、跨境电商海外仓等模式深化创新，顺应了时下多元化、个性化、重视体验的消费需求。与此同时，电子商务带动线上线下融合发展的趋势更加明显，餐饮企业、零售门店主动拓展线上市场空间，传统实体经济在数字化转型方面做出新的探索和尝试。网络零售向智能制造领域延伸，电子商务平台与产业链中的各方建立数字化连接，对提升供应链运营效率和助推产业转型升级成效明显。[1]

另外，电子商务在促进产业融合上也发挥了积极的作用。产业融合指不同产业或同一产业内的不同行业部门相互渗透、相互交叉，最终融为一体，逐步形成新的产业发展形态的过程。[2] 产业融合是在科学技术迅速发展、经济全球化的大背景下，产业提高竞争力的一种产业组织形式，它的积极作用有三个：一是有助于促进传承产业的创新；二是通过区域产业的融合推动区域经济的一体化；三是提高产业的竞争力。从某种意义上来说，产业融合是城乡融合、区域融合的本质，它是以第五产业知识产业为主导，第一产业农业为基础，第二产业工业为中介，第三产业服务业为核心，第四产业信息业为配套，是在产业层面通过资源优化配置实现资源优化再生、推动产业升级的系统工程。

---

[1] 商务部电子商务和信息化司.2019中国电商商务报告[R].北京：商务部电子商务和信息化司，2019.

[2] 程瑞芳.旅游经济学[M].重庆：重庆大学出版社，2018：127.

如今,随着互联网的不断发展,"互联网+产业"的电子商务模式促进了社会产业的进一步融合。例如,很多乡村依托于农业发展优势,借助互联网平台,将农业与旅游业相融合,打造乡村旅游项目,促进了乡村产业以及经济的发展。

2. 电子商务对企业的影响

随着电子商务的发展,越来越多的企业认识到电子商务的重要作用,也认识到实现电子商务是企业发展的必由之路。的确,电子商务对传统企业的影响是巨大的,不仅影响着企业的管理,更影响着企业的采购、生产、研发、加工、存储、销以及客户服务等一系列内容。因此,在下面的论述中,笔者将从价值链的角度着手,系统分析电子商务对企业产生的影响。

(1)电子商务对企业采购产生的影响。在电子商务出现之前,企业采购原材料的方式通常是以订货会、供需见面会等方法为主,这些方法往往需要花费大量的人力、物力与财力,电子商务的出现拓展了原材料采购的途径,降低了企业原材料采购的成本。在互联网时代,商业贸易模式发生了巨大的转变,企业之间的竞争不仅取决于企业占有资源的多少,而且也取决于企业可控制资源的多少。因此,企业要充分利用外部资源,发挥互联网的作用,使自己与合作伙伴、供应商之间能够有效地互通互联,做到信息资源实时贡献,从而降低采购成本,提高运作效率。具体而言,主要体现在以下三个方面。

①电子商务有助于企业掌握采购的主动权。是否掌握采购的主动权对于企业来说至关重要,而电子商务无疑能够帮助企业更好地掌握采购的主动权。首先,企业可以根据自身的实际需求,通过互联网公布自己的采购需求,吸引供应商前来洽谈,降低企业采购的盲目性。其次,对于前来洽谈的供应商,企业可以利用供应商之间的竞争降低采购的成本,并获得供应商更多的售后承诺。

②电子商务有助于提高企业采购的透明度。原材料是影响产品质量的一个重要因素,如果企业原材料采购能够实现透明和公开,无疑能够进一步赢得消费者的信任。对于消费者而言,质量是他们最为关心的一个话题,在互联网时代,有很多企业选择将生产流程向大众进行公开,以此来凸显企业对产品质量的重视。同样,借助互联网平台,企业也可以将采购的各个环节在互联网上公开,邀请广大的消费者进行监督,真正实现"阳光采购"。

③有助于优化企业采购管理过程。电子商务采购是在对业务流程进行优化的

基础上按软件规定的标准流程进行，可以规范采购行为和电子化采购优势分析及实施电子采购策略电子商务采购市场，有利于建立种比较良好的经济环境和社会环境，减少采购过程的随意性。另外，电子化采购是一种"即时性"采购，使企业由"为库存而采购"转变为"为订单而采购"，提高物流速度和库存周转率，实现采购管理向供应链管理的转变，达到逐步由高库存生产向低库存生产的目的，直至实现零库存生产。

（2）电子商务对企业生产加工产生的影响。从某种意义上来说，企业与消费者的关系是一种供需关系，企业是供给方，消费者是需求方，只有企业和消费者之间的供需关系维持一直平衡，才能实现企业利益的最大化。由此可见，企业产品的生产加工不是盲目的，而是要结合消费者的需求，在对市场需求进行分析的基础上，制订生产加工计划。电子商务的出现，改变了企业市场分析的方式方法，也自然对产品的生产加工产生影响。

①转变了企业生产方式。企业传统生产模式下的生产方式是规模化、流程固定的流水线生产，这种生产方式效率较高，但对供需关系的考虑倾向于企业。而基于电子商务的生产方式则属于顾客拉动型的生产，因为借助互联网平台以及大数据和云计算等技术，企业能够快速地获得消费者的需求信息，并结合消费者的需求进行生产。另外，电子商务的出现也为定制化生产创造了条件，因为电子商务的出现为消费者与企业之间提供了快捷、方便、低成本的沟通手段，且现代金融支付手段、物流体系以及以模块化、延迟生产技术为代表的柔性生产技术日益完备，这又进一步降低了定制生产的成本，使定制化的生产方式成为可能。

②提高了库存管理效率。在企业传统的生产加工管理中，企业为了应对交货延迟、交货失误等问题，通常会确定一个库存量，尤其是那些生产加工周期较长的产品，对市场需求变化的反应较慢，库存的重要性更为凸显。但库存越多，库存管理的费用就越高，并降低资金的使用率。电子商务的出现在改变生产方式的基础上也对产品的库存产生了影响。在传统以企业为中心的生产模式中，企业与消费者之间的供需关系存在一定的不对称性，这就容易导致预留的库存出现积压，从而影响库存管理效率。而基于电子商务的生产模式是以消费者需求为基础的，大大降低了企业与消费者之间供需关系的不对称性，也避免了库存积压过多的情况，从而使库存管理效率有效地提高。

（3）电子商务对企业营销产生的影响。产品销售是企业盈利的关键环节，只有将产品销售出去，才能实现利润的增长。电子商务的出现改变了传统的商业贸易模式，自然也对企业产生了有效影响。具体而言，电子商务对企业有效产生的影响主要表现在如下两点。

①降低了企业营销的成本。电子商务的发展，减少了传统营销过程中代理商、经销商、加盟商等中间环节，也大大节省了企业通过中间环节的成本，使企业与消费者通过电商平台直接买卖，建立了快速、便捷、低价、服务于一体的营销渠道。尤其对于一些小的商户来说，实体店首先会产生数额不小的租金，这些租金在其营销成本中占有很高的一个比例，而入驻电子商务平台省去了这笔租赁实体店铺的租金，降低了他们的营销成本。另外，一些大的企业为了进一步提高营销的效率，甚至会建立属于本企业的网站，一方面可以对外发布企业、产品、广告、新闻等信息；另一方面，可以通过网站实施营销，成为企业直销的重要窗口。无论是入驻电商平台（如淘宝、京东、苏宁），还是建立自己的企业网站，都能够促进企业营销成本的降低，而这些节约下的成本可以用于产生质量的有机消费者服务质量的提高，从而提高产品口碑，提高品牌竞争力。

②突破了空间与时间的限制。在传统的营销模式中，企业产品的影响不可避免地受到时间与空间的限制，尤其对于一些中小企业而言，其产品销售的市场非常有限，不能像一些大企业一样在全国各地开设连锁性的商店，这就降低了中小企业与大企业竞争的能力，从而影响整个市场的活力。而电子商务环境下的网络销售不受空间的限制，企业通过电商平台可以面向全国各地，甚至全球各地的消费者。正是因为电子商务跨空间的特点，才为区域带去更广阔的销售市场，从而促进区域经济的增长。另外，电子商务也突破了时间的约束，因为网上店铺没有"下班关门"一说，能够实现全天24小时"在线"，消费者随时可以浏览店铺并下单购买。

3.电子商务对消费者的影响

作为参与商务的对象之一，电子商务在对企业产生影响的同时必然会对消费者产生影响。消费者购买决策过程划分为五个阶段：确认需要、搜集信息、评估选择、决定购买和购后行为。电子商务对消费者产生的影响便可以从这五个阶段进行分析。

（1）电子商务对消费者需求的影响。需求是购买行为产生的开始，当消费者对某一物品产生需求后，便有可能产生后续的购买行为。消费者需求的产生可能是内在生理活动引起的，也可能是外在环境刺激引起的，抑或是内外两种因素共同引起的。对于企业来说，激发消费者的购买需求是第一步，因为没有消费需求，也便不可能产生后续的购买行为。在互联网出现之前，企业通常借助电视媒体、纸媒等渠道对产品进行宣传，增加产品曝光度，并且在宣传的过程中会为产品附加某种价值，以此来刺激消费者购买需求的产生。互联网出现之后，网媒成为一个重要的渠道，企业通过电商平台以及其他互联网平台对产品进行宣传，并将宣传内容与销售链接结合到一起，如短视频平台的视频宣传内容下会附带产品购买的链接，消费者在观看视频的短时间内受视频的影响最大，购买需求产生的概率也相对较高，这时附带的购买链接为消费者的购买提供了便利，消费者购买的可能性也相对较大。另外，近些年兴起的直播电商也在影响着消费者的购买需求，一些消费者本身对某种产品没有购买需求，但在观看直播的过程中，受主播的影响突然产生了购买需求，这种消费其实属于冲动消费，是一种不理智的消费行为，对于消费者来说，应该减少冲动消费，保持一种相对理智的消费状态。

（2）电子商务对消费者信息搜集的影响。通常情况下，当消费者产生购买需求后，便会针对自身的需求进行信息搜集，以往信息搜集的来源主要有三种：个人来源、公众来源和商业性来源。个人来源一般指从身边的朋友、家人处得到的信息，这些信息较为真实和直接，但由于身边的朋友和家人未必有对某些商品的购买经验，导致这一渠道获得信息优势是非常有限的。公众来源指从报刊电视等大众宣传媒介的客观报道和消费者团体的评论得到信息，这些信息同样比较真实，但获取渠道比较麻烦，当消费者产生购买需求的时候，很难立刻通过公众渠道获得信息。商业性来源则是指从商业广告、商品陈列与展览、销售人员介绍等得到的信息，通过这些渠道了解的信息往往不够真实，因为商业性的宣传不免会有"自卖自夸"之嫌，通过这些渠道了解的信息需要消费者有一定的分辨能力。

而电子商务的出现极大地提高了消费者信息搜集的效率，降低了信息搜集的成本，信息搜集的半径也扩大了。搜索引擎为消费者进行信息搜集提供了便利，节省了信息搜集的时间和成本。消费者只需要在电子商务平台上输入想要购买的商品名称，便可以获得商品的相应的信息，而且电子商务平台上在发展这些产生的使用评价，这些评价类似于上文提到的公众信息，具有较高的真实性，可作为消费者购物的一个参考。另外，网上不同类型的虚拟社区的存在，使消费者不仅可以从身边获得信息，还可以向素不相识的人了解信息。各种网站也为消费者信息获取提供了便利，在各种门户网站上，消费者很容易了解某类商品的市场行情。

（3）电子商务对消费者购买选择的影响。消费者购买选择的影响因素很多，包括商品价格、购买的时间成本、精力成本等。在传统的购物方式中，消费者为了降低经济成本，往往会"货比多家"，但这样会花费大量的时间成本与精力成本，在生活节奏越来越快的今天，很多人在繁忙的工作之余希望能够将时间花费在休闲上，而不是单纯的购物上。在基于电子商务的网络购物模式中，消费者为了降低经济成本，同样可以"货比多家"，因为打开手机便可以浏览任何一家网店，所以省去了路途上的时间，而且从一个网店转移到另一个网店也非常便捷，这样就大大降低了消费者的时间成本与精力成本。当然，网上购物并不能实现商品的随买随到，从下单到送货到家有一个物流配送的时间间隔，而且网上购物也缺少了实体店购物的体验感。总体而言，基于电子商务的网上购物有其优势，也有其不足，但作为一种便捷的购物方式，电子商务对消费者购买选择的影响是毋庸置疑的。

（4）电子商务对消费者购买决策的影响。消费者的购买决策包括在哪家店铺购买、购买哪个品牌、购买的数量以及支付的方式。在传统的实体店购买方式中，消费者往往受时间和精力的限制，可选择的店铺、品牌往往会受到限制。而电子商务的便捷性决定着消费者可以浏览更多的店铺和品牌，也可以在任何时间段购买商品，这就为消费者购买决策的形成提供了更多的可选择性。至于支付方式，电子商务的发展促进了电子支付的发展，使消费者也同样具有更多可选择的支付方式。

（5）电子商务对消费者购后行为的影响。消费者在购买产品后，产品使用的满意度会直接影响其购后的行为。如果消费者在使用产品之后发现产品和实际性能与产品介绍大体相符，或者说与消费者之前购买的同类产品性能相近，便会感到基本满意;如果产品性能超出预期,便会感到非常满意;如果产品性能达不到预期,往往会感到失望。满意度所影响的消费者的购后行为对企业产品品牌形象的形成具有很大的影响作用,因为通过消费者传播出去的信息往往更为真实,更能够取得其他消费者的信任。在电子商务出现之前,消费者的购后行为影响的范围较小,通常只会影响其身边的家人、朋友或同事,不会造成大范围的传播。而电子商务平台出现之后,消费者购后的行为不再受空间的约束,他们既可以在自己购买产品的电子商务平台上发表自己的对产品使用的感受,也可以在其他互联网平台上发表,包括在企业的自建网站上。对于企业来说,消费者的购后行为是非常重要的一个参考的依据,企业要积极响应消费者的购后行为,并积极与消费者进行沟通,这样不仅有助于企业自我完善,还有助于增强企业与消费者之间的情感关系,对企业的发展来说意义匪浅。

二、跨境电商

(一)跨境电商的相关概念

1.跨境电商

随着时代的发展和网络技术的不断进步,电子商务逐渐渗透进我们生活的方方面面,人们越来越习惯于通过电子商务平台,线上购买商品,获取服务。电子商务自身具有全球性与便捷性等特点,可以突破国家地域的限制,促进商品在世界范围内的流通,无论是国家、企业还是个体,都可以通过电子商务与境外进行商品与服务交易,而这种基于电子商务的拓展活动则催生了跨境电子商务的产生与发展。

跨境电子商务是互联网时代的一种新型贸易方式,兼具电子商务和国际贸易的双重特征。与传统国际贸易相比,具有中间环节少、交易周期短、交易成本低、成交金额小、交易频次高等显著特征。中国是一个制造业大国,跨境电子商务可以显著提升国家贸易发展水平,促进经济增长。

跨境电商有广义和狭义之分。从狭义上看,跨境电商基本等同于跨境零售。跨境零售指的是分属不同关境的交易主体,借助计算机网络达成交易,进行支付结算,并采用快件、小包等方式通过跨境物流将商品送达消费者手中的交易过程。跨境电商在国际上流行的说法叫 Cross-border E-commerce,其实指的都是跨境零售。从海关的统计口径来看，狭义的跨境电商就是指在网上进行小包的买卖，基本上是针对终端消费者（即通常所说的B2C或者C2C）。但随着跨境电商的发展，跨境零售消费者中也会含有一部分碎片化小额买卖的B类商家用户，但现实中B类商家和C类个人消费者很难区分，也很难界定B类商家和C类个人消费者之间的严格界限，因此，总体来讲，这部分针对B类商家的销售也归属于跨境零售部分。

从广义上看，跨境电商是指分属不同关境的交易主体，通过电子商务手段将传统进出口贸易中的展示、洽谈和成交环节电子化，通过电子商务平台达成交易，进行支付结算，并通过跨境物流或异地仓储送达商品、完成交易的一种国际商业活动。广义的跨境电商统计对象以跨境电商中商品交易部分为主（不含服务部分），它既包含跨境电商交易中的跨境零售，又包含跨境电商B2B部分，其中B2B部分不仅包括通过跨境电商交易平台实现线上成交的部分，还包括通过互联网渠道线上进行交易洽谈，促成线下实现成交的部分。

从更广意义上看，跨境电商指电子商务在进出口贸易中的应用，是传统国际贸易商务流程的电子化、数字化和网络化。它涉及许多方面的活动，包括货物的电子贸易、在线数据传递、电子资金划拨、电子货运单证等内容。从这个意义上看，在国际贸易环节中，只要涉及电子商务应用，都可以纳入这个统计范畴。

2. 跨境电商平台

跨境电商交易平台是指经过海关认可并与海关进行联网以实现跨境贸易电子商务进出口商品达成交易、货款支付、商品配送等功能的综合性平台。通过跨境电商交易平台开展对外商品销售，可以摒弃传统贸易过程中比较冗繁的中间环节，贸易双方可以在平台上直接会面商谈，增加了沟通的便利性，交易效率明显提升，国内企业特别是传统生产制造企业可以直接把自己的产品卖到国外，去除了中间贸易成本，获取的商业利润可以大幅度增加。

3. 跨境电商企业

跨境电商由于运输距离较远，商品需要跨境，因此跨境电商活动的主体一般是企业。跨境电商企业指的是利用电子商务平台进行跨境商务活动的企业。其中，电子商务平台既可以是企业自己建设与运营的，也可以是第三方电子商务平台。

跨境电商企业主要包括三类主体,分别是自建立跨境电商平台并从事对外贸易业务往来的企业,该类企业一般是全面掌握电子商务技术、资金雄厚且具有相当实力的大规模企业,该类企业在跨境电商企业数量中只占少数;第二类是利用第三方跨境电商交易平台从事对外贸易的企业,该类企业没有自己开发的电子商务平台,一般情况下也不具备开发平台的实力,以中小微型企业为主,在跨境电商企业中占据绝大数量比例;第三类是专业做跨境电商平台的企业,具备跨境贸易电子商务平台开发的专业技术,为第二类企业开展对外贸易业务提供服务,如货款支付、通关、国际物流等配套服务。

(二)跨境电商与国内电子商务的区别

1. 在业务环节方面,跨境电商比国内电子商务更为复杂

国内电子商务属于国内贸易的范畴,跨境电商实际上属于国际贸易的范畴。与国内电子商务相比,跨境电商业务的交易环节较为复杂,需要通过海关通关、检验检疫、外汇结算、出口退税、进口征税等诸多复杂环节。在货物运输方面,跨境电商通过邮政包裹、快递出境的方式来进行。由于路途较远,货物从出售到国外消费者手中的时间较长,在途中货物容易发生损坏,并且各国的邮政送货能力相对有限,急速增长的包裹量也容易造成贸易摩擦。国内电子商务发生在国内,通过货物运送方式到达消费者,路途近,到货快,货物损坏概率低。

2. 在交易主体方面,跨境电商面临的是不同关境的交易主体

电子商务交易的主体一般在国内,国内企业之间、企业与个人之间、个人与个人之间。跨境电商交易的主体是关境之间。可能是国内企业对外国企业、国内企业对外国人或国内个人对外国人。世界各地交易的主体,有不同的消费习惯、生活习惯、文化心理,这就要求跨境电商引进国际化的流量、广告营销,国外本土品牌有更深入的了解,对外贸需求、互联网、分销系统、消费者行为有深刻的理解,必须有"本地化/本地化"的思想,这远远超出了日常的国内电商业务。

3. 在交易风险方面,跨境电商比国内电子商务承担的风险更大

国内部分企业知识产权意识较弱,再加上跨境 B2C 电商市场的产品不需要高科技,多为大规模生产的日常消费品,许多企业缺乏产品定位意识,什么是热卖点就推出什么产品,大量无品牌、低附加值、低品质商品和假冒伪劣商品

充斥跨境电商市场，侵犯知识产权等现象时有发生。在商业环境和法律制度更完善的国家，容易造成知识产权纠纷，追究司法诉讼和赔偿是非常麻烦的。国内电子商务行为发生在同一个国家，双方对商标、品牌等知识产权的交易统一了解，因为侵权造成的争议较少，即使有争议，处理时间较短，处理也比较简单。

4. 在适用规则方面，跨境电商比国内电子商务更为详细、复杂

跨境电商企业比一般国内电商企业需要适应更多、更详细、更复杂的规则。第一是平台规则。除了国内平台，跨境电商借助的平台还可能在国外平台上开展交易，国内 B2B 和 B2C 平台已经很多，每个平台有不同的运营规则，海外国家的平台及其规则让人眼花缭乱。跨境电商公司需要熟悉国内外不同平台的运行规则，有在不同商业模式下进行多平台操作的技能。

国内电子商务只需要遵循一般电子商务的规则，而跨境电商业务则需要以双边贸易协定为基础，遵循国际通用系列贸易协定。跨境电商业务需要得到强有力的国家政策支持，经营者需要对国际贸易规则有高度的敏感性，能够跟上国际贸易规则、进出口管制、关税规则等政策变化，对进出口情况也应该有更深入的了解和分析。

（三）跨境电商的意义

1. 打造新的经济增长点

跨境电商是互联网时代的产物，是"互联网+外贸"的具体体现，必将成为新的经济增长点。由于信息技术的快速发展，规模不再是外贸的决定性因素，多批次、小批量外贸订单需求正逐渐代替传统外贸大额交易，为促进外贸稳定增长和便利化注入了新的动力。

随着相关政策性红利的不断释放，在移动互联网、智能物流等相关技术快速提升的背景下，围绕跨境电商产业将诞生新的庞大经济链，带动国内产业转型升级，并催生出一系列新的经济增长点。

2. 提升我国对外开放水平

跨境电商是全球化时代的产物，是在世界市场范围内配置资源的重要载体，必将全方位提升我国对外开放水平。跨境电商平台将进一步破除全球大市场障碍，推动无国界商业流通。

对企业而言,跨境电商加快了各国企业的全球化运营进程,有助于树立全球化的品牌定位,形成更加虚拟数字化的销售网络,大大降低生产者与全球消费者的交易成本,使企业可以直接与全球供应商和消费者互动交易,特别是降低了广大中小企业"零距离"加入全球大市场的成本,使更多企业享受到全球化红利,有助于推动更加平等和普惠的全球贸易发展。

3. 提升国内消费者福利水平

跨境电商是消费时代的产物,满足了国内消费人群追求更高生活质量的需求,必将提升消费者福利水平。目前,我国人均国内生产总值已经达到中等偏上发达国家水平,国内消费者对更高质量、更安全、更多样化商品的需求日益旺盛,消费对经济增长的拉动作用日趋明显,我国的消费时代已经悄然来临。

跨境电商进口以扁平化的线上交易模式减少了多个中间环节,使海外产品的价格下降。通过大量引入质量较好、品种丰富的海外产品,我国可以更好地培育国内市场,以消费升级引领产业转型升级,最终惠及国内消费者。同时,跨境电商使交易流程扁平化,海外产品提供商直接面对国内消费者,能够提供更多符合消费者偏好的商品。

第二节 跨境电商的特征与类型

一、跨境电商的特征

跨境电商是基于网络发展起来的。网络空间相对于物理空间来说是一个新空间,是一个由网址和密码组成的虚拟但客观存在的世界。网络空间独特的价值标准和行为模式深刻地影响着跨境电商,使其以不同于传统的交易方式呈现出自己的特点。

(一)全球性

1. 媒介的全球性

全球性是跨境电子商务最为显著的特征之一,其名称中的"跨境"二字充分体现着全球性的特点。跨境电子商务本身就是全球化的产物,国家与国家之间的联系日益密切，经济和贸易活动在全球范围内运行，加之信息技术和网络技术的快速发展，跨境电子商务应运而生。

网络作为当代世界信息交流的主要媒介，不受地域的限制，具有全球性的特征，随着互联网的不断发展，逐渐形成去中心化的网络信息交流生态，因此依托于互联网而形成的跨境电子商务同样具有全球性与非中心化的特征。跨境电子商务户籍进行不过需要有太多地理因素的考量，这种无边界交易是电子商务与传统商务活动最大的区别之所在。

2. 交易的全球性

跨境电子商务在很大程度上促进了物品的流通与国际贸易的发展，企业与个人用户可以将自己的产品放到网络平台之上，在全球性平台上公布商品的具体信息，充分展示商品性能，供全球消费者选择。与此同时，全球消费者可以在全球范围内任意挑选商品，打破空间的限制，自由进行物品的选择与购买，交易过程通过网络支付进行，极大提升了交易的便利度。

3. 服务的全球性

跨境电子商务提供的服务，包括产品宣传、信息咨询、物流配送、售后服务、服务贸易等均具有全球性的特征。

互联网技术的重要功能之一就是促进信息的交流，互联网打破时间与空间的限制，使不同地区的人们能够自由地在线上进行交流，具体到跨境电子商务领域，企业能够通过互联网，将商品的详细信息与具体功能介绍给世界各地的人们。

在传统的商贸活动中，企业普遍采取线下宣传与报纸、电视广告的方式介绍自己的产品，但受制于具体的宣传路径与媒体的传播能力，这种方式成本较高、宣传范围有限，对许多中、小型企业来说很不友好，在跨境商务领域，宣传工作与信息交流更是难上加难。随着电子商务的发展，企业通过网络可以充分实现商品的宣传与信息交流，消费者可以通过浏览相关网站商品进行搜索与筛选，特别是在跨境电子商务领域，互联网帮助企业将自己的商品在全球范围内进行展示，在提升宣传能力的同时极大地缩减了宣传成本，同时使全球消费者能够有更多的选择，这是传统商务活动所不具备的功能。

全球范围内的物流配送也是跨境电子商务全球性的重要体现。跨境电子商务在全球范围内展开贸易，有形的电子商务离不开物流配送，跨境商务活动在物流领域突出的特点是物流距离远，因此物流配送难度相对较高。而跨境电子商务则很好地解决了这一问题，首先，跨境电子商务的生产商、供应商、经销商和物流企业可以通过互联网建立远程合作关系，拓宽物流配送的渠道。其次，企业可以与不同区域的物流公司建立合作关系，或通过国际物流服务实现商品在全球范围内的配送。

（二）实时性

1. 商品交易的实时性

跨境电子商务的信息传递是以互联网为媒介的，互联网本身具有信息传输速度快和信息传送量大等特点，且互联网传送信息的速度与地域距离无关。因此，信息传递的实时性也是跨境电子商务的显著特点。

传统的信息传递方式主要以信函、传真、电话等方式为主，信息传递效率低下，难以针对具体问题进行及时的沟通与交流，互联网的信息传送不受空间的限制，地理上的距离被互联网无限拉近，商品的交易、信息的收发、可以在很短的时间内完成，极大提升了交易的效率。

在传统贸易活动中，消费者在购买商品时，由于掌握的相关信息较少，时常出现对交易不满意的情况，这是信息交流不及时带来的信息差造成的，信息的不对等也使得消费者在购买商品时的选择较少，一般是电视、报纸等媒体宣传，或者通过朋友介绍与自身体验进行商品的选择，这些方式限制了消费者对于商品的选择。而电子商务的出现在一定程度上改变了这一现状，电子商务将商品的具体信息呈现在网络平台之上，消费者可以及时获取商品的价格变动、更新迭代、参数变化等信息，进而在大量的同类型商品中根据自己的购买标准选择心仪的商品，互联网的即时性的优势在跨境电子商务活动中体现得更为明显。

2. 信息交流的实时性

跨境电子商务的实时性不仅体现在商品的交易过程中，还体现在商务活动的各个环节之中。在传统的商务活动之中，企业之间的交流需要面对面进行，或者通过信函、传真的方式，这些方式效率低下，成本较高，特别是对于参与跨境贸易的企业来说更是如此，较低的交流效率与较高的交流成本使不同关境企业之间的交流并不活跃，在很大程度上影响了企业之间的合作。在跨境电子商务中，企业之间可以通过线上会议的形式或者电子邮件的方式快速实现商务信息交流，极大提升了信息交流的效率，使企业能够获取实时的信息，且节约了大量的人力、物力成本。

3. 数据分析的实时性

跨境电子商务还体现在企业内部的信息管理、客户关系管理、供应链管理、网上市场调研、数据分析、市场行情分析、人力资源管理以及财务管理等领域。跨境电子商务面对的是全球市场，因此在进行信息管理与发展策划时，需要面对大量的数据。

以行情分析为例，世界市场风云变幻，相关数据搜集、分析、处理得不及时都会造成对行情判断的滞后甚至错误，这种对市场行情的错判会严重影响企业发展战略的制定，因此数据的实时性对于企业发展来说尤为重要，许多例子表明，企业的战略发展规划如果不符合时代发展的要求，就会使企业产生较大的经济损失，甚至导致直接失去市场竞争力的情况。特别是对于跨境电子商务来说，其面对的是全球市场，不同国家的具体产业发展情况与市场需求存在较大的差异，这就对企业信息的获取能力提出了更高的要求。跨境电子商务以网络为依托，能够实现好行情数据的及时获取，提升数据分析效率，极大地提升了行情判断的准确性，为企业做出正确的战略规划奠定了坚实的基础。

4. 企业管理系统运行的实时性

相比于电子商务，跨境电子商务涉及的商务主体更多、信息量更大、贸易过程更为复杂。保证跨境电子商务企业内部的信息管理、客户关系管理、人力资源管理以及财务管理等领域的准确性与高效性，均需要电子商务发挥作用。在传统的企业内部管理运行机制当中，指令的下达、人事的变动、财务的管理等，通常都是通过会议或纸面文件进行的，这种方式不但消耗人力物力，而且效率低下，失误率高。基于互联网技术的管理系统，具有较高的效率与准确性，且节约了大量的管理成本，上述一系列管理活动都可以通过线上的方式来完成，处理过程准确且高效，对跨境电子商务企业的内部管理具有巨大的促进作用。

（三）无形性

1. 交易过程的无形性

无形性是跨境电子商务与传统商务的显著区别之一，在传统的商品交易中，消费者和企业面对的是实实在在的商品，消费者选定商品后，通过面对面交易或者订单配送的方式完成交易活动。但是在跨境电子商务中，由于距离的限制，交易活动往往难以面对面进行，商品信息查询、选择、订购、支付等环节都是在无形的网络上进行的。

在跨境电子商务活动中，商品与服务均是通过数字化的形式呈现给人们的，大量的商品与不同类型的服务通过不同的网络服务平台传输到网络世界的每一个角落，有着不同需求的人们根据网络提供的信息选择商品与服务，最终完成交易。可以说，跨境电子商务是使用"无形"的手段进行有形商品交易的过程，其交易的成果的有形的，但整个交易的过程是无形的、虚拟的。

2. 数据传输的无形性

网络的发展使数字化产品和服务的传输盛行。而数字化传输是通过不同类型的媒介，如数据、声音和图像在全球化网络环境中集中而进行的，这些媒介在网络中是以计算机数据代码的形式出现的，因而是无形的。以一个 E-mail 信息的传输为例，这一信息首先要被服务器分解为数以百万计的数据包，然后按照 TCP/IP 协议通过不同的网络路径传输到一个目的地服务器再重新组织转发给接收人，整个过程都是在网络中快速完成的。

跨境电子商务是以网络技术为依托的，而网络中的数据传输是无形的，因此从跨境电子商务所依托的技术手段来观察，无形性是跨境电子商务显著的特征。

3. 服务贸易的无形性

服务贸易指的是一国的法人或自然人在其境内或进入他国境内向外国的法人或自然人提供服务的贸易行为。服务贸易的内容是服务而非有形的商品，服务贸易包括商业服务、通信服务、建筑及有关工程服务、销售服务、教育服务、环境服务、金融服务、健康与社会服务等。

广义的服务贸易既包括有形的活动，也包括服务提供者与使用者在没有直接接触下交易的无形活动。随着时代的发展，服务贸易日益成为贸易活动的重要组成部分，特别是在跨境电子商务领域，无形的服务贸易发展更为迅速。教育、金融等领域的许多服务可以完全通过线上的方式进行，大大便利了人们的生活。

（四）匿名性

1. 交易主体的匿名性

正是因为跨境电子商务具有全球性与无形性的特点，用户量大，且分属于不同的国家或地区，因此难以确定用户的信息。跨境电子商务的参与者，无论是商品、服务的提供者，还是消费者，一般都会隐藏全部或者部分的个人信息，网络所提供的用户身份、地理位置等信息也具有很强的不确定性。网络作为一个虚拟的平台，为人们提供了自由交流的环境，在现实生活中，人们用真实的身份信息学习、工作、生活，而在电子商务中，匿名行为基本不会影响网络交易的进行，而网络的匿名性也允许电子商务的各参与主体这样做。

2. 交易过程的匿名性

在传统的商品交易中，部分商品的交易过程需要签收单据，人们通常会将自己的真实姓名签在单据上。而网络为跨境电子商务提供了虚拟的交流平台，匿名的行为会让人们感觉更加自由，在匿名的状态下，人们可以享受最大的自由，而承担最小的责任。人们匿名在虚拟的网络世界中自由进行商品与服务的交易。在交易的过程中，跨境电子商务各参与主体多是以匿名的形式参与到电子商务活动中来，在整个的交易过程中，交易的双方匿名进行交流。

（五）无纸化

1. 无纸化办公

跨境电子商务采取无纸化办公模式，信息时代的到来，使计算机取代了传统的纸和笔，成为人们办公的主要工具，跨境电子商务的信息传递也是通过电子邮件进行的，实现了无纸化办公。

自纸发明以来，其凭借独特的优势成为信息记录的主要工具，从古代一直到现代，纸在信息传递方面的作用不可替代。在传统的商务活动中，纸可以说是最为重要的办公工具之一，文件的传输、信息的传递、合同的签订以及商务活动中的多种票据，都需要以纸为载体。可以说，纸既是人类文明的重要载体，也是日常生产生活中不可或缺的信息记录工具。

跨境电子商务是诞生于信息时代的新的商务模式，因此跨境电子商务企业的办公模式具有鲜明的信息化时代特色，在企业内部管理与办公过程中，对纸不再具有迫切的需求，企业凭借网络展开管理与办公，通知、公告、会议等均可以通过线上的方式来完成，这种无纸化办公模式，不仅提升了办公效率，而且减少了企业的成本，节约了大量的资源，这也符合现代环保的理念。

2. 无纸化交易

随着电子信息技术与互联网技术的不断发展,计算机逐渐取代纸张成为信息记录的重要工具。在跨境电子商务中,商品运输距离长,商务活动参与各方距离较远,因此以纸作为信息记录与交流的工具会导致信息交流时间过长,严重降低跨境电子商务交易的效率,而且,由于贸易的迅速发展,贸易中涉及商品的种类繁多,数量庞大,无论是物流、还是海关,将纸张作为信息记录的主要工具都将难以应对大量的商贸交易。[1]

因此,在跨境电子商务的整个运行环节,计算机几乎取到了纸张,成为信息交流与记录的主要工具。跨境电商的特征如图1-2所示。

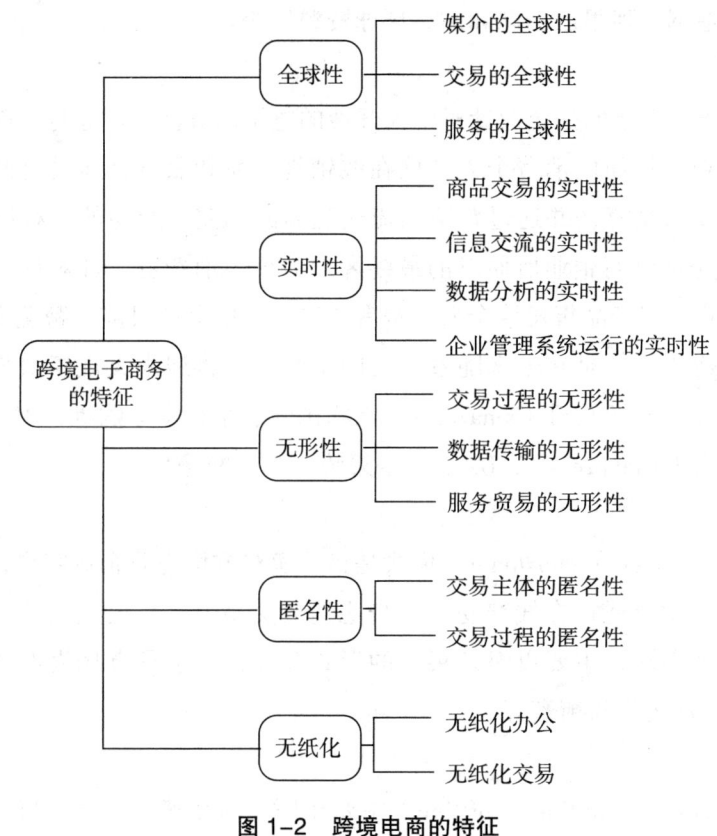

图1-2 跨境电商的特征

---

[1] 徐凡编.跨境电子商务基础[M].北京:中国铁道出版社,2017:27-29.

二、跨境电商的类型

基于不同的标准，跨境电商可以分为以下几类。

（一）按交易主体类型分类

1. B2B 模式

B2B（business to business）模式是指进出口企业通过第三方跨境电商平台进行商品信息发布并交易，其中买卖双方均是企业用户，买方不是最终消费者。跨境电商 B2B 平台主要分为信息服务类与交易服务类。目前，B2B 模式是我国规模最大、中小企业参与度最高的跨境电商模式。B2B 模式的代表平台有敦煌网、中国制造网、阿里巴巴国际站、环球资源网等。

2. B2C

B2C 电子商务指的是企业针对个人开展的电子商务活动的总称，是指分属不同关境的企业直接面向消费个人开展在线销售产品和服务，通过电商平台达成交易、进行支付结算，并通过跨境物流送达商品、完成交易的一种国际商业活动。B2C 类跨境电商企业所面对的最终客户为个人消费者，针对最终客户以网上零售的方式，将产品售卖给个人消费者。B2C 跨境电商目前在跨境电商的市场中所占份额有限，但是在未来随着市场的不断扩大将迎来大规模增长。国内典型 B2C 进口平台有亚马逊（amazon）、天猫国际、京东全球购等，B2C 出口平台有全球速卖通（aliexpress）、DX、兰亭集势、米兰网等。

3. C2C

C2C（consumer to consumer）模式是指买卖双方均为非企业客户，分处不同国境的买家与卖家通过在线交易平台自愿达成交易。这一模式充分满足，了消费者个性化的需求，主要以海外买手的形式存在，其中具有代表性的平台有易贝（eBay）、洋码头与街蜜等。

4. O2O

跨境电商 O2O（online to offline）主要作用于商品消费领域。将线下的商业机会与互联网结合，让互联网成为线下交易的前台，实现实体资源和虚拟资源的互通互用。跨境电商 O2O 分为两大类：B2B 跨境电商 O2O 和 B2C 跨境电商 O2O。前者以出口为主，后者又分为跨境电商进口 O2O 和跨境电商出口 O2O。

（二）按服务类型分类

跨境电商按服务类型可分为两种：信息服务平台、在线交易平台和外贸综合服务平台。

1. 信息服务平台

信息服务平台，主要是为境内外会员商户提供网络营销平台，传递供应商或采购商等商家的商品或服务信息，促成双方完成交易。代表企业有阿里巴巴国际站、环球资源网、中国制造网。

2. 在线交易平台

在线交易平台不仅提供企业、产品、服务等多方面信息展示，而且可以通过平台线上完成搜索、咨询、对比、下单、支付、物流、评价等全购物链环节。在线交易平台模式正逐渐成为跨境电商中的主流模式。代表企业有敦煌网、速卖通、DX、米兰网、大龙网。

3. 外贸综合服务平台

外贸综合服务平台可以为企业提供通关、物流、退税、保险、融资等一系列服务，帮助企业完成商品进口或者出口的通关和流通环节，还可以通过融资、退税等帮助企业进行资金周转。代表企业有阿里巴巴——达通。

（三）按经营主体划分

1. 企业自营平台

自营企业是指自己生产也自己销售的企业，一般是指生产商本身。这类企业尤其是大型企业参与跨境电商的方式一般是通过在网上建立自己的网站，或者通过服务平台注册网上黄页或者发布销售或采购信息。

一般拥有自营平台的跨境电商企业，普遍规模都比较大，产品具有一定的知名度和受众规模，开拓市场能力较强。这是因为在企业发展初期，产品没有知名度时，普遍采取线下布局，并辅之以一定的线上渠道，以逐渐提升产品的知名度，这种时候若是采取自营平台的发展方式，一般来说是不恰当的，因为产品的知名度需要通过综合类服务平台进行积累，若没有知名度，自营平台获客就会变得十分艰难，在跨境电商领域更是如此，只有在公司发展到了一定的规模，产品在世界范围内具有一定的知名度，才适合建立自营平台。

由于自营平台的搭建是由企业自身负责，因此这种类型的跨境电商企业需要特别注重自营平台的建设、运营和维护，需要让用户在商品咨询、选购、收货、退换货等方面感受到便利，提升消费者通过企业自营平台进行消费的意愿。当然，自营平台的建设并不意味着不在其他综合性销售平台进行销售，相反，一般情况下，企业要维持在第三方服务平台或者独立销售平台的业务，因为这些平台的消费者数量庞大，这样做不仅增加了销售渠道，而且对品牌的推广也大有裨益。

2. 独立销售平台

独立销售平台是指独立销售平台运营商与生产厂商签订协议，或由供应商提供产品，进行统一定价销售的独立跨境电商平台，一般直接对接海外终端消费者或海外零售商。这类平台的收入来源大部分是销售价格与进货成本之间的差值，当然也会有额外的服务费收入。独立销售平台的运营更为复杂，不仅提供交易平台的大部分服务业务，如物流配送、支付、融资等，还需要维持自身经营，提高作为销售方的市场竞争力。这类企业在经营过程中要注意对进货产品和渠道的管理以及对市场走向的把握。深圳市环球易购电子商务有限公司就是独立销售平台典型的代表。

独立销售平台是跨境电商发展早期的主要经营模式，因为企业（主要是生产商）自身的能力有限，或者企业出于成本的考虑，就会选择与独立销售平台进行合作，双方各司其职，由独立销售平台负责商品的销售任务，企业自身只负责产品的生产，这种跨境电商运营模式的优点是分工明确，不足之处则是其面对的市场相较于第三方服务平台模式来说相对较小。

3. 第三方服务平台

第三方服务平台是独立于供需双方，向买卖双方提供一揽子服务的运营平台。第三方服务平台是跨境电商最为普遍的形式之一，第三方服务平台的主要工作是搭建连接不同区域、不同人群、不同商务环节的桥梁，商品的供需双方通过第三方服务平台进行交易活动。

第三方服务平台本身不直接参与交易过程，而是仅提供一个网上的服务平台或服务机制，为供方和需方提供相互选择的环境或基础设施，包括整合信息、撮合交易或提供综合服务，如支付、物流、保险、报关等。

第三方服务平台给予了跨境电商各参与主体较大的自由，使消费者与企业能够在线上针对商品进行充分的交流，由于第三方服务平台的用户规模庞大，商品种类、数量比较多，因此这种跨境电商模式既有利于企业对商品的推广，还能帮助消费者更好地遴选商品，因此受到企业与消费者的普遍青睐。

当然，第三方服务平台的任务不仅仅是搭建沟通的桥梁，提供交易的线上场地，第三方服务平台还需要对交易活动进行监督，为企业与消费者提供相应的保障，保证交易的秩序，维护跨境电商参与者的合法权益。同时，第三方服务平台在运营时需要提供安全稳定的技术平台和公平可信的交易规则。既要保证企业与消费者在平台进行商品交易的安全性，还要保证平台竞争的公平性，并构建相关优胜劣汰的机制，使真正优质的企业可以在平台上获得更好的发展。

第三方服务平台可以根据服务内容分为第三方信息服务平台、第三方交易服务平台，以及第三方综合服务平台等。

4.代营平台

代营平台是建立自己的网络销售渠道或销售管理中心，承揽网络销售的外包业务，替生产厂家或外贸经营者从事网上销售的服务商。代营平台最大的优点是具有较强的专业性，自身具有一定的网络销售技巧与销售渠道优势，能够让跨境电商企业更加省时、省力、省心。同时，由于代营平台有丰富的运营与销售经验，因此能够降低跨境商贸活动的风险，让企业少走很多弯路。因此，刚迈入跨境电商领域的企业，由于缺乏跨境开展商贸活动的经验，通常会选择通过代营平台进入国际市场。

第三节　跨境电商的发展历程与趋势

一、跨境电商的发展历程

（一）跨境电商的萌芽阶段（1999—2007）

跨境电商的萌芽阶段被称为跨境电商 1.0 时代。这一阶段主要采用线上展示、线下交易的外贸信息服务模式。在这个阶段，第三方平台主要为企业和产品提供网络展示平台，却不涉及在线交易。主要盈利方式是向企业收取展示信息的年服务费，也就是常说的会员费。此外，这个阶段的跨境电商在发展过程中逐渐形成了竞价推广、咨询服务等一系列为供应商提供的信息流增值服务。

（二）跨境电商的发展阶段（2008—2013）

跨境电商发展阶段被称为跨境电商 2.0 时代。这一阶段的跨境电商平台已经从单纯展示信息的信息黄页转变为包含信息展示、物流、支付以及线下交易等的电子化流程，并促使在线交易的逐步实现。跨境电商 2.0 阶段与 1.0 阶段相比，更能展现电子商务的核心价值，以电子商务平台为基础，借助资源整合和服务将上下游供应链有效的连接在一起，主要分为两种平台模式，分别是 B2B 和 B2C。与此同时，第三方平台在这个阶段也开始发掘更多形式的创收渠道，一方面将传统的"会员收费"模式转变为收取交易佣金；另一方面，平台网站还通过一些增值服务获取收益，如在平台上进行企业的品牌推广，为跨境交易提供第三方支付和物流服务等。

（三）跨境电商的爆发阶段（2014 年至今）

对跨境电商来讲，2014 年是一个特别重要的年份，因为它在这一年迎来转型的伟大契机，并逐步实现转型，最显著的表现就是所有的产业链已经出现商业模式的转变。随着跨境电商转型进程的不断推进，3.0 "大时代"逐步问世。

自 2014 年以来，跨境电商的发展呈现出以下四个特点。

首先，伴随着电商模式的逐步成熟和普及，跨境电商的主要用户从以往的草根创业者逐渐转向具有强大生产设计管理能力的外贸公司和大型工厂，平台产品也从原来的二手货源、网商逐渐转变为竞争力更强的一手优质产品。

其次，3.0 阶段的电商模式也从原来的 B2C、C2C 向整个 M2B、B2B 转变，且进一步扩大了其在国际市场中的份额占比，尤其是在 B 类买家的规模极速壮大后，电商平台上出现了越来越多的中额交易订单和大额交易订单。

再次，3.0 阶段的跨境电商由于与许多大型互联网服务商产生良好合作，服务功能有了全方位的升级和优化，平台的承载能力和运作流程都得到了增强，更重要的是众多外贸活动的产业链几乎全部脱离线下，转成线上。

最后，随着移动端用户越来越多，提出了更多长尾化、多元化、个性化的需求，对跨境电商的代运营需求提出更高要求，生产模式也要向定制化、柔性化转变，同时不断优化、升级线上及线下的配套服务体验。跨境电子商务的发展历程如图1-3所示。

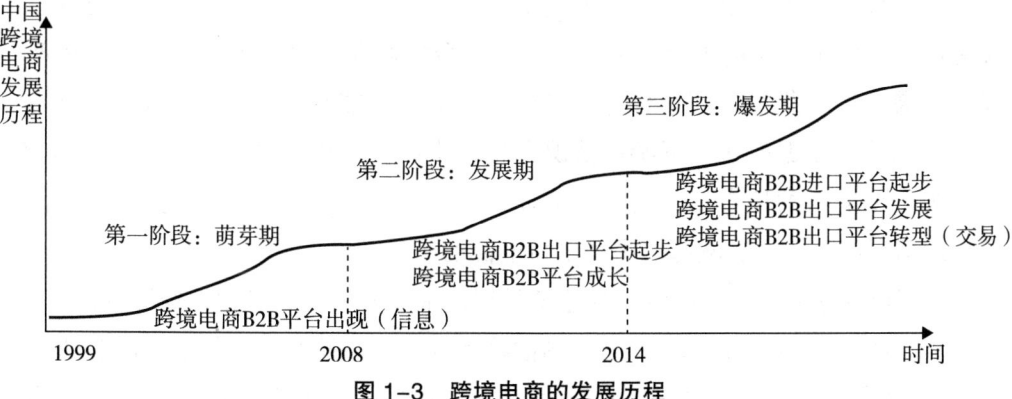

图1-3 跨境电商的发展历程

二、跨境电商的发展趋势

（一）跨境B2C加速增长，B2B和B2C协同发展

B2C模式的跨境电商与传统贸易赚取利润的方式有很大区别，它以工厂的身份和消费者直接对接，直接跨过贸易的众多中间环节，利润相当可观，而且这样做由于是直接面对消费者，能精准把握市场的真实需求，并为消费者提供定制化、个性化服务，满足其多样化需求。跨境B2C为中国制造企业扩展出口新业务提供了新的可能性，愈发受到企业的重视，近年来呈现爆发式增长。从国际角度上讲，B2B仍然是当今全球贸易的主要方式，中国企业想要在将来进军并拓展国际市场，仍需要运用到这种特殊的模式；而B2C由于可以缩短销售者和消费者之间的距离，是中国企业打造优秀品牌并使成为世界畅销品牌的重要途径。因此，我国应将B2B和B2C两种模式结合在一起，协同发展，为提升中国在海外市场的占比份额贡献一分力量。

（二）跨境电商产业链将完善，跨境电商综合服务业会兴起

电商平台是我国当前阶段跨境电商业务的主导方向。如今虽然有一小部分企业创建了独属于本企业的交易平台，但这种企业毕竟是少数，在未来，随着科技的发展和应用、电商环境以及支撑体系的不断完善，跨境电商的产业链必将迎来史诗级的变化。根据电商产业链上游的具体情况分析，传统的优势品类的

表现依旧劲力十足，如服装、3C产品等，主要原因是它们的标准已经基本定型，而且运输更为便捷；与之相对的新品类的表现也颇为不俗，如汽车配件、健康美容、户外等，主要原因是消费者消费能力提升，需求趋于多样化，促进品类飞速增长。处于产业链中游的主要是各个平台电商和自建平台，二者不断博弈，和谐发展，推动跨境电商平台进一步整合，服务功能愈发完善，吸引更多的制造企业入驻；根据产业链下游的情况分析，中国出口电商是以成熟发达的经济体作为主要的目的地市场，这种态势还保持着高速增长。随着时代发展，越来越多的新兴经济体先后崛起，中国出口电商的市场越发广泛。

跨境电商想要健康、持续、快速的发展，最有效的方式是加快跨境电商平台和外贸综合服务企业的融合，形成全新的跨境电商综合服务业。跨境电商综合服务业通过数据链、监管链、贸易链、产业链的高效整合，以原本电商的信息和交易服务为基础逐步向包含了金融、信用、支付、产品质量保险等方向的转变，为跨境全流程在线贸易提供全方位的集成服务，推动传统加工贸易与跨境电商的融合发展。

（三）移动技术推动跨境电商发展，传统外贸企业加入跨境电商

当今社会基本实现信息化，移动技术有了巨大进步，存在于线上与线下之间的传统隔膜越来越薄，甚至已经支离破碎，如今的购物方式是围绕多屏、无缝、互联等核心开展的包含多种渠道的购物方式。根据B2C模式可知，移动购物的出现使消费者的购物脱离时间和空间的限制，使市场需求进一步增加，从事跨境零售出口的电子商务企业也获得更多的机会；根据B2B模式分析，全球贸易逐渐向碎片化、小额化发展，"移动"的出现使跨境交易有了更多的完成可能。基于移动端做媒介，买卖双方沟通变得非常便捷。

这里需要注意，跨境电子商务与一般的贸易有本质上的不同。一般贸易的主要特征是小额度，这并不符合当前阶段流行的结汇、商检、通关以及退税等方式。随着监管体系的不断完善，跨境B2C模式也会迎来发展的契机，吸引更多的传统外贸企业加入。与此同时，传统外贸企业也会将跨境B2B作为最主要的营销途径。这样的话，传统外贸企业就是实现了与国外消费者的对接，核心竞争力和品牌知名度都得到大幅度提升了。跨境电商从本质上改变了传统外贸企业创造价值的方式，其身份从原来的产品交易者逐渐变成生产组织者，从消费匹配者转变为消费引导者，从价值实现者转变为价值创造者。

（四）跨境电商交易市场扩大，跨境电商交易主体增多

随着国人消费习惯的逐步成熟，网购观念越发普及，相应的物流配套设施逐步完善，市场氛围越来越好，我国的跨境电商开始在澳大利亚、德国、英国、美国等相对成熟的市场中保持强劲的发展态势，并不断向南非、巴西、印度、俄罗斯等市场扩展，甚至乌克兰、以色列、阿根廷等新兴市场也是我国跨境电商零售出口的新目标。

在跨境电商出口当中，中小微企业有了更多的机会走进国际市场，把握全球商机，许多传统贸易企业、大型企业也获得了业务拓展、服务水平提高的机会。随着跨境电商主体多元化趋势增长，买家的购买体验越来越强，整个行业的服务水准都会得到显著提升。此外，敦煌网、京东、阿里等国内知名大型电商企业也抓住机会进入跨境电商市场，为其带来更为温度的产品基础和业务基础，我国的众多中小企业、大批内贸企业以及制造企业都将作为跨境电子商务是经营主体全部涌入跨境电商领域。

（五）消费和企业运营全球化趋势增强

跨境电商的发展使消费全球化趋势明显，无国界的消费者互动、个性定制、柔性生产和数据共享将大行其道。消费者、企业通过电商平台彼此联系，相互了解，卖家通过全渠道汇聚碎片数据，经由数据挖掘准确识别和汇聚消费者需求，实现精准营销，买卖双方互动将使C2B、C2M的个性化定制更具现实基础，也促进了生产柔性化，推动市场性的供应链组织方式。

跨境电商的发展也会促进企业运营的全球化，阿里巴巴、腾讯、亚马逊、Facebook的海外收入近年来均呈现逐年递增之势，更注重全球市场的电商企业将在市场上获得独特地位，而跨境电商的发展也可以让企业迅速将业务流程全球化，资产更轻，灵敏度更高，决策更加精准。

第二章 跨境电商人才概论

跨境电商的迅速发展，对跨境电商人才提出了巨大需求。跨境电商人才必须是一种具备综合才能的人才。本章首先阐述跨境电商人才的概念与分类，然后对跨境电商人才的能力结构进行分析，以期为高校跨境电商专业对培养"什么样的人才"提供一定方向，最后分析了跨境电商人才现状及原因。

第一节 跨境电商人才的概念与分类

跨境电商涉及国际贸易和电子商务两大现代服务业领域，其人才表现出较强的专业性和复合性特征。本节主要阐述跨境电商人才的概念和类型。

一、跨境电商人才的概念

如前文所述，跨境电商是指企业通过互联网平台，利用数字化技术手段，完成跨境交易的一种新型商业模式。跨境电商人才是在这一背景下，具备国际视野、多元文化理解以及跨领域专业技能的专业人士。他们通常在跨境电商企业或与跨境电商相关的领域担任关键职位，推动业务拓展和技术创新。

二、跨境电商人才的分类

（一）按照需求层级来划分，跨境电商人才可以分为初级人才、中级人才和高级人才

1. 初级人才

初级人才需要初步掌握跨境电商运营技能，懂得如何在各大平台上进行操作，主要来自企业内部培养和外部引进，其对实操型人才的学历要求不高，一般大专水平以上即可，但须具备创新意识，能将专业知识学以致用，敢于克服困难，善于开拓市场。此类人才需要熟练掌握英语及小语种的交流能力，了解海外客户网络购物的消费理念和文化，了解相关国家知识产权和法律知识，熟悉各大跨境电商平台不同的运营规则。此类人才主要集中在客服、运营推广、美工摄影、采购和选品、刊登、物流。

第一，客服。熟练利用邮件、在线沟通工具，运用英语、法语、德语及小语种等和客户进行交流。由于发达国家客户普遍重视自身权利保护，企业跨境电商业务开展以后有可能出现投诉、退货甚至触犯知识产权等纠纷。客服尤其是售后客服还需要了解不同国家的法律和知识产权纠纷处理的知识。

第二，运营推广。运用网络营销手段进行产品推广，打开市场销路，包括活动策划、商品编辑数据分析。既要精通互联网营销推广，又要懂得亚马逊、eBay、速卖通等不同跨境平台的规则。

第三，美工摄影。既精通设计美学也精通视觉营销，能拍摄合适的产品图片和进行设计排版。

第四，采购和选品。根据不同国家的消费习惯、文化心理、生活习俗，针对不同国家的消费特点，采购适合的产品，选择有销路的产品，并与供应商保持广泛而稳定的联系。

第五，刊登。懂得数据分析，掌握上传和发布产品的技巧。

第六，物流。懂得国际订单处理和国际物流发货的流程和规则，熟悉仓储物流管理运作和成本控制。

2. 中级人才

中级人才要懂得国际商务活动的规律，掌握跨境电商技术知识，能胜任跨境电商营销服务、商业大数据分析、跨境用户体验分析、网络金融服务和跨境物流服务。要求从业人员能够针对不同需求，国家环境选择不同的平台、服务、合作方和运营策略，针对不同行业、身份的客户选择不同的交易、验货、交货、支付、保险、物流、清关方式。

3. 高级人才

高级人才要掌握跨境电商前沿理论和国际贸易规则，了解海外目标市场，通晓语言和当地习俗，懂得互联网技术，拥有互联网思维方式，具有全球视角。这样的跨境电商人才，相当于是国际贸易、电子商务、互联网信息技术和语言等专业的跨界通才。

（二）根据行业特色及岗位特点，跨境电商人才可分为通用类人才、商务类人才和跨境类人才。

1. 通用类人才

通用类人才包括互联网营销与策划、客服、技术、人力资源等。互联网营销和策划主要包括市场推广专员、市场区域经理、市场策划副总监；客服主要包括跨境电商客服专员、客服主管；技术主要包括网站编辑、英文编辑、UI 设计、视觉设计、平面设计、ERP 开发工程师、Java 开发工程师、NET 开发工程师、PHP 开发工程师、EB 开发工程师、手机应用开发工程师、系统运维工程师、Linux 高级工程师、网站测试工程师、云计算开发工程师、C++ 开发工程师、搜索算法工程师、网络安全工程师、架构师、CTO；人力资源主要包括人事专员、人力资源经理、人力资源总监。

2. 商务类人才

商务类人才包括财务、运营、商务、仓储物流管理、质量管理、采购等。仓储物流管理包括仓管员、仓储经理、供应链总监；采购包括采购专员和采购部经理；质量管理包括信息审核专员、品控经理；财务包括出纳、会计、财务经理、国际财务、审计主管.财务筹划师、高级投资经理、财务总监；运营包括内容运营专员、类目运营专员、新媒体运营专员；商务包括商务专员、商务经理、跨境电商翻译专员。

3. 跨境类人才

跨境类包括跨境营销与服务、跨境信用与风控、进出口通关等。其中，跨境营销与服务包括跟单员、跨境电商单证专员、跨境电商 B2B 运营总监、跨境电商 B2C 运营总监、跨境电商 B2C 运营经理；跨境信用与风控主要包括跨境电商风控专员、法务专员、风控经理。

第二节　跨境电商人才的能力结构分析

一、跨境电商人才基本素质要求

由于跨境电商目前所处的行业外部环境是"需求多样、匹配复杂""线下链条长环节多""国家环境差异大""行业化和服务存在瓶颈""出口和进口机会并存""规则和政策敏感度大"。因此，跨境电商人才与传统国际贸易专业、国内电商在人才素质上有很大的不同。

（一）初级人才素质要求

1. 熟练掌握英语及小语种的交流能力

亚马逊、eBay 等主要跨境电商平台以欧美发达国家作为主力市场，国内跨境电商从业者需要和境外客户在线交流，对英语要求比较高。而根据 eBay 和阿里巴巴的统计显示，美国等传统市场依然是跨境电商的热点，另外一些新兴市场如俄罗斯、巴西、阿根廷、西班牙、乌克兰、以色列等也迅速崛起。新兴市场的发展使对俄语、西班牙语、意大利语、德语、阿拉伯语等小语种人才的需求也急剧增加。

2. 了解海外客户网络购物的消费理念和文化

跨境电商面对的是境外消费者，由于文化和生活习惯不同，其消费理念和国内消费者也有很大的差别，这就需要跨境电商从业人员对国外采购者的采购习惯，中国供应商的出口业务现状有一定的认识，了解不同行业采购的特点，熟悉某个或某一类行业的商品属性、成本、价格和对贸易的影响，对某些商品的生产、分销、消费者购买习惯等有较深入的理解。

3. 了解相关国家知识产权和法律知识

跨境电商从业人员需要了解各类电子商务相关法律，如《中华人民共和国商标法》《中华人民共和国著作权法》《中华人民共和国专利法》《互联网信息服务管理办法》《网络信息传播权保护条例》等。

4. 熟悉电子商务技术，尤其是熟悉各大跨境电商平台不同的运营规则

跨境电商由于平台众多，如B2B有阿里巴巴、敦煌网等，B2C有速卖通、兰亭集势、eBay等，从业人员必须熟悉各种跨境电商网站的运营规则，具有针对不同需求和业务模式进行多平台运营的技能，对主要电商网站的引流、转化等有一定的认识，具备文案撰写、图片处理、广告推广、网络营销、交易纠纷处理、关键词与搜索引擎优化等技能，能利用网站后台进行订单跟进和客户维护，掌握相关业务的记录和分析技能以及基本的用户调研和网站数据分析能力。

（二）中高级人才素质要求

1. 能够实现"高效匹配"和"安全保障"

由于跨境贸易链条长且国家环境复杂，国家选择、平台选择、物流方式选择，对跨境电商运营都十分关键，这就要求从业人员要有能识别国家差异、需求差异、贸易链重组的视野。能够针对不同需求、国家环境选择不同的平台、服务、合作方和运营策略，针对不同行业、身份的客户选择不同的交易模式、验货交货、支付、保险、物流和清关方式。

2. 具备"接行业地气"素养，具有"一站式服务"思维

跨境电商当前行业化、纵深化趋势明显，交易过程中的一系列服务的作用凸显。跟单验货、物流、退税、金融的作用有时候甚至高于拿订单的价值。未来跨境电商更大的作用将是产品开发设计，对行业进行垂直细分以及在此基础上的精细化操作。这就要求从业人员能够"接行业地气"，具备"一站式服务"的思维。

3. 具有"本地化"思维导向

跨境电商意味着对国际化流量引入、国际营销、国外当地品牌知识等有更深入的了解，需要对海外贸易、互联网、分销体系、消费者行为有很深的理解，远远超出日常国内的电商。跨境电商最后的竞争不仅是成本价格的竞争，更是本地化服务的竞争。

4. 具备较强的政策和规则敏感性

由于电子商务的发展，全球贸易规则正在发生巨大的变化。需要跨境电商从

业者能及时了解国际贸易体系、政策、规则、关税细则等方面的变化，对进出口形势也要有更深入的了解和分析能力。

二、跨境电商人才能力体系构成

（一）商务贸易能力

商务贸易能力包括网络销售能力、网络调研能力、数据分析能力、市场营销与推广能力。

1. 网络销售能力

网络销售就是以互联网为依托，为达到一定销售目的而采取的一种营销方式。随着跨境电商的发展，网络销售已经成为营销手段中非常重要的一种，而且受跨境电商的影响，人们的消费心理也在不断地发生改变，传统的营销方式越来越不能满足市场发展的需求，所以越来越多的企业开始踏上了网络营销之路。网络销售具有传播广、投入低等优点，尤其随着信息技术的不断发展，网络销售传播的效率也随之提高，但成本反而在降低，所以企业要学会借助互联网覆盖面广、成本低的特点，积极推广品牌，逐步打造知名品牌。目前，网络营销已经成为企业盈利的重要手段，作为跨境电商行业的创业者，本身就依托互联网，所以更不能缺少网络营销的能力。

随着跨境电商的快速发展，我国近些年来出现了跨境电商专业。在该专业中，构建网络销售课程的目的就是为了培养学生的网络销售能力，由于该能力的培养主要是通过实训实现的，所以对应的课程内容中除了包括网络销售流程等基础知识外，还应该包含实训的内容，即通过实训环节的多次练习，使学生初步形成网络销售能力。另外，因为网络销售容易对从业人员造成较大的心理精神压力，所以还需要学生心理素质过硬，具备一定的抗压能力。因此，在课程教学中，还需要对学生进行一些抗压能力的训练，以使学生在未来创业的过程中能够承受较大的精神压力。

2. 网络调研能力

网络调研就是借助互联网平台进行调研的一种方法。传统调研方式多是通过人与人的直接接触完成的，这种调研方式既耗费人力、财力，而且调研的周期也较长。互联网的出现，打破了人与人之间的空间界限，借助互联网进行调研，大大提高了调研的效率。对于创业者来说，了解市场是一个重要前提，而调研便是了解市场的一个有效途径。因此，还需要培养跨境电商专业学生的网络调研能力。网络调研看似简单，但需要调研者具备一定的调研能力，才能收集到更多更有效的数据。一般情况下，网络调研有以下几点需要注意，这几点也是学生调研能力培养中需要注意的。

（1）针对市场和调查对象的范围，科学地设计调查问卷。

（2）结合调查问卷设计一些填卷奖励机制，这样才能调动调查对象的积极性。

（3）将传统调研和网络调研相结合。传统调研有网络调研所不具备的优点，能够弥补网络调研中一些无法实现的内容，如对调研对象进行深入的采访，这样有助于调研结果更加全面，所以在采取网络调研的同时不能忽视了传统调研方式。

3. 数据分析能力

数据分析能力是指能够收集、整理、分析各种有关跨境电商的数据，以提供有价值的市场信息和策略建议。数据分析能力在跨境电商领域中占据了举足轻重的地位。随着全球电子商务的迅猛发展，企业需要掌握大量的数据信息，以便为其战略决策提供有效支持。在这个背景下，具备数据分析能力的专业人士成为企业竞争力的关键因素之一。

首先，数据分析能力有助于企业更好地了解市场情况和消费者需求。通过收集和整理市场数据，分析师可以发现当前市场的趋势和消费者行为，从而帮助企业制定更符合市场需求的产品策略。同时，数据分析也可以帮助企业发现潜在的市场机会，为其拓展新的业务领域提供依据。

其次，数据分析能力有助于提高企业运营效率。通过对企业内部数据的深入分析，数据分析师可以找出存在的运营痛点和低效环节，为企业优化运营流程提供建议。此外，数据分析还可以帮助企业更精确地预测市场需求，从而实现更高效的库存管理和物流调度。

此外，数据分析能力对企业的营销策略至关重要。通过对消费者行为数据的挖掘，企业可以更精确地了解消费者的喜好和需求，从而制定出更具针对性的营销策略。同时，数据分析还可以为企业评估营销活动的效果提供依据，帮助其优化营销投入和资源分配。

在跨境电商领域，数据分析能力还具有特殊的价值。跨境电商企业需要面对来自不同国家和地区的消费者，因此需要具备较强的跨文化沟通和市场适应能力。数据分析师可以通过对全球市场数据的分析，帮助企业更好地了解各个地区的市场特点和消费者喜好，从而制定出更具针对性的产品策略和营销策略。

要具备高效的数据分析能力，专业人士需要掌握各种数据分析工具和方法。例如，Google Analytics（分析）可以帮助分析师了解用户在网站上的行为和来源，以便优化网站结构和提高转化率；Excel等电子表格软件可以用于整理和分析各种业务数据，为企业决策提供支持。此外，数据分析师还需要具备较强的逻辑思维能力和洞察力，以便从海量数据中发现潜在的商机和风险。具备这些能力的数据分析师不仅可以为企业提供有价值的市场信息和策略建议，还可以帮助企业预测未来发展趋势，降低经营风险。

4. 市场营销与推广能力

市场营销与推广就是为了提高企业的知名度，并将企业或企业产品信息传递给消费者，进而引起消费者购买的一系列措施。对于跨境电商企业来说，市场营销与推广尤为重要，因为它直接影响到企业的产品和服务是否能够在全球范围内获得关注和成功销售。在互联网时代，网络营销与推广已经成为一种市场推广的重要手段。对于一些规模较大的企业，常常会采取一些付费推广途径，如百度推广；而一些规模较小的企业或者还处在创业阶段的企业，常常会选择一些低成本的途径去提高企业的知名度，如在各个公众平台（微博、微信、抖音等）注册账号，通过这些注册的账号进行宣传。互联网的快速发展为跨境电商企业低成本进行市场推广提供了机会和更多的可能，但只有具备一定的市场营销与推广能力，才能够更好地利用互联网这个平台，从而实现品牌推广的目的。以下是一些建立和提升市场推广能力的关键要素。

（1）市场分析和目标客户定位：了解目标市场的需求、特点和趋势，以便制定针对性的营销策略。通过对目标客户群的研究，找到最具潜力的市场细分领域。

（2）营销策略制定：根据市场分析和目标客户定位，制定一套综合性的营销策略，包括品牌定位、产品策略、价格策略、渠道策略和促销策略等。

（3）多渠道营销：运用多种营销渠道和手段，如电子邮件营销、网站营销、社交媒体营销、线上广告、线下活动等，以触达更广泛的客户群。

（4）团队协作与沟通：建立高效的市场营销团队，明确各成员的职责和分工，保持良好的内部沟通，以提高营销工作的整体效率。

（5）本地化策略：根据不同国家和地区的文化、语言和消费习惯，制定相应的本地化营销策略，提高市场推广的针对性和有效性。

（6）持续学习和创新：关注营销领域的最新动态和趋势，学习和掌握新的营销工具和技能，以适应市场的变化和发展。

通过以上几点，有意提升市场营销与推广能力的人才可以在跨境电商领域发挥更大的价值，为企业的全球化发展贡献力量。

（二）管理能力

管理能力包括跨境电商运营管理能力、项目管理能力、客户管理能力、技术管理能力和供应链与物流管理能力五种能力。

1.跨境电商运营管理能力

跨境电商运营管理能力是指在全球市场范围内，通过互联网平台进行商务活动的企业或个人所需的一系列知识、技能和素质。具备这一能力的人才能够在不同国家和地区开展电商业务，以应对国际市场的多变环境，有效地组织和管理企业的跨境电商业务。以下几个方面是跨境电商运营与管理能力的核心组成部分。

（1）市场分析：具备跨境电商运营与管理能力的人才需要深入了解目标市场的消费者需求、消费习惯、购物喜好等方面，以便制定合适的市场推广策略。此外，还需要关注国际贸易政策、税收法规等因素，以降低企业的经营风险。

（2）竞争对手分析：跨境电商竞争激烈，对手分析是一项关键任务。具备这一能力的人才需要熟练掌握竞争对手的定位、产品策略、价格策略等方面，以便制定有针对性的竞争策略，提高企业的市场竞争力。

（3）产品策划：跨境电商的产品策划需要充分考虑目标市场的特点，结合本土化的市场调研和分析，进行产品选品、定价、包装、物流等方面的策划，确保产品在全球市场的竞争力。

（4）定价策略：具备跨境电商运营与管理能力的人才需要结合目标市场的消费水平、竞争对手的价格策略、成本因素等，制定合理的产品定价策略，以达到企业的盈利目标。

（5）渠道管理：渠道管理是跨境电商成功的关键因素之一。具备这一能力的人才需要了解各种跨境电商平台的运营模式、规则和政策，以便选择合适的平台进行合作，提高产品的市场覆盖率和知名度。

2. 项目管理能力

项目管理能力是指在实施项目过程中，对项目目标、资源、时间、风险和沟通等方面进行有效规划、组织、协调和控制的综合素质。具备优秀的项目管理能力的个人能够在项目实施过程中保证目标的达成，降低风险，提高资源利用效率。以下是项目管理能力的一些关键要素。

（1）目标设定与规划：能够明确项目的目标、范围和预期成果，并根据这些要素制订详细的项目计划。这包括任务分解、时间安排、预算编制和资源分配等。

（2）团队建设与管理：具备组织和领导项目团队的能力，能够根据项目需求招募合适的人才，并激励团队成员保持高效的工作状态。

（3）时间管理：能够合理安排项目的进度，确保按时完成各项任务。这包括制定时间表、设定里程碑和监控项目进度等。

（4）资源管理：能够合理分配和利用项目所需的资源，包括人力、物资、财务等。这包括进行资源预测、分析资源需求和优化资源配置等。

（5）质量管理：能够确保项目成果的质量达到预期目标。这包括建立质量管理体系、制定质量标准和检查项目成果等。

（6）监控与评估：能够对项目的执行过程进行监控和评估，以便及时发现问题并采取相应的纠正措施。这包括收集和分析项目数据、进行项目审计和评估项目效果等。

3. 客户管理能力

客户管理能力是指在与客户打交道的过程中，通过有效的沟通、协调、解决问题和维护关系等手段，以达成客户满意度和忠诚度的目标。具备优秀的客户管理能力的个人能够在竞争激烈的市场中为企业获取更多的客户，提高客户留存率和业务增长。以下是客户管理能力的一些关键要素。

（1）良好的沟通技巧：具备清晰、有效的沟通能力，能够与不同类型的客户进行顺畅的交流，了解客户的需求和期望，解决客户的问题和疑虑。

（2）问题解决能力：能够迅速、准确地识别客户所面临的问题，并提出合适的解决方案，从而满足客户的需求，增强客户满意度。

（3）客户需求分析：具备深入了解客户需求的能力，通过调查、数据分析等手段，准确把握客户的实际需求和潜在需求，为客户提供个性化的解决方案。

（4）客户关系维护：能够建立并保持长期稳定的客户关系，通过定期跟进、回访等方式，了解客户的反馈，不断优化服务，提高客户满意度和忠诚度。

（5）跨部门协作：具备与其他部门协同合作的能力，确保客户的需求能够得到及时、有效的响应和解决，提高客户服务的整体效果。

（6）客户数据管理：能够有效地收集、整理和分析客户数据，以便更好地了解客户的行为特征、购买习惯等，从而制定更有效的客户管理策略。

（7）客户服务意识：具备强烈的客户服务意识，始终以客户的需求和满意度为核心，积极主动地为客户提供优质的服务和支持。

（8）谈判技巧：在与客户进行商业谈判时，具备一定的谈判技巧，能够在保证企业利益的同时，达成双方满意的结果。

4.供应链与物流管理能力

供应链与物流管理能力是指在跨境电商领域中，能够熟练处理产品从供应商到终端消费者的整个流程，包括采购、库存管理、运输、配送等。供应链与物流管理能力在跨境电商领域中具有至关重要的地位。对于跨境电商企业来说，高效的供应链和物流体系不仅有助于降低成本，提高运营效率，还能增强企业竞争力，提升消费者满意度。以下几个方面是供应链与物流管理能力的核心组成部分。

（1）采购管理：采购是供应链的起点。具备供应链与物流管理能力的人才需要具有敏锐的市场洞察能力，能够及时掌握市场需求和产品趋势，进行合理的采购计划。同时，需要与供应商建立良好的合作关系，确保产品质量和交货期。

（2）库存管理：库存管理是供应链管理的关键环节。具备这一能力的人才需要熟悉库存控制原理，能够根据市场需求和销售数据制定合理的库存策略，避免库存积压和缺货现象，降低库存成本。

（3）运输管理：运输管理关乎产品从仓库到消费者手中的过程。具备供应链与物流管理能力的人才需要了解国际运输法规、货物报关、税收政策等方面，选择合适的运输方式和合作伙伴，保证货物能够顺利通过海关，按时到达目的地。

（4）配送管理：配送管理涉及最后一公里的配送服务。具备这一能力的人才需要了解不同地区的配送规则和消费者需求，与快递公司建立合作关系，提供高效、准时的配送服务，提升消费者满意度。

（5）信息系统管理：供应链与物流管理离不开信息系统的支持。具备这一能力的人才需要熟悉各种供应链管理软件和物流信息系统，能够实现数据的实时共享和信息的快速传递，提高供应链协同效率。

（6）风险管理：供应链与物流管理过程中可能面临各种风险，如供应中断、运输延误、货物损失等。具备这一能力的人才需要建立风险预警机制，制定应对措施，确保供应链的稳定运行。

（7）持续改进：供应链与物流管理是一个动态的过程，需要不断优化和改进。具备这一能力的人才需要关注行业动态，引入先进的管理理念和技术，以持续提升供应链与物流管理的水平。

（三）技术能力

跨境电商技术能力是指在电子商务领域中，掌握和运用相关技术的能力，以支持跨境电商业务的高效运作。具备这一能力的人才需要掌握一定的技术知识和应用技能，从而实现电商平台的建设、运营优化、数据分析、安全保障等方面的目标。

跨境电商涉及的技术能力及该能力对应的要求具体见表 2-1。

表 2-1　跨境电商从业者应具备的技术能力及其要求

技术能力	能力要求
商品拍摄与图片处理能力	了解商品拍摄的一般要求；能够根据商品特点选择适宜的角度和光线，独立完成商品拍摄；掌握图片处理技术，能够使用PS等图片处理软件对图片进行处理，凸显出商品的特色
网页设计能力	了解电子商务网站发展的趋势与特点；会使用平面设计软件，能够针对不同的网站页面设计与之相适应的网页；能够结合网页需要展示的内容选择适宜的设计风格；会使用配色软件对设计的网页进行配色，从而增加网页的美感

续　表

技术能力	能力要求
网站内容编辑能力	能够结合企业或视频需要从互联网中搜集相关的信息并分类；能够整合搜集到的信息并编辑企业或产品推广相关的推文；能够开展网络专业策划、开展网络互动活动，并对活动进行有效的管理
电子商务网页制作能力	掌握电子商务网页制作的规范、流程与方法，并可以使用相关软件制作网页；掌握网页简单互动效果的制作方法；能够对已经制作成功的网页进行修改，如链接替换、图片替换、内容修改等
网络广告制作能力	了解网络广告制作相关的知识；掌握网络广告制作的基本方法，并能够使用相关软件制作网络广告；能够对网络广告中涉及的图文进行处理，如图文的排版、图片的颜色处理等
网店装修能力	掌握网店页面布局、页面调整、模块选择的操作方法；能够通过后台选择适合网店的模块、配色方案；能够提供后台发布文章、上传图片，并对已经上传的图文进行修改

（四）多语种沟通与跨文化交流能力

多语种沟通与跨文化交流能力是指能够在不同语言和文化背景下进行有效沟通与协作的能力。多语种沟通与跨文化交流能力在跨境电商领域具有重要意义。随着全球化的发展，企业需要与世界各地的客户、供应商和合作伙伴进行广泛的沟通与合作，而具备多语种沟通与跨文化交流能力的人才将成为企业的重要资产。以下是多语种沟通与跨文化交流能力的几个关键方面。

（1）外语能力：在跨境电商领域，外语能力是实现有效沟通的基础。掌握一定程度的英语、西班牙语、法语等外语能力，可以帮助企业与全球范围内的客户、供应商和合作伙伴进行高效沟通，提高企业的业务拓展能力和竞争优势。

（2）跨文化敏感性：跨文化敏感性是指能够理解、尊重和适应不同文化背景下的价值观、商业习惯和沟通方式。具备跨文化敏感性的人才可以避免因文化差异引发的误解和冲突，帮助企业更好地适应不同市场的需求和规则。

（3）跨文化适应能力：跨文化适应能力是指能够在不同文化背景下迅速调整

自己的行为和沟通方式，以便与不同国家的人进行有效合作。具备跨文化适应能力的人才能够在全球范围内开展业务，提高企业的国际化水平。

（4）跨文化协调能力：在跨境电商业务中，企业往往需要与多个国家的团队进行协同工作。具备跨文化协调能力的人才可以平衡各方的需求和利益，协调不同文化背景下的团队成员，实现高效的团队合作。

第三节　跨境电商人才现状分析

一、跨境电商人才现状

（一）当前跨境电商人才结构层次偏低

当前国内的跨境电商从业人员多为客服人员和基本业务操作人员，缺少能胜任跨境电商营销、商业大数据分析、用户体验分析、国际金融结算和供应链管理的中高端人才、新型人才和复合型人才，更加缺少熟悉电子商务前沿理论、洞察跨境电商发展规律、引领跨境电商产业发展的战略性人才和领军人物。

（二）熟悉跨境电商业务的专业人才缺少

当前跨境电商虽然刚刚起步，发展速度却非常迅猛。伴随而至的是大量的人才需求，特别是兼具对外贸易和电子商务能力、熟悉跨境电商业务的复合型人才，目前这样的人才企业很难直接从外部招聘到，只能由企业内部培养。虽然近年来国内企业中电子商务的应用得到了很大的提升。但是不少企业还是没有把电子商务作为企业发展的战略增长点来培育和推进，缺乏电子商务技术和管理人才，企业主要以传统的方式进行生产和营销。很多企业在网上的商务活动仍然以广告宣传、寻找供应商或代理商信息、网上询价、洽谈等初级电子商务应用为主。企业间电子商务大多还处于线上洽谈、线下成交的状况，大宗商品网上交易的比重还比较低。这种状况不符合当前产业发展形势的需要，也影响了企业自身的发展。

（三）跨境电商人才流失率较高

跨境电商作为一个新兴产业，与传统产业相比，人才流动性大，流失率高。

首先，跨境电商企业创办周期比传统企业要短，除了专门的猎头公司，许多新办企业也四处招聘专业人才，地区间、企业间挖人情况普遍，导致企业人才大量流失。其次，目前跨境电商企业大多处于创业阶段，企业文化尚未形成或巩固，企业制度不全，也导致队伍不稳定。最后，80后、90后员工开始成为电子商务企业的主流人员，一方面青年员工富有激情和创造力，推动了行业的快速发展；另一方面又兼具鲜明的个性和超现实的价值观，这又给企业管理带来了挑战。

二、跨境电商人才困境的原因分析

（一）高校跨境电商人才培养体系不完善

面对跨境电商发展的巨大市场，跨境电商人才培养已逐渐成为教育行业中的一个重要方向，但目前跨境电商人才培养体系依旧不是十分完善，这是导致我国跨境电商人才供需出现矛盾的一个重要原因。首先，师资结构失衡。从事跨境电商教学的教师结构应该是"理论课教师＋实践课教师""专职教师＋兼职教师（跨境电商行业一线人员）"，而目前在学校任职的教师大多是从高校毕业的学生，无论是本科学历、硕士学位还是博士学位，他们都接受过系统的教育，具有较高的理论素养，但跨境电商是一门实战性较强的专业，需要通过"理论＋实践"的方式，但由于很多教师并没有电商实战的经验，不免会影响实践教学的效果。其次，课程设置不合理。在课程设置上，很多学校的课程设置具有一定的随意性，没有考虑跨境电商发展的现状。另外，课程框架也只是各门课程的简单叠加，缺乏有机结合的系统性。最后，是培养目标不明确。在跨境电商人才培养目标的设置上，很多信息提出的目标相对宽泛，没有具体到学生应该具备哪些能力，导致教学失去了一定的针对性，这也是笔者为什么在上文对跨境电商人才的职业能力结构做出解读，并明确能力评测标准的一个原因之一。

（二）跨境电商企业人力资源管理机制不健全

相对于其他行业而言，跨境电商发展的时间较短，这就不可避免地会存在人力资源管理机制不健全的问题。人力资源管理，是指在经济学与人本思想指导下，通过招聘、甄选、培训、报酬等管理形式对组织内外相关人力资源进行有效运用，满足组织当前及未来发展的需要，保证组织目标实现与成员发展的最大化的一系列活动的总称。对于包括电商企业在内的任何一家企业而言，人力资源管理是解决企业人才需求的重要手段，但由于当前跨境电商人力资源管理机制普遍存在一些问题，导致了我国跨境电商人才供需中出现了一些矛盾。例如，缺乏有效的工作分析。工作分析是指获取与工作有关的详细信息的过程，通过工作分析，企业可以明晰某岗位的工作性质与任务，包括明确哪种类型的人才能够胜任该岗位，从而做到人尽其才。但目前很多跨境电商企业都缺乏有效的工作分析，这不可避免地增加了人才招聘的盲目性。此外，因为缺乏有效的工作分析，所以跨境电商企业在发布岗位招聘信息时，其岗位职责描述也自然存在一定的模糊性，这种模糊性影响了求职者对岗位的判断，进而影响企业人才招聘的效率。

（三）跨境电商人力资源市场信息不对称

人力资源市场的作用类似于桥梁，将企业与求职者连接到一起，实现人力资源的合理配置，实现人力资源的供需平衡。在现代信息化社会，人力资源市场也相应地转移到互联网上，虽然线下招聘会也时有举办，但仍旧是以线上招聘为主。目前来看，电商企业招聘信息的发布一般都是各大招聘网站或者自己的官方网站，而求职者一般也会选择这两个渠道去寻找与自身相匹配的岗位。其实，互联网的出现在一定程度上打破了信息不对称的问题，很多信息不再是掌握在少数人手中，而是通过公开性的互联网将信息传播给大众。但由于互联网上信息量非常大，我们很难从海量的信息中精准地找到我们想要的信息，虽然检索功能的出现将海量的信息进行了初步的筛选，但筛选后的信息量仍旧巨大，所以目前仍旧存在信息不对称的问题。就人力资源市场信息来看，由于人力资源信息平台不完善，导致这种信息不对称更为明显，不能为求职者提供全面的信息服务。不难想象，当企业招聘信息不能传递给求职者，求职者又不能筛选到更多有效的招聘信息时，自然会进一步加剧跨境电商企业"招人难"与毕业生"就业难"的结构性矛盾。

第三章　跨境电商人才培养的理论分析

本章主要分析了跨境电商人才培养的理论基础（包括多元智能理论、个性发展理论、高等教育分流理论以及协同理论）；跨境电商人才培养的胜任素质模型、跨境电商人才培养的原则与意义。

第一节　跨境电商人才培养的理论基础

高校人才培养模式的研究和构建必须基于对大学生个性及其个性发展的充分研究进行。一直以来，众多学科广泛关注对大学生个性的研究，本章将基于人才培养模式的相关理论，立足于教育学与心理学两个领域，站在多元智能理论、高等教育分流理论、个性发展理论等学科视角展开对应探讨。

一、多元智能理论

1983年美国著名的心理发展学家霍华德·加德纳（Howard Gardner）提出了多元智能理论。多元智能理论认为，在传统的教育过程中，学校往往单强调学生在数理逻辑和语言（包括读和写）这两方面的发展，而这并不是人类智能的全部，不同的人可以有不同的智能组合。霍华德·加德纳在《智能的架构》一书中提出，人类的智能至少可以分成语言智能、逻辑数学智能、空间智能、肢体运作智能、音乐智能、人际智能、内省智能、自然探索智能等八个范畴。多元智能理论的这种框架最早只是在幼儿园学前教育以及小学教育的阶段进行推广，目前在中学、大学，甚至职业培训也是适合的。

（一）智能的含义

多元智能理论认为，在某种文化环境或社会价值标准下，个体创造、生产出有效产品或者解决难题需要的能力就是智能。其含义具体如下。

（1）每个个体有不同的智能结构。多元智能理论表明，个体的智能结构包括八种相对独立的智能，每种智能在解决问题的方法表现和运作方式上都与其他智能不同。在个体身上，这八种智能有多样化的组合方式，不同的组合方式使不同个体在不同方面呈现出较高的天赋，这种天赋可以是一种，也可以是多种，使个体在某些领域中十分出彩，或在解决某些问题时有突出的表现。当然，这八种智能的组合也可能使个体资质平平甚至水平极低，不同的组合总能产生不同的组合效果。

（2）教育与环境对智能的发展具有重要影响。根据多元智能理论，每个个体都具有相同和不同的潜能，个体所处的环境对其潜能的激发具有重要影响，尤其教育能在激发个体潜能方面发挥不可忽视的作用。高等教育通过为学生个体安排合理的教学程序、科学的课程和为其提供师生关系和谐的教学氛围以及优良的校风学风等，鼓励个体自由发展，引导学生向着积极的方向实现学生个体智能的快速、健康发展。

（3）多元智能理论强调在看待智能问题时应从多维视角出发。传统的智力理论只对数理逻辑智力与语言智力做出了强调，然而，通过这样的视角看待个体的智力发展并不科学，也不全面。多元智能理论看来，智能的核心能力应是多元化的，通过多元化视角看待个体智能，有益于更充分地发现、培养和发展个体的各种智能。

（二）多元智能的范畴

1.语言智能

语言智能就是听说读写的能力，指有效运用文字和口头语言的能力。语言智能是一种可以使个体高效、顺利地利用语言与人交流、表达思想和描述事件的能力。这种智能是记者、播音员、作家、节目主持人、律师、演说家、编辑等职业人员必不可少的。

2. 逻辑数学智能

逻辑数字智能是一种可以使人有效运用推理与数字的智能，具有较强的逻辑性特点，是从事数字相关工作的人必不可少的能力。从事数字相关工作的人在学习时经常进行逻辑思考，通过思考完成推理，这类人喜欢往往对科学的新发展表现出十分浓厚的兴趣，他们喜欢寻找事物中的逻辑顺序与客观规律，喜欢通过实践实验挖掘出问题的答案，容易接受可被分类、测量和分析的事物。在人际交往过程中，这类人往往能从他人的行为举止、言谈中找出逻辑缺陷。

3. 空间智能

拥有空间智能的个体，通常对空间、线条、色彩、形式、形状及它们之间的关系有很高的敏感性，能够对事物的空间关系进行感受、记忆、辨别和改变，具有较强的借助空间关系表达情感与思想的能力。一般情况下，这类人对色彩、结构、线条、空间关系、形状十分敏感，能够通过立体造型或平面图形表达出这些内容。由于这类人对视觉空间的感觉十分准确，且能表现出其所知觉到的内容，所以这类人在学习时大多通过图像与意象进行思考。

空间智能包括两种能力，一种是形象的空间智能，这项能力突出的人通常具有较高的绘画天赋；另一种是抽象的空间智能，这项能力突出的人一般有成为几何学家的潜质；建筑学家大多同时具备这两种能力。

4. 肢体运作智能

肢体运作智能是一种善于利用整个身体表达自身感觉和想法的能力，具备这项能力的人可以运用双手灵巧地完成事物生产或改造。通常情况下，具备肢体运作智能的人难以长时间保持静止，他们喜欢户外活动，喜欢通过肢体、双手表达情感思想和创造东西，这类人会通过身体的感觉辅助思考。

具备肢体运作智能，个体就具备了利用双手创造和改变物体、利用肢体活动表达自身情感思想的能力。肢体运作智能较高的人通常对自己身体的控制能力也较高，不仅可以对事件做出准确、恰当、及时的身体反应，而且善于利用身体语言表现自己，这类智能优势往往在手艺人、运动员、外科医生、舞蹈家等人身上有所体现。

5. 音乐智能

音乐智能指个体对旋律、音色、音调、节奏等敏锐感知的能力，拥有这项能力的人通常对音色、音调、节奏、旋律等比较敏感,能够通过歌唱、作曲以及演奏等方式表达音乐。这种智能是歌唱家、乐器制作者、指挥家、作曲家、音乐评论家、乐师等人员必不可少的。

6. 人际智能

人际智能即人际关系智能,指有效理解自身与他人之间关系,与他人进行正常社会交往的能力。人际智能包括协调和动员群体的组织能力,排解纠纷和仲裁的协商能力,敏锐察觉他人思想与情感动向的分析能力,以及适应并积极配合团体合作、关心他人、善于与他人建立良好社交联系的人际联系能力。

7. 内省智能

内省智能指的是个体自我认知的能力,这项智能可以帮助个体通过各种信息反馈充分了解自身的优势与不足,有助于个体牢牢把握自己的欲望、情绪、动机、意象,有助于个体对生活做出合理规划。在实际生活中,内省智能可以使个体自律、自尊,学他人所长,避他人之短。具备这类能力的人大多喜欢独处,善于进行深入的自我反思,在职业选择上,这类人大多为优秀的心理学家、政治家、教师、哲学家等。

内省智能可分为事件层次的内省与价值层次的内省,前者指对事件成败的总结,后者指基于价值观与事件成败相互联系的自审。

8. 自然探索智能

自然探索智能指个体认识动物、植物及其他自然环境、自然事物的能力。这项智能对个体在生物科学、耕作、打猎等方面的发展具有积极影响。自然探索智能也可以归结为探索智能,即探索自然与社会的能力。

(三)多元智能理论的主要特点

1. 多元评价

中国教育长期以来一直受英国心理学家斯皮尔曼(Spearman)的智能二因素说的影响,认为智能由一般因素和特殊因素构成。它尤其注重学习者的语言智能和数理逻辑智能的培养,基本上忽略了其他智能类型的发掘、发现和发展,教学评价也主要是围绕这两类智能形式展开,并且以智商测试学科专业测试等完全量化的数据作为评价的主要依据,具有很大的局限性和错误的导向性。

多元智能理论认为,每个学习者的智能是一个多元的智能系统,八种智能形式没有主次之分，都是同等重要的，但由于每个学习者的先天条件、生活环境、教育经历等方面存在极大的差异性，这八种智能形式的发展是不均衡的，也不可能做到完全的同步协调发展。学习者的外在特点往往取决于八种智能形式中比较突出的方面，每个学习者都有自己的优势智力领域，都有自己独特的学习方式，与传统评价方式相比，多元智能理论更加关注学习者的优势智能形式的充分发挥和其他智能形式的协调发展，尤其重视学习者实践能力和创新能力的发展，而不是所有智能形式的同步推进。

多元智能理论认为，每个学习者都存在着巨大的潜能，这就要求教师不能以单一的考核标准对学习者进行评价，而是以多元的视角认识学习者，以宽容的心态帮助学习者，以差异化的方法指导学习者，充分尊重每个学习者的个性特点.学习方式和发展方向。教师应善于从多方面、多角度、多方式地去发现和培养人才，引导学习者选择适合自己特点的发展方向。

2. 整体发展

多元智能理论认为，我们每个人都同时拥有这八种智能形式，它们的存在状态是相对独立的，但是在现实生活中的作用又是相互联系、相互影响的。一方面，对于每个学习者来说它们都是同等重要的因素，在推动学习者整体素质提高的过程中都会起到各自独特而又不可或缺的作用，所以应当注重各种智能因素的整体协调和平衡发展。另一方面，由于受到客观环境和主观意识的影响，每个学习者外在表现出来的智能形式也是各具特点，具有十分明显的差异。教师要针对每个学习者的突出特点和内在潜能，采取多样化、差异化的教学策略和教学方法，通过各种渠道提供丰富的教学资源，培养学习者主动认识、发现、建构自身智能的意识和自觉，拓宽展现自我、实现自我的渠道。

3. 注重实践

多元智能理论认为，智能的形成和发展是人们在社会实践中进行产品的加工、创造的过程，是不断认识、发现新事物的过程，是提高个体在社会生活中的适应能力和生存能力的过程，是提高个体在社会实践中发现问题并解决问题的能力的过程。因此学习者的智能水平必须在实践中得到锻炼、检验和提高。

4. 持续开发

多元智能理论认为，人的多元智能发展水平的高低取决于开发的程度，任何一种智能形式都是能够持续发展的，教师应当给予学习者以有效的激励和科学的指导，积极促进学习者多元智能的开发，开发的程度越高，持续发展的能力就越强，相应的智能水平也越高。

（四）多元智能理论对本书的启示

任何多元智能理论的应用，都应为推进教育个性化发展服务。在我国人才培养模式方面，多元智能理论在实践探索与理论研究的过程中发挥了不容忽视的指导价值。

1. 为学生的个性化发展提供积极独特的视角

多元智能理论认为，所有个体都具有至少前文提到过的八种潜能，人的智能的不断发展的，不仅可以通过教育进行培养，而且可以将多个方面的潜能发展和提高到较高水平。多元智能理论能帮助个体树立全新的学生观与人才观，帮助教育者以乐观积极的视角看待每个学生个体及其个性化发展，尤其一些文化课成绩较为落后的学生。在教育实践领域，多元智能理论的指导有助于教师发现每个学生的多种潜能，树立"每个学生都是潜在的天才""人人有才"的意识，从而尊重每个学生的个性差异，以人人皆能成才的教育理念，充分发挥学生的各项智能，使学生在学习领域之外也能成为人才。多元智能理论要求教师以尊重学生个性差异为前提，对每个学生个体的多种智能进行全面开发，并向学生提供多样化的选择，在扬长避短的情况下，最大化激发出和发展每个学生个体的潜在智能，使学生得到充分的个性发展。

2. 为学生个性潜能的培养与开发提供思路和方向

多元智能理论对学生智能的发展潜能和存在方式做出了全新的阐释，这一做法打破了传统教育仅关注数理逻辑智能与语言智能的提升，而忽视发展其他智能的做法。多元智能理论要求教师对不同学生个体的智能差异有正确的认识，意识到不同学生所处的潜在智能基础不同，并对学生的差异予以尊重。不仅教育要考虑学生个体在智能上的差异，学生个体长远的成长发展也应考虑这一点，教师应将每个学生个体不同的潜在智能视为一种财富，帮助学生充分开发这种长处，扬长避短，尽最大力量实现自我成长与发展。多元智能理论指出，不同的学生个体有不同的智能结构和优势特点，在实际教育过程中，教师应充分认识和尊重学生智能的不同及其智能在不同领域中发展的不同步性，努力挖掘和发展学生的优势智能领域。

3. 使学生个性和谐发展有明确的意义与途径

多元智能理论指出，在人类认知结构中，八种智能同等重要，教育应对这八种智能一视同仁。在人才培养过程中，教师应对学生在优势智能领域中的良好表现表示肯定和欣赏，鼓励学生将优势智能领域的特点迁移到弱势智能领域，推动弱势智能领域也得到充分的发展。通常情况下，个体在从事自身优势智能领域中的活动时，往往可以表现出较为优秀的个性品质与智能特点，在教育过程中，教师应注意发展和提升学生个体的这些智能，在充分了解学生优势、劣势以及各项智能领域之间的差异与联系的基础上，通过学生可能感兴趣的话题或活动引导学生完成某项教学任务，从而提高学生的某项智能。此外，在教学过程中，教师还应引导学生对其在从事优势智能活动时表现出来的非智能因素，如注意力、勇气、兴趣等有充分的了解，在非智能因素的推动作用下实现学生意志品质与智能特点的迁移。

4. 提升了培养学生创造能力的认识和价值

多元智能理论认为，智能作为一种能力，可以用于制造产品和解决问题。从这种认识可以看出，智能具有明显的创造性。无论是制造产品，还是解决问题，个体都需要发挥其创造性，综合运用多种智能进行具有创造性的活动。多元智能理论涉及的八个智能是每个人都具有的，不同个体具有各自的优势智能，在未开发之前，这些智能都是属于具有创造性的潜能。多元智能理论指出，创造性人才的智能结构类型为按照不同比例合成多种智能的多元结构，各种智能要素在其中相互联系，共同组成一个完整的多元智能系统，无论是多元结构的构建，还是多元智能系统的完善和加强，都要求培养学生的创造能力。

二、个性发展理论

个性发展体现了人性发展的本质，同时可以为社会发展提供不竭动力。个性发展与教育改革所追求的目标相符合，它以科学发展观中"以人为本"的理念为指导，强调重视学生个性的差异，重视学生个性的全面自由发展，现已成为教育改革的必然趋势。

（一）个性发展理论概述

1. 个性发展的基本特征

个性是指个体在一定的生理和心理素质基础上，在一定社会历史条件下，通过社会实践活动形成和发展起来的某些稳固的心理特性。个性发展主要表现为以下四个基本特征。

（1）独特性。个性发展以个体个性的独特性为本质特征，它包括个性的相对差异性，具有两方面的含义：一方面，个性的独特性指个体与他人在外部的差异，这种差异可以通过情感、能力、外貌、智力、性格、意志、体制等方面体现出来；另一方面，个性的独特性指个体内部心理品质发展的不平衡性，主要体现为能力、爱好、兴趣发展的不平衡。其中，个性内部的这种差异性会使个体的个性更加独立，即"我就是我"。

（2）自主性。个性发展以个体个性的自主性为内在动力。个体个性的自主性包括个体独立自主的愿望与通过自我设计实现自我的能力。在个体从事和参与活动的过程中，个体个性的自主性是保持其创造性与能动性的重要元素，个体通过活动获取满足、愉悦的情绪体验，有助于其才智的进一步发挥，反之，如果个体没有活动愉悦的活动体验，则只能在活动中处于被支配的地位，从而形成呆板、胆怯、依赖的个性，由此，个体就失去了其"个性"。

（3）创造性。个体发展以个体个性的创造性为最高形式。主体在生产具有社会价值的、独特、新颖的产品时所反映出来的突破既定模式、高于原有水平的一种能力就是创造性。创造性能集中体现个体的主体潜能和主体精神，因此对学生主体而言，培养和发展其创造性，对其潜能的发挥与其主体精神的弘扬具有重要作用。

（4）和谐性。个体发展以个体个性的健康发展为保证。个体个性的和谐性可分为内在与外在两个层面，内在和谐性指构成个体完整个性的各种内在品质要素之间要相互促进，彼此协调；外在和谐性指个体的个性发展要与周围环境、社会要求相和谐、相适应。

上述四个特征相互之间存在密切的关联。对于个体个性发展而言，独特性是核心，自主性是动力，创造性是目标，和谐性是健康的标志。这四个特征相互协调，相互补充，共同构成个性发展的全部内容。

2. 差异发展是个性发展的实质

个性与共性是一组相对的概念。从实质上看,个性发展就是个性差异的发展。不同个体在性格、兴趣、理想、行为方式、能力、价值取向等方面存在差异,这些差异的存在使每个个体真实存在,也正是这些差异的存在,造就了人的个性的多样性。反过来看,每个个体确认自身存在的合理性的关键在于自己有别于他人的个性差异。以下是生理与生理两个方面的差异分析。

（1）生理差异。遗传基因（DNA）的差异决定了个体的生理差异,不同基因型的个体之间在行为倾向与智力条件上不同,这种不同可以通过个体不同的嗅觉、色觉、记忆、味觉、词语流利性、听觉、心理动态学特征、数学能力、外倾性与内倾性等方面表现出来。其中,神经特质的差异是对个体的成长成才、生活学习有最重要、最直接影响的生理差异之一。人的神经类型差异主要包括思想型、艺术型、普通型三种类型。在人才培养过程中,了解受教育者"神经特质"的差异,根据不同神经类型的特点,选择适当的培养方式和方向,通常更容易将人培养成才。

西方学习风格理论表明,影响学生学习风格的生理性因素主要有活动性、学习实践偏爱、温度偏爱、声音偏爱、坐姿偏爱、直觉反应、光线偏爱等。基于这些生理因素对学习风格进行分类,如根据学生在不同感知通道的直觉反应表现,可将其划分为听觉学习者、视觉学习者、混合型学习者、动觉学习者等类型,再针对这些类型采取相应的教学策略,以取得理想的教育效果。个体之间在体格上的差异与在性别上的差异也是能影响学生学习效果的生理因素,这两种生理差异要求教师在教学过程中不仅要重视做到因材施教,还要做到"因性施教",促进学生个性得到有效发展。

（2）心理差异。个体之间在气质、性格、兴趣、理想、能力、智力、需要等方面的差异是个体主要的心理差异。个体的心理差异可划分成两大类：智力因素与非智力因素。

智力因素即智商（IQ）,对个体的成才有重要影响。智力因素有六种表现形式,它们分别是想象力、记忆力、感知力、操作能力、思维力、语言能力,这六种表现形式的不同组合,可以构成不同的智力类型。个体的智力发展水平具有正常、超常、低常之别,人们认为,智商数值超过130时,说明个体有超常的智力水平；智商数值处于 110～130 时，说明个体处于偏高的智力水平；智商数值处于 90～109 时，说明个体处于正常的智力水平；智商数值处于 70～89 时，说明个体的智力水平偏低；智商数值低于 70 时，说明个体有低常的智力水平。不同个体的智力发育速度不同，有的发育得早，即"早熟"；有的发育得晚，即"晚熟"，也叫"大器晚成"。

非智力因素即情商（EQ），主要表现在个体的性格、兴趣、需要、气质等方面。非智力因素对个体心理活动的动力特征具有决定性影响，对个体从事活动的成败具有重要影响。马斯洛的需要层次理论从低到高对人的需要做出了分层：生理需要、安全需要、归属与爱的需要、尊重需要、求知需要、审美需要以及自我实现需要。不同个体对同一层次的需要有不同的强度表现，满足同一需求的方式也各有不同。不同学生在兴趣的稳定性、倾向性等方面也存在差异。

生理差异与气质差异息息相关，根据神经互动的灵活性、平衡性、兴奋性可以将人的气质分为黏液质、多血质、抑郁质、胆汁质四种类型，这些气质类型的不同组合也是影响人个性不同的原因之一。气质虽然对个体的智力水平与社会价值造不成决定性影响，但它能在很大程度上影响个体的智力活动方式和性格特征。

性格是个体参与社会活动时在行为、人生态度等方面表现出来的较为稳定的心理特征。对于学生而言，其性格能够在很大程度上影响其学习方式、学习态度、学业成败、职业选择等，因此人们常说"性格决定命运"。

3. 个性发展以强化个人优势为目的

对个体的职能优势进行充分挖掘与开发，是教育的重要任务之一。根据个性发展理论，只有充分发挥个体的优势，才能充分展示出该个体的特殊才能，使个体的个性得到全面、充分的发展，从而保证其在职业频繁转换与多元社会需求的背景下，实现个人的全面发展。教育对学生智能的开发与发展具有不可忽视的作用，尤其能帮助学生塑造优势智能。在有计划、有目的、系统的教育活动中，通过导师、专业教师的教育和指导，学生可以找到自身的优势潜能，并在教育的引导下，强化自身的能动性，充分挖掘自身的优势潜能，将其转化为自身成长发展、生活学习上的优势，这就是教育努力的方向。因此，个性发展理论为我们通过教育实现每个学生的最优化发展和个性化发展提供了新的方向与思路。学校与教师应基于充分了解和尊重学生个性差异的前提下对学生进行个性化教育，开发学生的优势潜能，并通过适当的教育内容与方法，将学生的智能潜力充分挖掘出来。

（二）个性发展理论对本书的启示

1. 明确了促进学生个性发展的内容和目标

不同学科对个体个性和个性发展的理解与阐释不同。哲学、人学、心理学等学科就人的个性与个性发展做出了一系列研究，所得理论为教育学研究人的个性发展提供了多元的问题观察视角和坚实的理论基础。但在教育学，尤其是高等教育学的学科视角上，学生的个性与个性发展的意义与内涵具有一定特殊性。

在前文的叙述中，个性发展理论的诞生，使教育学科视域在学生个性发展方面有了明确的目标和内容。个性发展理论指出，通过加强学生在教育中的主体性、和谐性、独特性与创造性，了解每个学生个体间的差异性，引导学生进行全面、有效的差异化发展，强化每个学生的优势领域，造就大批具有鲜明个性特点和才能优势的人才，就能在教育学中能实现学生的个性发展。

2. 从理论与实践两方面支持个性化人才培养模式的构建

我国高校必须在尊重大学生个体的个性差异与遵循个体成才规律的前提下，构建和完善个性化人才培养模式，创造合适的条件与充足的空间，推进大学生的个性发展。我国高校个性化人才培养模式的构建，应摒弃传统"大一统"的制度设计与教育理念，应先对大学生的个性差异有充分的考虑与认识，围绕强化大学生的创造性、独特性、和谐性、主体性，结合其自身办学特色与办学优势对其人才培养做出准确定位。这需要高校以科学的理论为指导，对人才培养模式进行科学、合理、有效的顶层设计，构建相应的理论模型，为教学实践的有效开展提供依据。在具体教学实践中，高校应以促进大学生个性成长与发展作为构建、检验和调整个性化人才培养模式的标准，对人才培养理念与制度进行及时的更新和改革，构建科学先进的个性化人才培养模式，推动大学生个性全面、自由、健康发展。

三、高等教育分流理论

无论对社会发展来说，还是对学生个人成长而言，高等教育分流都具有极为重要的意义。高等教育分流是教育分流系统的重要分支。教育分流指的是人才培养分流,是学校教育系统结合学生个人条件、学生发展意愿、社会需要,有规划、按比例、分层次地将完成一定阶段教育的学生分成若干流向,向其提供不同类型和层次的教育,将其培养成能满足社会发展需要的各类、各级人才的教育活动。高等教育分流承担着促进学生个性成长发展、挖掘和发展学生潜能的任务,不仅可以为社会培养多样化人才,而且可以优化社会的人才结构,为国家建设与社会发展提供可靠的人才力量。

(一)高等教育分流的内涵

高等教育分流指的是根据分流对象(即大学生)自身的条件与发展意愿和社会各领域各部分的发展需要,分流机构(即高校)有目的、有针对性、有计划、有差别地对分流对象实施的高层次专门人才培养活动。高等教育分流作为一种教育活动,表现出显著的计划性、系统性特点。

从横向角度上看,高等教育分流涉及五个层面的内容:一是分流主体与实施机构。在高等教育分流中,政府作为宏观主体,在分流工作中发挥着重要的调控和决策作用;各级各类高等教育结构作为中观主体,也在分流工作中发挥一定的调控和决策作用,同时还承担执行主体的职能;与高等教育分流活动密切相关的社会组织、家庭与学生都是教育分流工作必不可少的参与主体。二是分流对象。指处于一定高等教育阶段或准备接受高等教育的学生,这些学生在分流工作中拥有两重身份,既作为参与主体,又作为分流客体。三是分流目的。视角不同,目的不同。从国家发展与社会建设的层面上看,高等教育分流是为了培养各级各类人才,以满足国家与社会的需要;从个人成长的角度上看,高等教育分流是为了将大学生的个人潜能更充分地开发出来,使其得到更全面的发展。四是分流依据与策略。其中,分流依据指的是高等教育在对达到一定高等教育阶段的学生进行分类、分层培养,以及在选拔甄别准备接受高等教育的学生时所依据的标准;分流策略指的是采用的具体分流形式和具体的工作方式与实施步骤。从分流形式上看,高等教育分流形式包括内分式与外分式,内分式指按学生自身的条件与发展意愿,将一定高等教育阶段的学生分流到不同的班组、专业、年级、学科等的教育活动;外分式指选拔出自身条件与意愿都与教育目标相符的学生,将之分流到各类各级的高校之中。五是高等教育分流的效果，这一点可以从功能与结构两方面进行阐述。从功能上看，在国家与社会层面，高等教育分流更适应国家长远发展与社会现实建设的需要，有助于培养出大量优秀的社会主义建设人才，优化社会人才结构；在学生层面，高等教育分流可以更好与学生个性差异相适应，对自由发展学生个性和因材施教的教育理想的实现具有积极影响。从结构上看，高等教育分流的结构是指高等教育系统中学生分流进入不同层次、不同类型、不同形式、不同区域的高校的比例构成与纵横连接方式。

从纵向角度上看，高等教育分流主要包括高等教育对象分流、高等教育任务分流、高等教育资源分流三个层面的内容。高等教育对象的分流有按层次分流、按地域分流、按形式分流、按类型分流四种形式。高等教育任务的分流是指在分流工作中，不同高等教育机构的分工与定位不同。高等教育任务的分流也可以从层次、地域、形式、类型四个方面考察。高等教育资源分流指为高等教育分流活动的开展和进行提供支持与保障的财力、人力、物力以及其他相关资源的总称。其中，财力资源包括校企创收、学费收入、社会捐赠以及财政投入等；人力资源包括管理者、教师、学生等；物力资源包括学校设施设备建设，如生活娱乐设施、仪器设备、图书资料、教学科研场地等；相关资源指高校在长期办学中形成的无形资产，如声望、名誉等。

（二）高等教育合理分流的主要特征

1. 分流取向的兼顾性

分流取向指分流主体立足于一定的判断与认识，对分流的方向、目标、重点做出的取舍与权衡。科学设置分流取向能保障分流的合理性。国家、社会、学生个人、家庭、高校等都是高等教育分流活动的利益主体，它们的诉求各不相同，甚至存在一定的矛盾，正是这些不同乃至矛盾的存在，使高等教育分流取向呈现出多维性、多元性、多面性特点。对高等教育做出合理分流需要对各利益主体追求的不同目标进行调和，使其中相互对立的目标取向能够维持其在某种条件下的平衡。只有对各方利益的分流取向做到统筹兼顾，才能使分流结构体系合理，从而为整个分流活动正常发挥整体功能与系统效率提供保障。

2. 分流依据的科学性

在主观方面，高等教育分流依据的是竞赛获奖、学习成绩、兴趣特长等学生通过主观努力能够获得的条件。在客观方面，高等教育分流依据的是家庭的社会经济地位、个人的出身阶层等不以个人意志为转移的外在条件。只有做出全方面、综合的考虑，处理好主客观依据之间的关系，才能保证其分流依据的科学性。

3. 分流时机的适宜性

在选择分流时机时，应注意兼顾和平衡个人、学校、国家与社会在各个方面的需求，对主客观条件做出综合考量。总的来说，入学时与入学后是高等教育分流的两大主要时机，其中入学后的分流可结合学校实际情况进行再分流。科学选择时机进行分流，要求学校对人才培养的目标、方向、学生需求、培养时间等做出认真的研究之后，再做出适当选择。

4. 分流形式的多样性

随着当今世界社会分工越来越细化，无论是人的多样个性，还是职业的高频率转换，都要求分流下形式灵活多样。高校教育分流可通过在高校内分流的内分式、在高校间分流的外分式、校企合作分流培养的参与式以及交替进行学习与工作的工读转换式这四种方式实现。

5. 分流结构的协调性

为满足学生个性化成长发展的需求，实现多样性的分流形式，高等教育必须要有合理、科学的分流结构。可以通过高等教育分流与社会发展的要求与条件是否协调、与分流对象的个性发展需求与个性差异是否协调、与各组成部分之间是否相互协调三个方面，衡量和判断高等教育分流结构的合理性。

6. 分流机构定位的合理性

所谓分流机构定位的合理性，是指分流机构依据自身的优势资源与有利条件，在分流培养人才的活动中处于恰当的位置和承担适当的任务。这种定位主要包括七个方面：对象定位，即招收何种层次、何种类型的学生；层次定位，即培养何种层次的人才；类型定位，即培养什么学科、什么专业的人才；形式定位，即采用哪种高等教育形式来培养人才；区域定位，即所培养人才的适用空间范围；能级定位，即所培养人才的综合素质在同层同类高校中所处的地位；特色定位，即所培养的人才与同层同类高校相比具有哪些独特的优势。[1]

---

[1] 董泽芳.陶能祥.高等教育分流的理论与实践[M].武汉：华中师范大学出版社，2010：21-22.

(三)高等教育分流理论对本书的启示

从根本上看,高等教育分流是为了将每个大学生个体的潜能充分挖掘出来,使其个性得到全面发展。在高等教育阶段,18～22岁的青年学生群体是主要受教育者,他们在多个方面都表现出了较高的智力水平。随着经验的积累、知识的拓展以及思维能力的不断提高,学生个体的部分优势潜能也得到了开发。如果在此阶段向受教育者提供与其自身发展相适应,且易于受教育者接受的各种形式的高等教育,将对受教育者的个性充分发展和全社会人力资源的充分开发产生重要推动力量。因此,合理分流既可以为大学生提供自由的选择机会与广阔的发展空间,又对学生创造性和主体性的培养具有积极影响,对其实现自我选择、自我实现、自我发展也发挥了重要作用。

四、协同理论

(一)协同理论概述

协同理论是系统科学的重要分支理论,由德国物理学家赫尔曼·哈肯(Herman Haken)提出,哈肯于1971年提出了协同的概念,并于1976年对协同理论进行了系统的阐述。

在从微观到宏观过渡的过程中,协同理论通过完整的数学模型和科学的处理方案,描述了各种现象与系统中存在的从无序到有序转变的共同规律。协同理论对各种系统从无序转变到有序的相似性做出了重点探讨。哈肯将协同论所在的学科称作"协同学",这是因为,一方面,协同学以多个子系统的联合作用为研究对象,能从宏观尺度上对其功能与结构进行描述;另一方面,协同学通过多种学科合作研究组织系统的一般原理。

(二)协同理论的作用

作为协同理论研究对象的系统是一个相对抽象的概念,在许多学科中都有体现,因此协同理论具有广泛的适用性。协同理论在跨境电商人才培养中的应用主要体现在校企合作育人系统中。

在跨境电商人才培养中,校企合作是重要的人才培养方式,校企合作指的不仅是学校与企业之间在个别领域的简单合作,而是双方建立一种相对稳定的合作关系，学校与企业共同为学生创造良好的实践技能学习与训练环境，通过校企合作办学、构建校企共同体、建设校企人才教育培训基地等方式，提升校企合作育人的水平，为学生能创造充足的实践机会，帮助学生将理论应用于实践，再通过实践深化对理论的认识。

在跨境电商人才培养中，校企合作需要学校与企业之间深入融合，且这种合作贯穿高校跨境电商人才培养的整个过程，可以说，在校企合作中，学校与企业之间构成了一个相对完整的人才培养系统，在这个系统中，学校与企业充分发挥自身的资源优势，以保证学生能够在系统学习跨境电商理论知识的同时，获得足够的实践训练机会。而这个校企合作育人系统的合理运作，就需要以协同理论为指导。协同理论对校企合作育人的指导作用主要体现在以下几点。

1. 利益协同

利益协同是校企合作系统中各主体需要首先处理的问题。学校与企业之间的利益有所不同，企业以追逐经济效益为价值取向，这是由其本质导致的，因此企业在现实发展中更加强调经济利益与现实价值，学校则更加看重长远利益和社会利益，因为学校承担着为国家培养人才的重任，经济利益并不是其主要追逐目标，所以在管理过程中，学校会舍弃一部分经济利益，以换取更大的是社会利益和综合效益。

因此，若想实现学校与企业之间在人才培养领域的充分融合，就必须寻找双方的利益契合点，实现利益协同，只有以共同的利益为基础，才能使校企双方深入开展合作。

2. 战略协同

协同理论对校企合作育人系统发展战略的制定具有重要的指导作用，战略代表着系统中各个子系统的发展方向，只有当各个子系统的发展方向相对统一时，系统才能不断获得发展。在跨境电商人才培养中，战略协同程度的高低与政府、学校、企业之间的利益取舍有着很大的关系。例如，政府考虑的主要是促进社会整体发展，学校考虑的主要是人才培养与办学能力的提升，企业主要追求的是提升经济效益与市场竞争力。不同的利益出发点影响着各主体发展战略的制定，因此我们强调利益协同的重要性。

利益协同是校企合作的基础，而校企合作的全面展开则需要政府、学校和企业之间充分协调,共同制定校企合作育人系统的总体发展战略,各主体的具体发展战略需要以总体发展战略为出发点,不能背离总体发展战略的基本路线。

3. 资源协同

资源协同就是将系统中各个子系统的资源进行整合并加以充分利用的过程,这是系统发挥协同效应的关键之所在。

在校企协同育人中,资源协同指的是学校与企业充分发挥自身的教育资源优势,为学生提供良好的理论学习和实践训练环境,深入推进产教融合,帮助学生更好地进行工学结合,实现综合素质的提升。

学校拥有的资源主要包括教学资料、教师资源、教育管理资源、教育信息资源以及各种教育基础设施资源等。这些教育资源是学生系统地学习专业知识所必需的资源,可以帮助学生夯实专业基础。企业拥有的资源主要包括资深从业人员、实习场所、资金等。学校与企业之间的资源具有很强的互补性,跨境电商是一门崭新的,同时具有较强实践性的专业,因此跨境电商人才培养既需要保证学生具备扎实的专业理论知识基础,还需要学生具备较强的实践能力,这就需要学校与企业发挥自身的资源优势,联合进行人才培养。

4. 文化协同

在校企合作育人系统中,不同主体之间的文化存在一定的差异,这就要求各主体之间通过互动、对接、协调、整合后形成一种和谐文化体系,文化的和谐是系统持续发展的重要保障。

企业文化指的是企业在长期的生产经营活动中形成的,受到企业成员普遍认可的价值观念、思维模式和行为规范。校园文化是在长期的教学实践中形成的,收到学校师生普遍认可的价值观念、思想意识、教学理念以及校风学风等文化因素。校企文化协同需要学校与企业以育人为核心,充分汲取对方文化中的有利因素,整合形成科学、合理的校企合作育人文化。

第二节 跨境电商人才培养的胜任素质模型

目前我国高校跨境电子商务人才能力素质有待提高,跨境电商人才培养面对着多个方面的问题,这些问题的解决,要求高校遵循由微观向宏观、由浅及深的原则,将提升人才能力素质作为切入点,明确企业需要的人才类型和岗位在能力素质方面对人才提出的具体要求,基于此构建以培养和提升电商人才胜任素质与能力为目标的人才培养模式。作为企业人力资源管理的重要工具,胜任素质模型可以将岗位人员胜任的素质需求较为完整地描述出来,在研究高校人才培养、教学改革和企业员工管理等方面发挥着重要的指导作用。本节首先阐述胜任素质模型的基本内容,然后结合前文所述跨境电商人才的能力构成体系,构建适用于高校跨境电商专业人才培养的胜任素质模型,明确高校跨境电商人才培养目标。

一、胜任素质模型及其应用

(一)胜任素质模型简介

胜任素质模型也叫素质模型,是由美国哈佛大学教授、心理学家戴维·麦克利兰(McClelland)博士首先提出来的。在概念上,胜任素质模型指个体为达成某一目标绩效或为完成某工作所需要获得和具备的内在动机、社会知识技能、社会角色特征、自我形象等要素的组合。如图3-1所示的冰山素质模型与图3-2所示的素质洋葱模型是在各类研究中最为常见的两种素质模型。

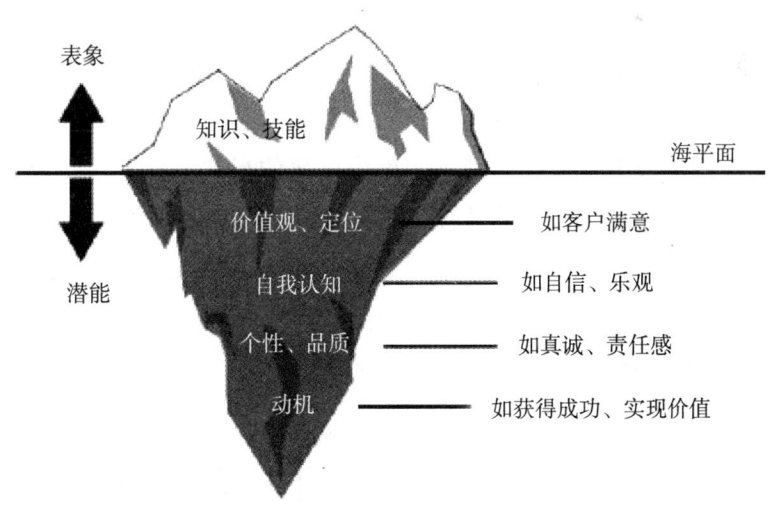

图 3-1 冰上素质模型

1973年,麦克利兰提出了冰山素质模型。冰山素质模型用处于表面的"冰山以上部分"表示员工外在的素质表现,包括员工了解的知识和掌握的技能等,这部分的员工个人素质是可以通过培训培养和发展的，通常比较容易了解和测量；他还用深藏的"冰山以下部分"表示员工内部潜在的个人素质，包括自我认知、价值观、动机、特质等，这部分通常难以测量、难以了解、难以利用外界力量改变，但通常对员工的行为表现有重要意义。

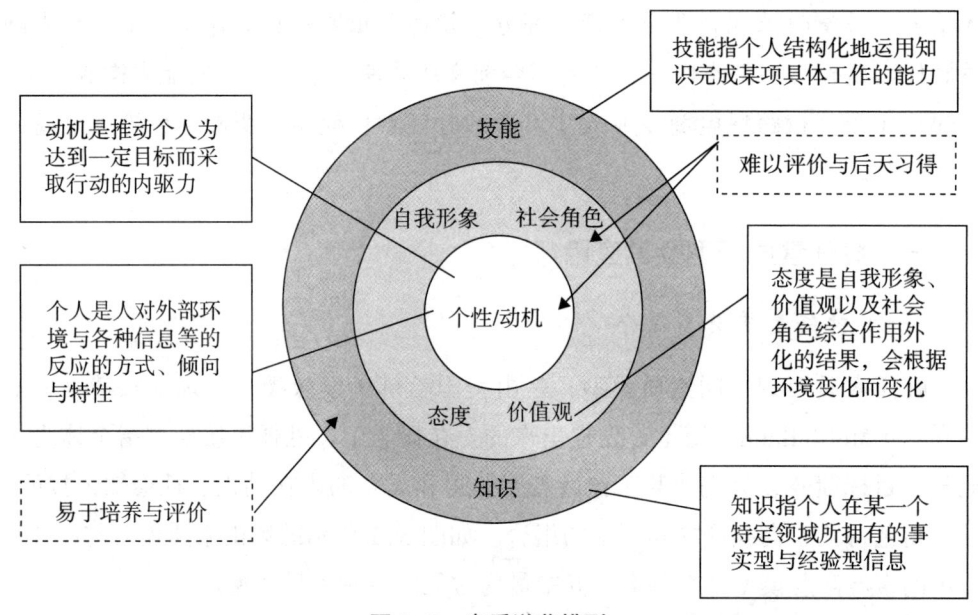

图 3-2 素质洋葱模型

基于对麦克利兰素质理论的研究，美国学者博亚特兹（Boyatzis）提出了素质洋葱模型。该模型与冰山模型相似，后者的结构是从上到下的，而前者则从内到外对胜任素质做出了概括，其结构就像洋葱的形状一样层层包裹。在素质洋葱模型的结构中，靠近外层的特征比靠近内层的更容易培养与评价。这两种素质模型都可以应用于岗位、行业内部专业人才的培养、选拔和考评活动中，发挥重要的参考作用。

（二）胜任素质模型的应用

20世纪50年代初，美国在选拔外交官人才时就应用了胜任素质模型。后来，麦克利兰博士创立了MCBER公司，继续应用该模型为社会组织、企业、政府提供人力资源服务。现如今，在世界500强企业中，应用胜任素质模型进行人才培养、选拔工作的企业已超过半数，我国很多知名企业，如华为、海尔等，也在人力资源管理中运用了这一素质模型。胜任素质模型在很大程度上优化和提升了企业员工培训、选拔、激励、考核的效果与效率，为企业组织发展的良性循环与人力资源各模块的提升提供了重要支持，如图3-3所示。

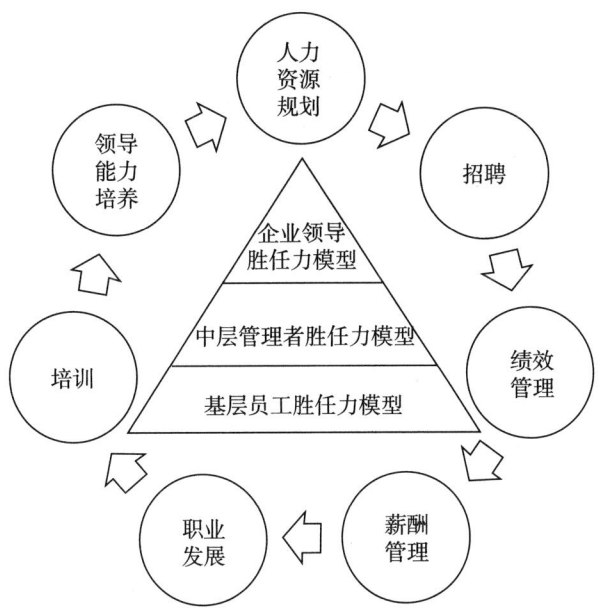

图3-3　胜任素质模型在企业人力资源管理中的应用

同时，员工的能力素质也间接影响组织的核心竞争力，最终影响企业的战略目标的实现。在企业中，每个岗位所需要的胜任素质特征都因不同的岗位职责而有所差异，不同企业的同一岗位也会因企业的性质和组织环境的差别而定义不同的胜任素质特征。

二、跨境电商人才胜任素质模型

笔者构建的跨境电商人才胜任素质模型如图3-4所示。

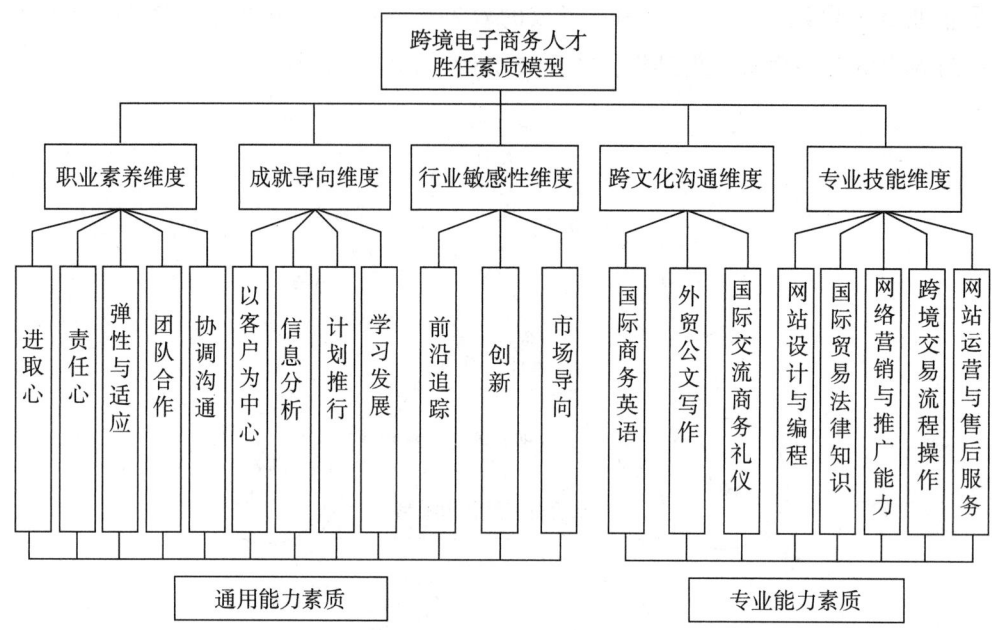

图 3-4 跨境电商人才胜任素质模型

如图 3-4 所示,通用能力素质包括职业素养、成就导向、行业敏感性三个维度的内容,其中职业素养维度包括职业人在团队或工作中必须具备的进取心、责任心、弹性与适应、团队合作以及协调沟通五项特征。在这五项特征中,进取心要求职业人以高要求、高标准要求自己的工作和表现,要敢于迎接挑战,具有创造成就的渴望;责任心要求职业人对本职工作负责认真,乐于奉献,对工作足够重视;弹性与适应要求职业人要具备良好的适应能力,能快速适应工作环境,与不同人群协作配合,保持良好的工作效率效果,对电商行业从业者而言,这项能力素质非常重要,由于跨境电商的项目大多属于连接在不同国家之间的国际项目,客户群体来自世界各地,有多元的文化背景,因此需要电商行业从业者有良好的应变能力与适应能力,能在不断发展变化的环境中快速辨别工作性质开展有效的工作;团队合作与协调共同这两项特征对任何团队性质的电商从业者来说也都非常重要,电商行业发展迅速,其业务常常涉及商务营销、管理、法律、生产制造、设计宣传、物流、计算机等多个方面,要求团队内部的所有职业人员团结一心,积极沟通,配合协作,从而提升工作效率,提升业绩水平。可以说,职业素养维度是跨境电商人才胜任素质模型所有维度的必备基础和重要前提。

成就导向维度的四项内容分别是以客户为中心、信息分析、计划推行以及学习发展，可以看出，这四项特征将促进个人职业发展、提高工作业绩作为目标，能在一定程度上调动职业人员工作的主动性。在这四项特征中，以客户为中心不仅是跨境电商等所有2C企业的发展宗旨之一，而且是所有跨境电商人员应遵循的根本理念。以客户为中心要求将客户的需求作为出发点，通过提升自身服务水平与质量，使客户对合作结果更加满意。信息分析、计划推行与学习发展则都属于跨境电商从业者个人为获取更高成就而进行的行为，包括提升工作能力、自我学习能力等。"跨境电商＋大数据"模式能够带来庞大的商务信息，这要求所有员工都具备一定的信息分析和整理能力，并能按照工作计划完成工作任务，同时通过自我学习不断提升自身专业知识技能水平，共同实现公司快速、高质量发展。就这一点而言，成就导向维度可以说是提升和发展跨境电商人才能力素质的重要保障。

行业敏感度维度的特征主要有前沿追踪、创新、市场导向三部分，这与跨境电商行业的特点相契合，要求电商从业人员密切关注行业前沿、市场前沿的创新与改变。市场导向要求电商从业者对国内外市场的变化情况保持动态关注，同时积极了解行业最新理论研究成果、发展动态以及市场竞争形势，通过不断创新电商工作的方式与内容，帮助企业在激烈的跨境电商市场竞争中保持优势地位。对普通跨境电商从业者而言，这一维度的要求略高，但跨境电商作为一个发展日新月异的新兴产业，所处的环境可能在瞬息之间发生颠覆性的改变，这就需要跨境电商从业者具备强烈的行业敏感性，这一胜任素质也是所有跨境电商从业者提高胜任力必须具备的能力素质。

专业能力素质包括跨文化沟通维度与专业技能维度。其中跨文化沟通维度包括国际商务英语、外贸公文写作、国际交流商务礼仪三部分内容，这三大模块的内容是跨境电商从业者从事跨境交流活动必须具备的知识技能。通常情况下，跨境电商企业涉及多个方面、多种类型的国际交流活动，在外语交际能力方面，不同岗位的侧重与要求各不相同，但大部分跨境电商从业者应具备基础的外语素养，能与国外合作对象进行日常交流，同时还要掌握一些外贸公文写作知识与商务英语知识技能，以便保证跨境电商合作的顺利进行。对跨境电商从业者而言，多了解和学习不同国家的商务礼仪与文化背景对其在未来职业道路上的长远发展具有积极意义。

专业技能维度的特征主要有五项，分别是网站设计与编程、国际贸易法律知识、网络营销与推广能力、跨境交易流程操作和网店运营与售后服务，这五项特征与跨境电商业务实操密切相关。跨境电商企业运营以跨境电商人才的专业知识技能为核心和重要基础，只有打好人力资源在专业知识技能上的"基础"，才能保证跨境电商企业、事业的稳定、长久、高效运行，保证跨境电商行业中的各项业务蓬勃发展。从这点可以说，专业技能维度是专业能力素质部分最关键的一环。

（三）以胜任素质模型为基础的高校跨境电商人才培养目标

高校将自身人才定位与国家教育教学发展目标相结合，经过综合衡量最终确立其人才培养目标。高校人才培养目标体系的建立需要对教学体系、课程体系、评价体系等的过程做出准确定位。跨境电商人才胜任素质模型的建立为建立培养该专业人才的目标提供了有力证据。

跨境电商专业不仅涉及外语、电商、外贸等多个学科的知识技能，而且其实际操作还需要掌握一定的设计、计算机、营销等技能。从跨文化沟通与专业技能这两个维度出发，可定位人才培养目标之一为培养具备多学科背景的高质量复合型人才。

跨境电商行业的知识技能几乎每天都在更新，这要求跨境电商从业者具备十分优秀的适应能力和学习能力。对于跨境电商专业的大学生、毕业生而言，创新创业能力也十分重要，在职业发展过程中，应善于发现并牢牢把握行业发展的各种机遇，积极开辟新市场，以创新迎来新的发展。从成就导向、行业敏感性这两个维度出发，可定位人才培养目标之二为培养超行业前沿的创新型人才。

现如今，随着人才市场的竞争日益激烈，社会各用人企业单位不仅注重本身技术的革新与业务的发展，而且对人才综合素质的培养与企业文化建设十分重视。因此，在选拔优秀人才时，企业不仅要关注对知识与技能的考查，还可以通过轮岗实习、无领导小组讨论等方式对应届生求职者的综合素质进行多方考量。正如冰山模型所描述的，企业越来越重视冰山以下的部分，关注人才的潜能发展。因此，从通用能力素质部分的三个维度出发，跨境电商人才的培养目标之三应是综合素质过硬的潜能型人才。

第三节 跨境电商人才培养的原则

一、跨境电商人才培养的一般性原则

（一）循序渐进的原则

正所谓"十年树木，百年树人"，人才培养不可能一蹴而就，这是一个比较漫长的过程，要循序渐进，切忌操之过急，否则后果只能是"揠苗助长"。古今中外，但凡成才者，必然是脚踏实地、在专业领域潜心钻研之人，也必然是经历过长期磨炼的人。人才培养的过程是一个完整的链条，既需要学校教育的滋养，也需要社会上的实践与历练。从这一角度来看，学校教育只是个体成长的一个阶段，并且该阶段应该培养的能力也要符合该阶段个体发展的特点。有些学校看到了跨境电商行业对人才需求的巨大缺口，为了提升学校口碑，制订了不合理的人才培养计划，忽视了学生现阶段发展的规律，导致学生知识理解困难，反而影响了学生能力的发展。因此，在跨境电商人才培养的过程中，学校一定要坚持循序渐进的原则，依托切合实际的人才培养规划，一步一个脚印地促进学生成长和发展。

（二）理论与实践结合的原则

南宋诗人陆游在《冬夜读书示子聿》一首诗中写道："纸上得来终觉浅，绝知此事要躬行。"这是诗人陆游对知识获取的看法和见解，即从书本上得到的知识是肤浅的，要想透彻地理解知识、认识事物，还需要亲自进行实践。跨境电商人才的培养也是如此。作为一门实践性较强的专业，理论知识是指导实践的基础，所以理论教学不可或缺，这一点毋庸置疑，但如果忽视了其实践性，只注重理论知识的教学，不利于学生对知识的掌握和理解，也不利于学生实践操作能力的提升。因此，在跨境电商人才培养中，学校要秉承理论结合实践的原则，用理论教学奠定学生知识基础，用实践教学深化学生知识认知并提升实操能力，从而将学生培育成一个理论知识与实践能力兼具的合格人才。

（三）学生主体的原则

以学生为主体的原则就是要树立"以学生为中心"的教育理念，在整个教学过程中贯彻"以人为本"的科学发展观。由"建构主义学习理论"可知，知识学习的过程是基于原有知识经验建构理解的过程，整个过程强调学生学习的主动性，而不是依靠教师的灌输，所有教学活动的展开要始终以学生为主体。跨境电商人才培养的目的在于培养既掌握有一定的理论知识，又能够将知识应用到实践操作中的人才，而传统以教师为主体的灌输式的教学方式显然不能满足这一要求，所以要充分发挥学生的积极性，让学生主动参与到对知识的探究中，从而建构属于自己的知识体系。另外，由于学生之间存在兴趣、性格、能力等方面的差异，所以还需要教师遵守学生的差异性，因材施教，这样才是真正体现学生主体的原则。

（四）可持续发展的原则

社会是在不断向前发展的，尤其在这个知识爆炸的时代，社会发展的速度非常之快，这也促进了知识更迭速度的加快。对于每个人来说，要想跟上社会时代发展的潮流，就必然要树立终身学习的理念，实现自身的可持续发展。跨境电商人才的培养也是如此，作为教育工作者，不能仅仅将实现聚焦在学生对当前知识的学习和理解上，要有一个长远发展的眼光，秉承可持续发展的原则，培养学生终身学习的理念，让学生即便走出校园后，依然能够保持一个学习的姿态，不断学习，不断提升自我，实现自身的可持续的发展。

二、跨境电商人才培养的专业性原则

（一）以综合素质为基础，提高学生职业能力

现代教育是"全人"的教育，强调学生"德、智、体、美、劳"的全面发展，而不是仅仅掌握学科知识，掌握一门技能。对于高等学校来说，使学生掌握一门技能是主要的目的，旨在让学生毕业后能够依靠一门技能在社会上立足，但掌握技能绝不是全部的目的。的确，一个合格的人才不仅要具备专业的职业能力，还应该具备支撑其职业发展的其他素养，如思想政治素养、人文素养、身心素养等。因此，跨境电商人才的培养要以综合素养为基础，以职业能力为重心，使学生成长为综合性的适应社会发展需求的跨境电商人才。

（二）以市场因素为指导，明确人才培养定位

市场与人才是一对供需关系，只有市场有需要，人才才有用武之地，人才的培养也才更有意义。目前跨境电商市场对人才的需求较大，这表明跨境电商人才的培养具有较为广阔的市场。虽然从宏观上看跨境电商市场整体的需求很大，但如果我们对市场进一步细化就会发现市场对人才的需求也有侧重。通过全面、系统地分析当前的跨境电商市场，学校可以进一步明确自身的人才培养定位，然后结合学校办学情况修改和完善课程体系，培养各行业和各企业有关跨境电商发展需要的、能胜任相关职业岗位群工作的技能型和应用型专门人才。

（三）适应行业技术发展，体现教学内容的先进性

目前跨境电商行业发展的速度非常之快，为了适应跨境电商行业这种快速发展的态势，跨境电商专业要时刻且广泛关注跨境电商行业的新知识、新技术，了解跨境电商可能的发展方向，并通过校企合作的方式，进一步明确学校在课程建设上存在的问题，从而及时更新课程设置与课程内容，避免教学出现内容陈旧、不能适应行业发展等情况的出现。因此，学校在遵守"适应市场"原则的基础上，还应该同时坚持"超前市场"的原则，体现教学内容的先进性，使学生掌握知识与技能的同时，还能够形成对跨境电商市场的系统认知，从而使学生适应时代发展的需要。

第四节 跨境电商人才培养的意义

一、推动跨境电商行业发展

（一）为跨境电商行业的发展提供人才保障

高校跨境电商人才培养对跨境电商行业的发展具有重要的推动作用。行业的发展离不开专业的人才，特别是对于跨境电商行业来说更是如此，跨境电商行业作为新兴产业，需要大量具备较强专业素质的人才来保障行业的健康发展。

具备较强专业素质的跨境电商人才必须兼具扎实的专业理论知识和较强的实践技能，若想系统地实现知识与技能的培养和提升，就必须充分发挥高校在人

才培养方面的作用，因为高校的职责就是组织系统的教学活动。社会培训虽然也能在一定程度上提升从业者的专业素养，但更多是针对具体技能的培训，而不是系统地教学与培养。

（二）实现跨境电商行业创新发展

当今时代，任何行业都需要不断注入符合时代特征的元素以实现更好的发展，否则，行业的发展将会停滞不前甚至逐渐衰落。虽然跨境电商作为新兴行业，迸发出勃勃的生机，但也需要不断地创新才能实现进一步的发展。而要想实现跨境电商的创新发展，就需要不断引入高素质的专业人才。

高校跨境电商的教学重视对学生创新意识与创新能力的培养，这既是时代的要求，也是学生实现个人发展的需求。学生走出学校大门，迈入工作岗位后，能够将这种创新意识与创新能力运用于工作之中，融入企业的文化之中，帮助企业敏锐捕捉到行业发展的新趋势、新规律，并创新自身的生产经营模式，实现更好的发展，进一步推动行业整体实现创新发展。

二、带动区域经济发展

（一）打造区域经济新的增长点

跨境电商的发展在丰富国际商务活动模式的同时，也在很大程度上促进了各个国家经济的发展。跨境电商面向的是世界市场，拥有庞大的市场与多样化的需求，跨境电商作为新兴产业，具有较大的发展潜力，是促进区域经济增长的新进路。因此，结合区域实际发展跨境电商产业，不仅能实现电子商务产业的发展，还可以带动区域服务业、制造业、物流业等产业的发展，为区域经济发展提供新的驱动力，使跨境电商逐渐成为带动区域发展的新的经济增长点。

跨境电商的发展离不开高素质的专业人才，高校跨境电商人才培养可以为区域跨境电商产业的发展提供人才支持，同时，产、学、研相结合的人才培养模式也能推动区域科研、经济、教育的整体发展。

跨境电商产业属于电子商务产业的重要组成部分，也是电子商务产业在全球范围内推进的重要途径，大力开展跨境电商人才培养，有利于促进电子商务产业的进一步发展，进而促进区域经济的发展。

（二）为区域发展提供人才支撑

高校，特别是区域型高校，具有鲜明的办学特色，体现所在区域的社会、经济、文化发展地特点，并以促进区域经济、社会的全面发展为人才培养的目标指向。许多高校的专业和课程设计和人才培养模式是建立在区域发展实践的基础上的，因此高校的人才培养是非常符合区域发展需求的。

高校育人的重要目标是为社会的发展提供高素质人才，而促进区域经济增长就是促进社会发展的最直接体现。在当今知识经济时代，高素质人才能够创造相对较多的社会价值，其掌握的知识与技能能够为行业的发展提供强有力的支撑，其创新意识与创新能力还能帮助区域实现产业的转型和优化升级，提升经济发展的质量。

三、提升高校办学水平，促进区域教育发展

（一）提升高校的办学水平

高校跨境电商人才培养，从培养内容上来看，包括以跨境电商为核心的多门专业课程，重视完善学生的知识结构。从培养方式上来看，高校在跨境电商人才培养的过程中不断深化产教融合，深入推进校企合作的展开，重视对学生实践能力和综合素质的提升。

跨境电商作为一门崭新的学科，其教育理念与人才培养方式充分体现了时代发展的特色，学校结合自身的教学实践情况，根据市场需求和学生发展的需要，调整人才培养方案，深化产教融合，完善课程体系，优化教学模式，使人才培养具有更强的岗位针对性，促进学生就业。

在跨境电商人才培养的过程中，高校自身也获得了巨大的提升，通过与企业的充分合作，不断深化产教融合，通过跨境电商人才培养的实践，实现职业教育理念与模式的突破，通过与企业联合进行教师培训，壮大了师资队伍，提高了师资的素质。产教融合的参与主体还包括政府，高校在产教融合人才培养的过程中与政府展开良性互动与合作，政府的政策支持和制度保障为高校办学能力的进一步提升创造了良好的环境。

因此，在跨境电商人才培养中，高校是人才的培养者，是高素质人力资源的提供者，同时自身也是这一过程的受益者，丰富了教学经验、增强了教学水平、提升了办学能力。

（二）促进区域教育发展

高校跨境电商专业建设与探索不仅能提升自身的办学水平，而且对区域内其他高校具有较强的示范作用，可以带动区域整体教育水平的提升。同时，跨境电商作为一门崭新的专业，其人才培养模式与传统的人才培养模式之间存在很大的不同，跨境电商人才培养模式的探索有助于拓展高校人才培养的思路，助力高校教育的改革，进而对于区域教育的改革也具有一定的参考作用。

首先，高校教育作为区域教育的重要组成部分，高校办学能力和教学水平的提升本身就是区域教育水平提升的组成部分。跨境电商人才培养是一个由多主体共同参与的人才培养系统，不是靠高校凭借一己之力来实现的。

地区政府、高校和企业整合教育资源，统筹人才培养能力，共享教育信息，共同推进跨境电商人才的培养。

当今时代，应用型人才培养的主体不再仅仅局限于高校，课堂教学难以支撑起整个人才培养体系，需要政府、高校和企业同心协力，构建产学研三位一体的人才培养模式，在提升人才培养效果的同时，促进区域经济发展和产业升级，这种以政府为引导、以企业为主体、以高校为主导的人才培养模式，本身就是区域教育能力的体现。因此，跨境电商人才培养是一个推动区域教育水平提升的契机，利用这个契机，政府、学校和企业三者可以共同探索出更加符合时代教育发展方向的人才培养模式。

其次，成功的校企合作与产教融合实践，能够为区域人才培养的发展树立典型，政府充分发挥自身统筹规划与教育宣传的职能，将成功的跨境电商人才培养方案在区域内广泛推广，作为一种新型人才培养模式，不仅是对于跨境电商专业人才培养，对于高校其他专业的人才培养也具有重要的借鉴和参考价值，能使更多的高校与企业参与人才培养，增强育人能力，促进区域整体教育水平的提升。

第四章　高校跨境电商人才培养的课程体系建设

课程体系建设与人才培养之间存在着密切的关系。一个高质量的课程体系是人才培养的基础，因为它可以为学生提供必要的知识和技能，帮助他们实现自身的价值和潜能。本章从高校课程的基本知识出发，阐述了高校跨境电商人才培养课程体系建设的原则及策略，并分析了跨境电商课程评价体系的构建。

第一节　高校课程概述

一、课程的基本含义

课程作为高校教育教学的中心环节，一直备受国内外学者关注，学术界对课程的定义也是众说纷纭，主要的课程内涵有以下观点。

（一）课程作为学科或教材

把课程视作学科、教材，是最普遍、最常见的课程定义。例如，美国教育哲学家、课程论专家菲尼克斯（Phenix）认为课程应是完全包含学科的知识，或者说一切的课程内容应当从学术（学问）中引申出来。换言之，唯有学术（学问）中所包含的知识才是课程的适当内容。[1] 这是"学科"类（狭义的课程）课程定义的代表。再如，《中国大百科全书·教育》对课程的定义是，课程是所有学

---

[1] 钟启泉.现代课程论[M].上海：上海教育出版社，1989：115.

科（教学科目）的总和，或学生在教师的指导下参与各种活动的总和（广义的课程）。[①]此外，课程还被看成是学科的内容或教材。学科内容是教程的纲要，教材包括教科书、课程指引、科目纲要、媒体资料等。

若把课程看成是学科或教材，那么科目编排，教材与教科书、课程材料的编制等成了课程发展的重点。其优点在于："课程作为学科"强调以知识为中心和知识的逻辑与结构，强调向学生传授学科的知识体系，这促使教育工作者注重学科的结构和探究方法，以及教材的更新等。其缺陷是教师和学生仅仅是课程的执行者和接受者，片面地强调课程内容，并把课程内容局限于学科知识，忽视了学生在各种活动中所获得的经验，忽视了学生智力与创造力发展，忽视了教学策略、教学方法等课程设计工作；把课程内容与教师的教、学生的学割裂开来，课程成为外在于学生的静态的东西。

（二）课程作为经验

这种课程定义视课程为学生在教师的指导下或自发所获得的经验或体验。持此观点的是美国教育家杜威。他反对把课程作为一套活动或预先设定目标，认为教育目的和手段是同一过程中不可分割的部分，把课程视为学生在教师的指导下所获得的经验。

用经验来定义课程，拓展了课程的内涵。一方面，经验比知识含义更丰富、更广；另一方面，学生在课堂上所学的主要是书本知识，不能用"知识"来定义课程。课程包含了教师教学，学生学习过程和学习结果，转向了学生、学生的直接经验。其优点在于：提醒人们重视学生的学习环境与学习兴趣、个人爱好与个人需要等；告诉人们课程的开发人员不仅仅是学科专家、其他教育工作者，教师和学生也都是极其重要的角色。其缺陷是"课程即经验"定义的范围过宽，既面临如何区别对待合理与不合理经验，学习有关或无关经验的困难，又面临怎样区分正规学习活动与课外活动，以及如何发挥知识在学习发展中适当作用的难题；还有每个学生的基础和经验不同，教师怎样与能力参差不齐的学生对话、交流，进而陷入煞费心思，也形成一种难以促进个人发展的课程困境。另外，"课程即经验"忽视了系统知识对学生成长与发展的作用。

[①]《中国大百科全书》总编委会，《中国大百科全书》编辑部.中国大百科全书·教育[M].北京：中国大百科全书出版社，1985：207.

(三) 课程作为目标或计划

此种课程定义把课程看作是在教与学过程中要达到的目标、预期的教学结果，是预先设定的教学计划或预先设定的教学蓝图。许多理论家都持这种观点。

在这样的课程观指导下，目标或计划的选择与制定成为其核心工作，课程的重点只是关心目的，内容、学习活动、评价程序等不属于课程。其优点在于强调课程的目的性，就意味着可操作性强，并提示人们重视目标与计划，通过良好的计划向学生提供各种学习机会。其缺陷是过分强调预先计划而缺乏灵活性，不容易顺应变化了的教育环境及客观要求；片面强调课程目标和计划，容易把课程目标、计划与课程过程、手段割裂开来，容易忽视学习者的经验，课程成了教学过程和情境之外的东西。

不同的课程定义有着各自独特的作用，在课程领域均有其各自的侧重点，在课程发展的不同阶段均有其各自的适用性。分析不同阶段的课程活动，可选用不同的课程定义。在课程的设计阶段，选择课程作为学科、课程作为目标或计划较为合适；在课程评价阶段，选择课程作为经验较为合适。

二、高校课程

(一) 高校课程的含义

"高校课程"是高等教育体系中极为重要的一个概念，它是高校教育内容最集中、最具体的体现，是高等教育学科体系及其教育活动的总和，是实现培养目标的手段。高校课程的概念，在国内高等教育教学研究成果中有相关的论述。张楚廷认为可以从三个层面来理解高校课程：狭义的理解即课程是教学科目，中义的理解即课程是教学内容，广义的理解即课程是学生在高校习得的一切文化总和。[①] 潘懋元、王伟廉提出，根据教育是一种有目的的活动，并结合我国高等教育当前的研究状况，"课程"这一概念采用这样的定义是比较恰当的：课程是指学校按照一定的教育目的所建构的各学科和各种教育、教学活动的系统。[②] 谢安邦将课程的定义分为狭义和广义两类：狭义的课程是指被列入教学计划的

---

① 张楚廷.大学教学学[M].长沙：湖南师范大学出版社，2002：69.
② 潘懋元，王伟廉.高等教育学[M].福州：福建教育出版社，1995：127.

各门学科,及其在教学计划中的地位和开设顺序的总和。广义的课程则是指学校有计划地引导学生获得预期的学习结果而付出的综合性的一切努力。与前者相比,广义课程既包括教学计划内的,也包括教学计划外的;既指课堂内的,也指课堂外的;它不仅指各门学科,而且指一切使学生学有所获的努力。[①] 薛天祥认为,高等学校的课程,一方面是知识传播的媒体,另一方面更是知识生产、创新的"胚芽",涉及人的、教育的发展的各个方面。[②] 对高校课程定义各种各样,但在课程有广义与狭义之分这一点上却是一致的。综合各位专家学者的观点,笔者认为,广义的高校课程是高校为培养一定的人才而制订的教学计划或培养方案,使学生获得知识、参与活动、丰富体验;狭义的高校课程是指每一门具体的教学科目,其中包括课程内容的编制、课程目标的制定、课程实施和课程评价方式等。

(二)高校课程的特点

与基础教育课程相比,高校课程具有其自身鲜明的、基本的特点。

1. 高校课程具有明显的专业性

高校课程大多以知识为导向,以学科为经纬,结合社会需要进行安排与组织,使高校课程具有明显的专业性质。张楚廷曾就专业与课程的关系作过精辟的论述:"设置一个专业,就需要设计一套课程,形成课程体系。反过来要设计好课程体系,才能办好一个专业。专业比课程有相对的稳定性,如果说专业是骨架子,那么它的血肉就是课程,甚至专业的灵魂是课程。"[③] 不管高等教育改革如何强调基础、淡化专业,实现课程综合化,但知识体系是以课程的形式确定下来,而课程体系又是以专业来构建的,专业性是高校课程的本质属性,是高校课程的明显特征。

2. 高校课程的内容具有前沿性

首先,科学技术不断发展,要求高校不断更新课程内容,吸收科学技术发展前沿的最新研究成果。只有这样,课程才能不断丰富和发展。其次,高校也是开展科学研究的机构,教师可以把科学技术发展前沿的最新研究成果直接引入

[①] 谢安邦.高等教育学:修订版[M].北京:高等教育出版社,1999:235.

[②] 薛天祥.高等教育学[M].南宁:广西师范大学出版社,2001:232.

[③] 张楚廷.大学教学学[M].长沙:湖南师范大学出版社,2002:99.

课堂,当然科学研究的发展也能从教学中吸取营养。第三,高校在人才培养上,不仅要传授学生专业知识,还要培养学生科学研究、探索未知世界的能力。因此,在课程内容中要有科学技术发展的最新研究成果,要有科学技术发展过程中尚有争议的问题或尚无定论的问题,使课程内容始终处于科学技术发展的前沿。况且学生已具备接受各专业领域最新研究成果的能力,对不同的观点有一定评判的能力。

3. 高校课程具有注重能力培养的探究性

高等教育是一种高层次的教育,学校在给学生传授现有知识的同时,要突出培养学生科学研究能力,激发学生探索未知世界的愿望,把本学科正在解决或尚未解决的问题、尚无定论或尚有争议的观点提供给学生,激发学生的探究欲望。另外,教师在课程的整个教学过程中也常常贯穿了自己的科研历程和思维方式,以激发学生的探究欲望。

4. 高校课程总体结构具有复杂性

就课程的总体结构而言,高校课程具有复杂性。从纵向关系看,高校课程具有多层次性、多规格性。如专科课程、本科课程、研究生课程等,它们因教育目标的不同而采用不同的课程教学策略和方式。从横向关系看,高校各系科之间的课程结构关系复杂。从高校某一专业课程结构看,一般设有专业课、专业选修课、公共课、公共选修课等,这些课程的开设为实现学生全面发展服务。另外,高校课程的形式也是多样、复杂的。如讲授课、讨论课、实验课、实习(生产实习、教学实习)、社会调查、生产劳动、毕业论文、毕业设计等。

（三）高校课程的类型

划分标准不同,课程类型也就不同。高校课程可以按课程的性质划分,按课程的表现形式或影响学生的方式划分,也可以按课程的组织方式划分,还可以按课程的管理层次、课程的选读要求划分。笔者将高校课程划分为五种类型:专业课程和通识课程、理论课程和实践课程、必修课程和选修课程、显性课程和隐性课程、微观课程和宏观课程。下面对其进行简要介绍。

1. 专业课程和通识课程

专业课程是根据国家教育行政部门划分的专业,为学生提供专业基础理论、基本知识和基本技能的课程。通识课程是为学生提供的一种共同的、综合的、非专业性、非功利性、非职业性、不直接为职业做准备的知识和态度的基础性课程。专业课程在于让学生掌握本专业的基本知识和基本技能，提高学生的专业素养，培养专业领域的高级专门人才。

通识课程则在于培养学生既具有广博知识、高尚人格，又具有深厚文化底蕴、反思批判等科学精神，既具有工作的能力和生活的情趣，又具有关爱他人、关爱社会及自然的人文情操和通达共识的较高境界。

专业课程和通识课程紧密联系、不可分割。高校课程的建设与实施应注重这两类课程的结合，以顺应时代的要求及实现学生的全面发展，使学生在掌握知识和本领的同时，更能领悟到人生的意义和生存的价值。

2. 理论课程和实践课程

理论课程是指使学生掌握有关专业所必需的原理、规律及方法等知识的课程，它包括基础理论课程和专业理论课程。实践课程是为培养学生实践性或应用性能力的课程，它包括实验、实训、课程设计、毕业论文（设计）、社会调查及社会实践等。

学生通过基础理论课程的学习，掌握该专业的基础理论、基础知识和基本方法，为学习学科知识和进行科学研究打下坚实而宽厚的理论基础。学生通过专业理论课程的学习，掌握本学科的专业知识和方法，了解本专业最新研究成果和发展趋势。实践课程不仅仅要训练学生的技能，更重要的是发展学生的实践智慧，发展学生的实践能力，它着重于培养学生解决实际问题的能力和持续专业发展能力、专业精神，重视学生的生活世界和个体体验，注重学生的精神境界、道德观念和终身发展。

理论课程与实践课程并非二元对立，理论课程包含实践的因素，而实践课程也包含着理论的因素。因而，在高校课程建设中只有把理论课程与实践课程有机地融合在一起，才会避免两者在时空上的分离与脱节。

3. 必修课程和选修课程

必修课程是指某一专业、某些专业或所有专业的学生都必须学习的课程，它具有较强的基础性、统一性、稳定性。选修课程是指除必修课程之外的课程，学生可以根据自己所学专业，也可以根据自个的兴趣、爱好、特长和个性来任意挑选的课程。必修课程教学内容具有基础性、统一性，对构成具体的、基本的人才培养规格具有重要作用,是学生都必须学习的、必须掌握的知识和技能。选修课程教学内容具有独特性、灵活性、自由性和交叉性,对构成特定的、特殊的人才培养规格具有重要作用;学生可以选修自己所学专业的高深理论或相近专业的相关课程,也可以选修跨专业、跨学科门类、跨学院甚至跨学校的公共课程。

必修课程在于保证学校学科专业所培养的人才的基本规格和质量。选修课程则在于扩大学生的知识面,发展学生的某一专长,满足社会经济发展对多元化人才的需求。

对高校人才培养,必修课程从根本上规定和保证了人才培养的方向和需要,而选修课程则更好地适应社会经济的发展和科学技术的进步,体现因材施教的教育思想。必修课程和选修课程在人才培养上相互促进、互为补充。高校要满足学生个性化发展需要,扩大学生的自主学习空间,促进学生知识结构上的交叉与渗透,就必须有目的、有计划地增大选修课程的比例,增强课程的弹性。

4. 显性课程和隐性课程

显性课程是指学校课程计划中明确规定的学科,以及展开教学活动的课程,它是为达到一定的教育目标,有目的、有计划、有组织地来设置的;隐性课程是指学校课程设计中未明确规定的学科、课程,是无意间的学习经验。

如果说显性课程是一种理性教育课程,那么隐性课程是一种非理性教育课程。学生通过显性课程的学习,形成认知、技能体系,培养理性思维能力。学生通过隐性课程的学习,养成正确的道德观、情感观、价值观、世界观。隐性课程的这种重要作用是显性课程不可替代的,我们要逐渐改变过去那种一切为教育目标的实现都依赖显性课程的传统观念。

显性课程和隐性课程是高校课程系统的有机组成部分,两者不可或缺,不可偏废;就学生的受教育过程而言,理性教育与非理性教育往往交织在一起。高等教育的最终目的是促进学生的全面协调发展。我们既要发挥显性课程对发展学生认知和技能的作用,又要发挥隐性课程对陶冶学生情操和培养学生意志的作用,促进两类课程的和谐统一,共同实现教育的最终目的,培养全面协调发展的人。

5. 微观课程和宏观课程

微观课程是指各自独立的教学科目或学科。例如,高校工科中的数学、计算机语言、材料力学等科目,文科中的西方哲学、世界通史、语言学等科目。对其研究,目的在于使单门学科或者科目的教学内容更适应时代要求,紧紧跟上时代发展步伐,使教学方式更加行之有效,使教学组织形式更加灵活开放。宏观课程是指作为某种人才培养方案的课程总体。这种课程总体既可以指某一专业的课程体系,也可以指整个学校中某类共同课程的课程体系,如师范类的教育科学课程体系、工科类的基础课程体系。对其研究,目的在于探求如何设立整个人才培养目标及设立的依据,探讨哪些东西最值得学生学习,如何把最值得学习的东西与教育教学活动形成一种最佳结构,更好地实现人才培养目标。

微观课程与宏观课程关系密切。首先,微观课程是宏观课程的依托与基础。对课程总体的深刻把握建立在一门门学科或科目、一项项教育教学活动基础上。其次,对微观课程的研究要以对宏观课程的研究为指导。课程的基本问题即"教什么"的问题,是对课程总体的要求,每门学科或科目以及各项教育教学活动必须以课程总体要求为准绳;高校主要是通过多门学科或科目与各项教育教学活动协调作用来实现培养目标。此外,整体功能大于部分之和,课程总体是根据培养目标的要求形成一个有机的整体。对整体中各门学科或科目以及各项教育教学活动的内容、方式等的选择和确定,也是基于追求和理解"整体功能大于部分之和"。目前,我国高校课程表现出重微观轻宏观的倾向,所以在课程改革过程中,要注重加强对宏观课程的研究。

高校课程因划分标准不同,可分为不同的类型。不管是哪种分类,都有其合理性,发挥着不同的作用。所以在课程教学与研究中,要注重它们之间的互通性,不断推动课程的发展。

第二节　高校跨境电商人才培养课程体系建设的基本原则

课程体系是高校教学的核心组成部分,对人才的培养至关重要。高校跨境电子商务课程体系的构建是一个系统的工程,在课程的构建过程中既不能因循守旧,还需要符合教育的一般规律,同时还要体现专业的特色,高校跨境电子商务课程体系构建所需要遵循的原则主要包括以下几方面。

一、前瞻性原则

所谓前瞻性原则，指的就是高校在构建跨境电子商务人才培养课程体系时，要充分研究市场的相关发展趋势与人才结构的变化，并根据研究结果预见性地构建课程体系，使课程体系符合行业发展的需求。

在高校教育实践中，任何专业的课程体系建设都需要遵循前瞻性的原则。当今时代，知识与信息更新的速度非常快，大量新技术和新发展理念不断产生，人才的培养本就需要一定的周期，若高校的教育内容未能做到与时俱进，那么其人才培养难免会滞后于行业的发展。高校若想真正提升人才培养的质量，使培养出的人才能够对行业的发展起到良好的推动作用，则不仅需要在教学内容上与时俱进，还应在课程体系构建上具有一定的前瞻性，这样才能培养出行业发展所需要的人才。

前瞻性原则对于高校跨境电子商务课程体系建设来说尤为重要，由于跨境电子商务专业发展历程相对较短，课程体系建设有待进一步完善，资深教师与"双师型"教师相对短缺，加之跨境电子商务行业发展迅猛，日新月异，于是就导致了部分高校跨境电子商务人才培养滞后于电子商务行业发展的情况。跨境电子商务是时代的产物，正处在不断的成长与发展之中，新的技术、新的模式以及新的理念不断丰富着跨境电子商务的内涵。

高校跨境电子商务人才培养应该以推进产业发展为目标，在课程教学内容上坚持与时俱进，在课程构建思路上遵循前瞻性原则，摒弃落后的教材，改进传统的教学方式，使学生的知识与能力结构具有一定的先进性，能够为行业发展做出贡献，在高效跨境电子商务课程构建的过程中遵循前瞻性原则，就需要在以下几方面做出努力。

（一）了解跨境电子商务技术的发展趋势

高校跨境电子商务人才的培养是需要以社会经济发展需求为导向的，因此教育者应该对跨境电子商务行业的发展具有全面且深入的了解。跨境电子商务行业的发展是科技发展的成果，因此技术在跨境电子商务中扮演着重要的角色，高校若想更加科学地构建跨境电子商务课程体系，就应该掌握国内外跨境电子商务相关技术的最新发展情况。

在对跨境电子商务行业的发展情况有一个相对清晰的认识后,教育者还应该结合跨境电子商务的发展历程以及行业特点,对跨境电子商务的发展现状进行综合研判,对跨境电子商务的未来发展趋势进行科学预测,并在此基础上构建跨境电子商务人才培养课程体系,以保证课程的前沿性,使学生所学内容不落后于实践的发展,使学生的知识与能力结构能够适应跨境电子商务行业未来的发展。

(二)明确跨境电子商务行业人才结构

课程体系的前瞻性不仅体现在课程内容上,还体现在课程结构上,高校跨境电子商务人才培养不仅要使学生的知识与技能结构具有一定的先进性,还需要使其符合行业发展的需求,使学生能够更加顺利地就业。

行业的人才结构与行业发展以及学生就业密切相关,行业人才结构体现了行业从业人员的构成现状,反映了行业对人才的需求方向,高校只有明确了行业对人才的需求,才能有针对性地构建人才培养的课程体系,展开人才培养。行业人才结构还与行业的地区发展现状密切相关,由于不同地区之间的经济发展水平、经济结构、政策与环境均存在一定的差异,因此同一行业在不同地区的发展情况、从业人员结构、发展趋势都有所不同,自然行业在不同地区对人才的需求也不同。因此,高校在构建人才培养的课程体系时,还需要结合地区的发展特点,有针对性地开展教学活动,特别是部分以服务区域发展为主要目标的地区高校,更应该引起重视。

在高校跨境电子商务课程体系构建中,教育者需要根据充分的实践调研与分析研究,明确当前电子商务市场的人才结构以及跨境电子商务各类人才需要具备的理论知识、能力结构、职业素养,并以此为依据,构建电子商务人才培养体系,使学生有充分的就业机会和较强的就业能力。

二、理论与实践相结合原则

跨境电子商务是一门年轻的专业,也是一门实践性较强的专业。跨境电子商务发展历程较短,从业人员的素质参差不齐,行业对具有较高跨境电子商务专业素质的人才需求量较大,因此高校跨境电子商务人才培养首先应该重视提升人才的专业素质,重视跨境电子商务专业理论课程的构建,帮助学生构建全面、科学的跨境电子商务知识结构。

跨境电子商务较强的实践性则要求高校在课程设置时重视对学生实践能力的培养，突出技能教学的重要性，通过校企合作、课外实践等方式锻炼学生的实操技能，使学生能够切实掌握跨境电子商务领域的实践技能，更好地满足行业发展对人才的需求。

高校跨境电子商务人才的课程设置既要重视学生对理论知识的掌握，以提升人才的专业性，还要重视学生实操技能的训练，以保证人才具有较强的实践能力。因此，高校在构建跨境电子商务课程体系时，应该贯彻理论与实践相结合的原则，这就需要高校从以下几点出发构建课程体系。

（一）科学设置理论课程模块

由于跨境电子商务是一个综合性较强的专业，因此其涉及的理论知识非常多，包括跨境电子商务知识、外语知识、跨境物流知识、营销知识、平台运营知识、设计知识等。这些理论知识都是从事跨境电子商务所必需的知识，但是，由于课时的限制，在课程设置时，应该分清主次，明确理论知识教学的主体，保证主体学科的课时，以保证学生掌握扎实的基础知识，这是学生专业素质的集中体现。高校还应根据行业的发展需求对其余学科的课程安排进行灵活调整，使人才的培养能够符合行业发展的需求。

（二）提升实践课程模块在课程体系中所占比重

跨境电子商务专业培养的是应用型人才，应用型人才与研究型人才最大的不同点就是其熟练掌握实操技能。因此，跨境电子商务课程体系的构建应重视对学生实践技能的培养。

在传统的高校人才培养理念中，重理论，轻实践的现象广泛存在，实践教学课程在课程体系中所占的比重并不高，这种教育理念是不符合跨境电子商务专业发展要求的。无论是从跨境电子商务专业自身的特点来看，还是从跨境电子商务行业对人才的需求来看，实践技能的训练都是人才培养的重要环节。因此，高校跨境电子商务人才培养不能沿用传统的人才培养思路，要在课程设置上充分体现实践性。

综上所述，在高校跨境电子商务课程设置中，要提升实践教学模块所占的比重，帮助学生在学习的过程中充分将理论与实践相结合，不仅要知道知识"是什么",还需要知道知识"怎么用"。不仅要具备系统的理论知识结构,还要能够将理论知识充分运用到实践之中。

三、个性化原则

个性化原则要求在教育的过程中尊重学生的个性以及因材施教,为国家和地方的经济建设和社会发展培养多层次、多规格的具有鲜明个性、创新精神以及实践能力的复合型高级专门人才。在跨境电子商务课程体系的构建中,个性化原则将关注的重点放在学生个体与教学过程上,课程是教学活动的主要构成要素,课程的构建要充分考虑学生个性的发挥,帮助学生获得更好的发展。

在课程体系构建中提倡个性化是因为学生个体有个性化发展的需要,也是因为社会的发展需要不同类型的人才,国家教育部门也提出促进学生个性的发展。若想在跨境电子商务课程体系构建的过程中贯彻个性化原则,需要从以下两个方面入手。

(一)灵活设置课程结构

个性化原则要求在构建跨境电子商务课程的过程中,要充分考虑学生个性的发挥,在帮助学生掌握共性知识与能力的基础上,促进学生个性的发展,这样不但能为社会培养多层次、多类型、富有创新精神的人才,还能提升学生学习的积极性。教师则可以在教学过程中循序善诱,因势利导,满足学生的发展需求。

因此,电子商务课程结构设置应该具有灵活性,使学生在掌握基本知识体系的基础上,能够根据自身特点与兴趣选择不同的教学模块进行学习。课程结构可以根据学生的个体差异进行差异化、层次化教学,培养和发展学生不同的特长或专长。

灵活构建课程结构需要注意两方面的问题,其一,灵活设置课程需要以保证基础课程的教学课时为前提,学生个性的发挥不能脱离专业基本理论知识的学习,因此在跨境电子商务课程体系的构建中,应该重视必修课程的课时安排,不能随意调整或缩减必修课程的学时,以免影响学生基础知识的掌握。其二,要科学、系统地进行课程设置,灵活构建课程结构指的并不是打乱正常的教学秩序,而是在符合人才培养规律的基础上,为学生提供更多的发展途径。

（二）重视选修课的作用

选修课在高等教育课程体系中占据着重要的地位，选修课教学是帮助学生开阔视野，拓展思维的重要途径。选修课作为高等教育的重要组成部分，却经常受到教育工作者与学生的忽视，在部分高校中，学校关于选修课程体系的构建与管理相对随意，教师对选修课的重视也远远不如必修课，学生对选修课的学习也并不积极。究其原因，是因为人们对选修课的重要性认识不足，因此高校应该重视选修课的作用，科学规划选修课程的安排，并对选修课程的教学进行科学的管理。

选修课对促进学生个性的发展具有较强的推动作用，是跨境电子商务教学体系中必不可少的一环，教育工作者不能因为必修课的门类多，就缩减选修课的课时。为使学生的个性得到全面发挥，要针对不同学生群体，结合跨境电子商务人才的要求，构建结构合理的选修课模块。

选修课主要分为两种，分别是限制性选修课与非限制性选修课。限制性选修课指的是学生需要在某一学科领域或某一组课程之中选修，这种选修课程对促进学生的专业学习具有重要的促进作用，以跨境电子商务课程设置为例，限制性选修课程会将教学的内容限制在跨电子商务相关领域，如不同类型的商务外语、视觉设计与艺术设计、营销技巧的拓展教学、心理学与法学的相关知识等。限制性选修课程是必修课程的重要补充，也是学生专业知识学习与个性化发展相结合的重要纽带，学校在构建课程体系时，应该重视限制性选修课与必修课的结合，使选修课与必修课在人才培养方面实现相辅相成，相互促进。

非限制性选修课也称为任意选修课，实现面向全校学生的，受专业限制较少，主要作用是开阔学生的视野、开发学生的思维。在构建非限制性选修课程时，学校不用拘泥于具体的专业限制，以培养和提升学生的综合素质为出发点，使选修课各具特色，同时符合学生成长和发展的特点。非限制性选修课的内容丰富多样，包括文化、体育以及各种类型技能的教学，学校在构建非限制性选修课的同时，需要注重教学管理措施与教学评价机制的建设，要使选修课充分发挥其育人作用，避免"捞取学分"和"选而不修"的现象发生。

四、终身性原则

终身性原则指的是学校要用长远的眼光构建跨境电子商务的课程体系,不能仅考虑学生的就业,还要关注学生终身的发展,使学生能够通过在校学习获益终身。

人的一生是一个长期的、动态发展的过程,学习与就业仅仅是其中的组成部分之一,高校跨境电子商务课程设置的目标,不仅要培养出能快速适应工作岗位的高素质人才,还要有利于学生终身的发展。在高校跨境电子商务课程体系的构建中贯彻终身性原则,需要做到以下两个方面。

(一)着眼于学生的整个职业生涯构建课程

随着时代的发展,岗位变动与职业转换速度加快,人员流动性增强。同时,各行业对从业人员素质的要求也越来越高,职业专业化程度不断加深。学生就业以后,很难保证在较长的一段时期之内不会更换工作,甚至有一部分学生会更换所从事的行业。因此,高校在构建跨境电子商务课程体系的时候,不能将目光仅仅放在学生短期内的就业上,而是应该着眼于学生的整个职业生涯以及个人的发展。

在构建跨境电子商务人才培养课程体系时,教育工作者应对各门课程的内容和教学模式进行深入分析,科学搭配基础理论学科、实践性强的学科与知识覆盖面广的学科,专业的基础理论与实践技能教学能够帮助学生提升专业素养,为今后在跨境电子商务领域的发展打下坚实的基础。知识覆盖面广的学科则可以提升学生的综合素质,锻炼学生在生活与工作中所需的各项基本能力,如外语交流能力、数据分析能力、沟通交流能力、团队协作能力以及职业生涯规划能力等。

不同类型课程的科学搭配,能够在夯实学生专业理论基础、提升学生实践技能的同时,拓展学生的知识面,提升学生的综合素质,使学生能够适应不同类型的工作,在未来取得更好的发展。

(二)围绕学生的能力与人格来构建课程

跨境电子商务人才培养课程体系的构建应该围绕学生的能力与人格来进行,能力与人格对于一个人的发展来说具有重要的影响。

在跨境电子商务课程体系的构建中,需要以提升学生的专业能力为主要目标,开展能力本位教育,围绕职业工作岗位所要求的知识、技能和能力组织课程与教学，将理论知识教学与实践技能训练充分结合，在夯实学生专业理论知识基础的同时，提升学生的实践水平。能力本位教育需要企业深入参与到人才培养的整个过程中来，与学校共同制订人才培养计划，构建科学的课程体系。

跨境电子商务课程体系的构建还需要注重对学生一般能力的培养，通过实践训练提升学生在未来工作中所需掌握的一般能力。以自主学习能力为例，培养学生的自主学习能力是学校教育的重要目标之一，当今时代，终身学习理念要求学生在离开学校后依然能够自主进行知识的获取，正所谓"授人以鱼不如授人以渔"，提升自主学习能力，可以帮助学生在未来的工作和生活中不断提升自我，不断实现自我的发展。同时，具备自主学习能力的人才可以根据实践的发展不断汲取新的知识，并开展创造性的实践活动，为行业的发展注入新鲜的血液，而这也正是企业发展所需要的。

人格对于一个人的发展同样十分重要，人格主要是指人所具有的独特而稳定的思维方式和行为风格，具有一定的倾向性，是一种相对稳定的心理特征，健康的人格对人的发展具有积极的促进作用。随着跨境电子商务产业的不断发展，相关企业日益注重人才的人格，能力固然是企业对人才重要的考察因子，但人格体现着一个人的综合素养，综合素养较高的人才更能适应不同类型的工作，更能在工作中充分发挥主观能动性，为企业的发展注入新的活力。

学生的能力与人格对于学生的个人发展具有重要的影响，围绕提升学生的能力与人格来构建课程教学体系，能够帮助学生打造更加全面的知识与能力结构，使学生具有较强的发展潜能和能够接受继续教育的能力，让学生能够从学校的学习中受益终身，对学生的长远发展大有裨益。

第三节　高校跨境电商人才培养课程体系建设的策略

一、厘清跨境电子商务课程体系设计的思路

（一）课程体系设计思路的重要性

课程体系是根据专业人才培养目标与培养规格确定的课程设置、课程内容以

及开课进度安排。课程体系在高校教育中发挥着举足轻重的作用，是人才培养的基础环节，是实现高校人才培养目标的重要前提和基本条件。

课程体系不是简单的课程开设计划，从内容上来看，课程体系包括学生在校期间学习的所有课程，涵盖了学生在高等教育阶段所需要掌握的各项知识与技能，是教学系统的基础构成要素。从结构上来看，课程体系包含理论知识课程、实践训练课程以及综合素养课程等不同类型的课程，是全面提升学生专业素质和综合素养的重要保障。

课程体系不是课程的简单堆叠，而是需要有明确的设计思路，既要符合人才培养的规律，还要符合学生发展的规律，同时还要与行业发展实践相吻合，只有这样，才能保证课程体系构建的科学性、有效性。没有清晰、明确的课程设计思路，课程体系的构建就会杂乱无章，不符合教育的一般规律，难以使高校人才培养达到理想的目标。

（二）跨境电商课程体系设计的思路

跨境电商课程体系的设计需要满足人才培养过程中各个主体的需求，不仅要促进学生的全面发展，培养和提升学生的专业素质，还要符合行业及社会发展对人才的需求。跨境电商课程体系设计思路的具体内容包括以下几方面。

1. 确定人才培养目标

课程体系的设计首先需要确定人才培养的目标，只有明确了教育目标，才能根据具体的目标选择和安排课程，人才培养目标的确定主要有以下几点依据。

首先，课程体系的设计需要充分考虑专业所对应行业对人才的需求，高校人才培养的重要目标之一是为行业的发展提供高素质人才，因此行业的人才需求结构对高校课程体系的构建具有重要的导向作用。

其次，区域经济和社会发展的需求也对高校跨境电商人才的培养具有重要的影响，许多地方高校的办学宗旨就是服务于区域经济发展与社会文化建设，不同区域之间的经济结构与经济发展水平之间存在较大的差异，这就导致不同区域跨境电商行业发展的特点以及对人才的需求也存在较大的差异，因此高校跨境电商人才培养目标的确立应该充分考虑本地区行业发展对人才的需求特点。

最后，学生自身发展的需求也是课程体系培养目标制定的重要依据之一，学生的发展需求集中体现在综合能力的提升以及就业情况上，因此在跨境电商课程体系的设计过程中，要注重满足学生的发展需求，并能够更好地帮助学生就业。

人才培养目标是课程体系构建的基本依据，是课程体系设计思路的基本出发点。跨境电商作为一门年轻的学科，人才培养机制和课程体系构建尚处在不断的探索与发展之中，若想保证人才培养的质量，其课程体系的设计更需要明确的人才培养目标。

2. 确定培养规格

在课程体系设计中，确定了人才培养的目标，下一步就是根据目标确定人才培养的内容，即确定培养的规格。培养规格包括学生的知识、素质和能力结构，这三方面的内容是高校育人的核心，是学生成长和发展所必备的素质。

课程的设计应该兼顾学生知识、素质和能力的提升，具体到跨境电商课程体系的设计之中，在确定人才培养目标之后，就应该明确跨境电商专业在知识、素质与能力方面对学生的要求，可以说，培养规格是对人才培养目标的细化，是具体课程设置最直接的参考。

3. 确定课程设置

课程设置即课程体系设计最为核心的内容，课程设置的目标即构建科学、系统、合理的课程体系。在跨境电商课程体系的设计中，课程设置需要注意以下几点问题。第一，课程内容要全面覆盖跨境电商人才培养的基本内容，包括基础理论课程，实践训练课程以及通识类课程等，为学生综合素质的提升提供保障。第二，课程设计要循序渐进，既符合一般的教育规律，同时还要符合学生学习与发展的规律，要在夯实学生基础知识的前提下，按部就班地培养和提升学生的各项能力与素质。在高校跨境电商教学中，要重视跨境电商基础理论知识课程的设置，然后在此基础上，提升课程的深度、延展课程的广度。第三，课程的设置需要有清晰的内在规律可循，跨境电商涉及的课程类型非常多，不仅包括各类型学科的交叉学习，还涉及大量的实践训练项目，倘若课程的设置缺乏内在规律性，就会使课程体系杂乱无章，不利于人才的培养。

二、明确课程之间的关系

跨境电商课程体系的构建需要明确各类课程、各门课程之间的关系，这样才能保证跨境电商课程设置结构科学，层次分明，保证教学活动科学地开展。

(一) 明确通识教育与专业教育两类课程之间的关系

专业课程是高校教学课程体系建设的核心,也是学生专业知识的主要来源。在学生就业时,用人单位对学生考察的重点也是学生的专业素质,由此可见,专业课程的设置是高校跨境电商课程体系构建的重中之重。通识类课程指的是除专业教育之外的基础教育课程,与专业课重视学生在具体专业领域知识与技能的掌握不同,通识类课程重视学生常识性知识的学习。这里的常识性知识既包括具体的知识,还包括处理问题的能力,确切地说,是帮助学生构建一套完整的知识和能力体系,从而帮助学生树立正确的三观,更好地认识和改造世界。

部分教育工作者认为高校教育工作的重点是提升学生的专业素养,因此对通识类课程的教学缺乏重视,这种观念就是对通识教育与专业教育之间的关系定位不合理导致的。通识教育注重的是学生综合素质的提升,无论是对学生的就业还是对学生的长期发展来说,通识类课程教学都是十分重要的。学生的专业能力对于能否顺利就业具有重要的影响,企业往往以此作为录用职员的门槛。但从学生职业长远发展来看,通识教育对学生职业发展具有深远的影响。

通识教育是高校课程体系的重要组成部分,通识教育的课时与内容与专业课程并不冲突,通识教育对学生综合素质的培养和提升有利于学生更好地开展专业课程的学习。因此,专业教育与通识教育之间并不是一种相互掣肘的关系,而是一种相辅相成、相互促进的关系。从事跨境电商行业,不仅需要学生具备扎实的专业知识与实操技能,同时需要学生具备良好的沟通交流能力、团队协作能力以及创新能力等,这一系列能力的培养就仰赖于通识类课程的教学。

综上所述,在构建跨境电商课程体系时,要合理定位通识教育与专业教育两个方面知识之间的关系,应该用对立统一的观点处理两类课程之间的关系。

(二) 明确主修课程与选修课程之间的关系

主修课程的教学内容是学生本专业的知识,选修课程的教学内容是专业之外的知识,选修课程一般包括专业选修课与通识类课程。选修课程虽然不属于学生的专业课程,但是对学生专业素质的提升具有重要的促进作用。

随着时代的发展,高等教育愈发重视学科交叉与复合,培养复合型人才既是高校提升人才培养质量的需要,也是社会经济发展的需要。毕业生走上社会,他们遇到的问题往往不是单一学科能够解决的,需要跨学科综合知识、素质与能力才能解决。对于研究型人才来说同样如此,研究领域的创新成果在许多情况下都是学科交叉研究的成果,这种交叉研究能够为专业研究提供新的研究思路和研究方法,这就要求研究型人才需要具备一定的交叉学科背景。因此,高校应该重视选修课程的设计与教学,为学生提供跨学科选修的机会,要扩大选修专业范围,各个专业可开设选修课程,供其他专业学生修读。

  主修课程与选修课程之间并不是毫无关联的,两者之间具有内在的逻辑联系。首先,选修课程的教学内容是主修课程教学内容的扩展。由于课时的限制,主修课程只能教授学生一个专业的核心理论知识,帮助将学生构建起专业知识与技能体系的基本框架,但难以同时兼顾多方向的人才培养。选修课程最重要的作用就是为学生提供更多的发展方向,使学生能够拥有更多自主选择发展方向的机会。例如,在跨境电商中,跨语言交流能力是人才专业素质的重要考察标准,跨境电商面对的是全球市场,对于跨境电商行业来说,仅有英语人才显然是不够的,高校在培养跨境电商人才时,可以开设不同语言门类的选修课程,教授除英语之外的其他语言,实现人才培养的多元化发展。

  其次,选修课程的教学内容是主修课程教学内容的重要补充,对于一个专业来说,主修课程种类繁多,每门课程只能将最主要的课程内容呈现给学生,而具体课程内容的细化与拓展,就可以交给选修课程来完成。例如,在跨境电商视觉设计与跨境电商物流等课程的教学之中,无论是设计还是物流,其本身都具有丰富的内容,且在高校教学中是一门独立的专业。因此,高校可以在跨境电商人才培养中开设视觉传达设计专业或物流专业的相关选修课,以作为对主修课程的补充,加深学生对具体知识的理解,提升学生的专业素养。

  最后,选修课程是促进学生个性化发展的重要途径。作为主修课程的补充,选修课程能够拓展学生的知识面,深化学生对具体知识的理解。选修课程与主修课程不同,选修课程一般是由学生自主选择的,学生根据自己的特点与兴趣选择适合自己的选修课程,学生无论是在课程选择上还是在课程的学习过程中,都具有较强的自主性。与此同时,选修课程还能在拓展学生知识面的同时扩展学生的思维,促进学生思维能力的发展。因此,选修课程是实现学生个性化发展的重要途径。

(三)明确显性课程与隐性课程之间的关系

显性课程指的是传统的课程,即教师和学生在规定的时间、地点,依据教材和教学大纲,完成规定教学内容的有目的、有计划的教学实践活动。隐性课程则是除此之外的能对学生知识、技能和综合素质的提升产生促进作用的教育因素,是一种隐含的、非计划的、不明确或未被认识到的课程,隐性课程包括学校文化方面的教育、学习与生活环境方面的建设以及人际关系的建立等,能够对学生的成长和发展产生潜移默化的影响。

第二课堂是隐性课程的重要载体,其核心目标是增强学生的学习能力,提升学生的综合素质。第二课堂是在学校课程培养计划之外开展的开放式教育活动和实践活动的综合,包括参加社会实践、志愿服务、学术活动、创新创业、素质拓展、文体竞赛、参与学生社团等方面,是对课程教学第一课堂的延伸和拓展。

高校构建跨境电商课程体系,必须明确显性课程与隐性课程之间的关系,这样才能更好地构建课程体系,组织教学活动。显性课堂与隐形课堂之间的关系主要有以下三点。

(1)互补关系。显性课堂是在一定教学计划的指导下开展的教学活动,以学术性知识教学与专业技能培养为主要任务,隐性课堂是在教学计划之外开展的教育性活动,以品德、综合素质的培养为主要任务,二者相辅相成,形成良好的互补关系。

(2)互促关系。显性课堂与隐性课堂之间是相互促进,共同提升的。显性课程与隐性课程之间的互补作用,能够不断完善学生的知识与能力体系,提升学生的综合素质。学生在显性课堂中学习到的知识与技能,能够帮助学生更好地认识世界与改造世界,进而推进隐性课程的发展,而学生通过隐性课程获取的生活经验,是一种在实践中产生的直接经验,能够帮助学生深化对显性课程知识的理解。

(3)转换关系。显性课程与隐性课程之间的关系并不是一成不变的,隐性课程在一定条件下是可以转化为显性课程的。隐性课程一旦被发现了具有成为显性课程的价值,其育人内容就会被明确化、系统化、规范化,进而被开发为显性课程。

综上所述，高校跨境电商课程体系的构建，应当明确各门课程、各类课程之间的关系，既要注重学生专业发展的需求，也要重视学生综合素质的提升，系统、科学地构建跨境电商课程体系。

三、完善跨境电商课程体系的内容

课程体系内容的构成主要包括理论课程和实验课程。跨境电商是一门交叉学科，其理论课程的构建需要整合多学科理论知识，分重点进行教学和考察。同时还需要修订跨境电商概论、跨境电商实务等专业基础入门课程。由第三章所建立的跨境电商人才胜任素质模型可知，通用能力素质部分的三个维度中，职业素养维度和成就导向维度的能力素质培养以通识类课程为主，培养学生首先成为一个有素质、有修养、全面发展的人。因此，这类课程除了普通本科必修的英语、思政、体育、计算机基础等课程外，跨境电商专业还应重点开设心理学、社会学、组织行为学、中国传统文化经典、世界文明对话、艺术与审美等选修课程，提升学生综合素质。行业敏感性维度能力素质的培养则主要以创新创业类课程和比赛为主，培养学生成为有想法、敢实践、怀揣梦想的新青年。例如可开设跨境电商创业与创新、跨境电商网站设计大赛、网店创业比赛，等等。

专业类课程体系的建立则主要参考的是专业能力素质部分的两个维度。首先，跨文化沟通维度以培养学生的外语学习和应用能力为主。进入跨境电商行业，必然要与世界各地的买家、卖家、商家等客户进行沟通交流，产品营销，多学习和了解世界各地的商业礼仪、习俗禁忌与沟通技巧将是企业营销的制胜法宝。因此，在这一维度的理论课程设置方面，国际商务英语、外贸公文写作、国际商务礼仪是必修的几门基础课程。电子商务英语则是必修的一门专业课程，它是专门讲授电商行业英语的课程。最后，鉴于国际市场的广泛性，跨境电商专业最好开设第二外语课程和相对应的国际文化习俗选修课，学生可自由选择语种进行小班教学，使课程体系更加完善。专业技能维度涵盖的专业课程比较多，融合了传统电子商务专业和国际贸易专业的部分知识。根据专业技能维度提取的五个胜任力，我们可以从传统电子商务专业中筛选的课程有电商网站建设、网页设计、网络营销实务、网络数据库等。国际贸易专业属于经济学学科范畴，根据跨境电子商务的概念和特征，同时结合专业技能维度的要求，我们可以从中提炼的课程应该包括国际贸易理论与实务以及必要的财务和数学基础知识。例如，国际贸易、国际贸易实务、国际金融、企业会计、企业经济统计等。

另外，跨境电商属于国际商业活动，跨境电商从业人员还需要掌握必要的国际商业法律和网络知识产权保护知识。其中，国际法律在国际贸易或国际商务专业课程设置中均有体现，包括国际商法、国际税法、涉外经济法等。其次，跨境电商产品进入国际市场的一个重要关卡就是是否注册国际商标。北美、欧盟等地区知识产权管理非常严格，侵权商品极难入境，我国海关也早在1994年就开始实施知识产权保护工作。因此，跨境电商课程体系中非常有必增加知识产权法的内容，特别是网络环境下的知识产权法。

在国内高校跨境电商专业课程体系建设的进程中，一些跨境电商发展较快的地区率先提出建议。例如，深圳市跨境电商研究院提出希望深圳市政府相关部门深入企业、高校，结合深圳"走出去"企业发展需求，量身定做跨境通关、跨境税务、跨境法律、跨境物流等一系列跨境电商专业教学科目和教材。这一提议也为跨境电商专业课程体系的构建提供了非常好的思路。综上，本书将现阶段的课程体系设计表示为图4-1（图中只展示部分核心课程）。

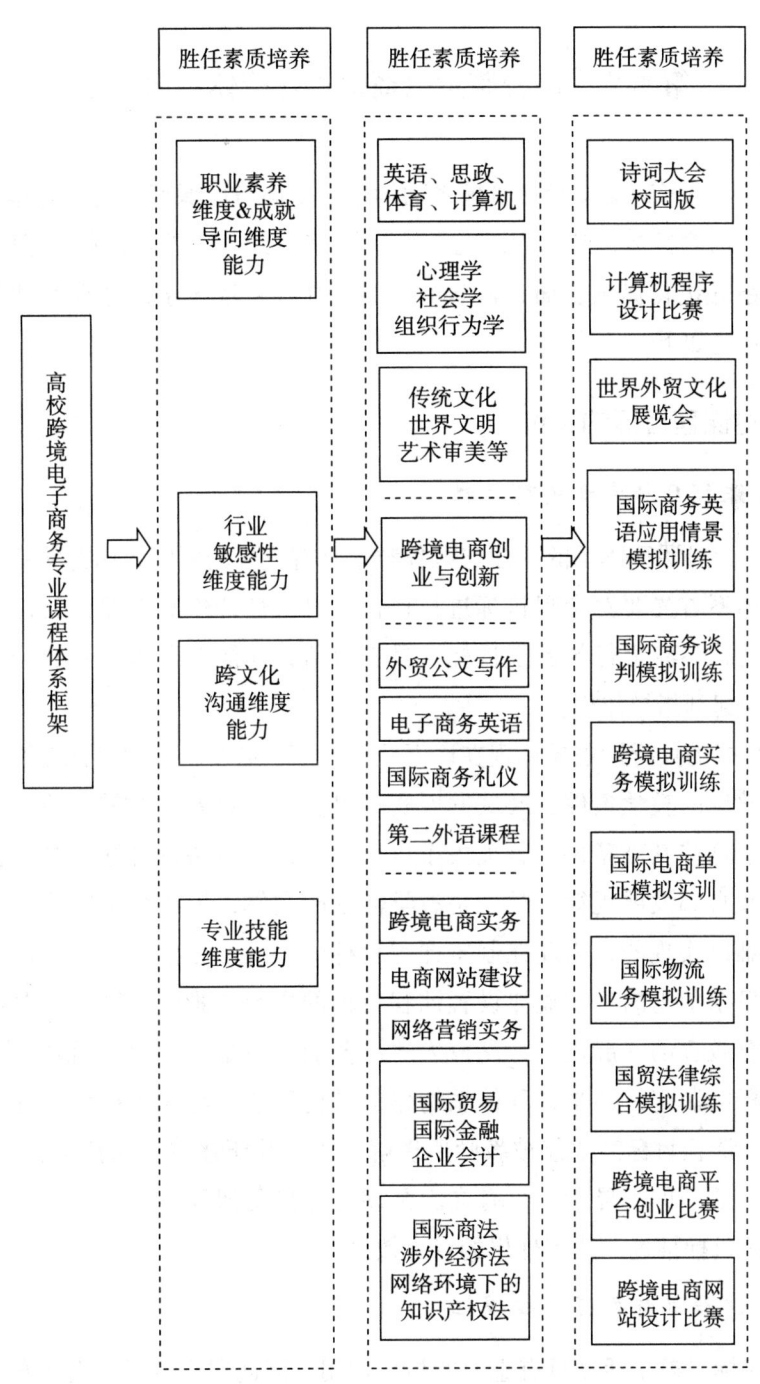

图 4-1 高校跨境电商专业课程体系框架

第四节 高校跨境电商课程评价体系的构建

高校跨境电子商务课程评价体系的构建要全面考虑课程设置与安排的方方面面，从课程构建目标，到课程结构，再到课程的实施，都需要明确评价的指标，为课程体系的优化提供全面、科学的指导。高校跨境电子商务课程评价体系构建的主要阐述如下。

一、对课程目标的评价

（一）课程目标实现的可行性

课程目标对课程体系的构建与课程教学具有直接的影响，因此构建跨境电商课程评价体系首先要对课程目标进行评价。可行性评价对于课程目标的制定来说十分重要，只有可行的课程目标才具有价值，才能对课程体系的构建以及课程教学活动起到指导作用。

课程目标的可行性主要体现在以下几个方面。第一，课程目标需要符合客观基础，即学校的教学条件、区域发展实践以及行业对人才的需求等。倘若课程目标脱离了这些基础条件，就失去了可行性。第二，课程目标需要符合学生的认知规律和身心发展规律，学生是教学活动的主体，不符合主体认知规律的目标自然是难以实现的，因此在制定课程目标时，既不能揠苗助长，也不能放任自流，要根据学生的认知规律设置课程目标的内容与难度。第三，课程目标的设定要符合教育的一般规律，高校人才培养的本质是一种教育活动，因此无论是课程目标的制定，还是课程体系构建的其他环节，都需要符合教育的一般规律。第四，课程目标需要能被教师所理解、接受并能够在实际教学过程中落实。教师是教学活动的主导者，只有在教师理解并接受课程目标的基础上，教学活动才能按照目标推进，达到理想的育人效果。

（二）课程目标表述的准确性

课程目标对教学活动具有重要的指导作用，因此课程目标的表述必须是准确的，而不能模棱两可。在人才培养目标之外，不同的课程必须分别设立明确的课程目标，对学生需要掌握的知识与技能进行详细的规定，使学生与教师明确课程教学的内容，以结果性目标表述对跨境电商知识与技能方面的要求，以体验性目标表述对教学过程、教学方法、情感态度与价值观的要求，这样才能有效指导教学活动的开展。

（三）课程目标的全面性

课程目标的制定需要具有全面性。首先，对于课程目标本身来说，课程目标的制定既需要符合行业发展的需求，还需要符合学生成长与发展的需求。这是课程目标评价的重要内容，课程目标是课程教学的目的之所在，人才的知识与技能结构是按照课程目标进行构建的，因此课程目标对学生的成长与发展十分重要。跨境电商专业以行业需求为导向进行人才培养，因此课程目标必须符合跨境电商行业对人才的需求，这样才能为行业发展提供所需的人才，同时，也有利于学生的就业与发展。

其次，从学生个体发展的角度来看，课程目标不仅仅要关注学生知识与技能学习，还要重视学生综合素质的提升，要把学生的情感、态度、价值观、个性发展、创新能力、沟通交流能力、团队协作能力等因素纳入课程目标制定的依据之中，保证在课程目标的指导下，学生的综合素质能够实现显著的提升。

（四）课程目标的整体性

课程目标的整体性是课程目标评价的重要考察对象之一，整体性指的是不同课程目标之间应该具有内在的逻辑联系，而不是彼此孤立的。课程体系是一个统一的整体，尽管不同的课程在教学内容与教学模式上存在差异，但是这些课程都是为了服务于同一个专业人才培养方案而存在的，课程之间存在着内在的逻辑联系，因此不同的课程目标之间也应该具有内在的逻辑联系，服务于人才培养的整体目标。

二、对课程内容选择与组织的评价

（一）对课程内容选择的评价

课程内容的选择直接关系到学生知识与技能体系的构建，因此对课程内容选择的评价是跨境电商课程评价体系构建的重要环节。对课程内容选择的评价主要从以下两方面进行。

1.所选择的课程内容是否有助于实现课程目标

课程目标是课程教学的指导,课程的内容必须符合课程目标。跨境电商所包含的内容十分丰富,涉及的学科十分广泛,跨境电商的课程内容需要经过教育者的选择和提炼,而这一过程必须以实现跨境电商课程目标为前提。

2.评价课程内容选择范围是否全面

课程内容需要全面覆盖学生专业发展所需要掌握的各门知识与技能,跨境电商涉及的知识领域较多,每个领域的知识具有各自的特点,适用的教学模式也各有不同,达成课程目标的侧重点也有所不同,课程内容的选择对课程目标的支持程度是课程目标得以实现的关键因素。此外,较为全面的课程内容可以帮助学生构建相对丰富的知识体系,使学生未来发展有更多选择的空间,因此选择的课程内容是否全面也是课程评价的重要因素。

(二)对课程内容组织的评价

在跨境电商课程评价体系的构建过程中,课程内容的评价包括了课程内容选择的评价与课程内容组织的评价两部分。课程内容组织评价关注的是教育者是否对课程的基本要素进行了妥善的安排,课程的组织是否体现了课程体系的统整性和课程之间的衔接性。

在教学实践中,从课程内容的角度审视课程体系的构建,课程内容的选择只是其中的一个方面,课程内容的组织同样十分重要,如果对课程内容没有科学、合理的组织,那么课程内容将会杂乱无章,不同的课程内容之间缺乏逻辑联系,不利于教学活动的开展,因此高校应该重视对课程内容的组织效果的评价。

跨境电商涉及大量交叉学科的学习,因此其课程内容的组织更是重要。具体到跨境电商课程内容组织评价当中,评价的内容应该包括以下几个方面。

(1)课程内容的组织是否有利于学生将获得的知识由琐碎的细节统整为一个具有清晰内在逻辑关系的知识体系。

(2)课程内容的组织是否能使不同课程的内容之间形成有效的衔接,进而使学生能够对知识有一个整体、系统的把握。跨境电商涉及的知识类型丰富多样,在课程内容组织的过程中,要重视不同知识之间的联系与衔接,便于学生理解和掌握。

（3）课程内容是否将理论课程与实践课程有机结合在一起。对于跨境电商人才培养来说，理论与实践的结合十分重要，因此跨境电商课程内容的组织要合理安排理论与实践课程的内容，使两者有机结合，形成模块化教学体系。

三、对课程结构的评价

（一）课程结构合理性评价

对于课程结构的评价主要关注各类课程之间比例的科学性。课程的结构反映的是学生需要具备的知识与技能结构，因此课程结构是否合理将直接影响学生的知识与技能结构是否符合行业对人才的需求。对于跨境电商专业课程设置来说，课程结构合理性评价主要是需要判断理论课程与实践课程、专业课程与通识类课程之间比例的科学性。

（二）课时安排合理性评价

对于课程结构的评价，除了评价不同课程比例之间的合理性之外，还需要对课时安排的合理性进行评价。对课时安排合理性的评价主要集中在以下两点。

1. 对课时总量合理性的评价

在课时安排中，课时总量的合理性是最为重要的问题。课时总量倘若不合理，那么课程结构的合理性也将无从谈起。在高校跨境电商课程教学中，课时总量合理性主要体现在显性课程的课时总量安排上。高校首先需要保证显性课程拥有足够的课时，为学生知识与技能体系的构建提供足够的课时支持。其次还需要合理安排学生隐性课程的时间，使学生能够通过隐性课程拓展思路，为学生的个性化发展提供支持。

2. 对具体科目课时安排合理性的评价

对课时安排合理性评价的另一重点在于对具体科目课时安排合理性的评价。在高校跨境电商人才培养中，不同的课程在内容总量与教学目标上都是不同的，不同科目所需的课时也有所不同，与此同时，跨境电商行业对人才需求的变化也会影响具体科目课时的安排。因此，在对具体科目课时安排的合理性进行评价时，要重点关注其是否符合行业对人才素质的需求，以及不同科目教学对课时的需求。

第五章 高校跨境电商人才培养的教学模式创新

教学模式是在一定教学理论的指导下,通过相关教学理论的演绎或对教育教学实践经验的概括和总结,所形成的指向特定教学目标的比较稳定的基本教学范型。高校跨境电商人才培养主要是通过教学来实现的,因此教学模式创新对人才培养具有至关重要的意义。本章主要阐述了四种对高校跨境电商人才培养具有现实意义的教学模式,即任务驱动型教学模式、翻转课堂教学模式、实训教学模式和双元制教学模式。

第一节 任务驱动型教学模式

一、任务驱动型教学概述

(一)概念界定

任务驱动教学模式是建立在建构主义教学理论基础上的教学模式。建构主义:学生的学习活动必须与大的任务或问题相结合,以探索问题来引导和维持学生的学习兴趣和学习动机;教师创设真实的教学环境,让学生带着真实的情境去学习;学生必须拥有学习的主动权,教师应不断地引导和激励学生前进。

以学生为中心的任务驱动教学模式强调将学习过程与学习任务相结合,通过完成任务激发学生的兴趣和动机。在充满挑战的教学环境中,学生具有学习主动性，而教师负责引导整个教学活动。在课堂教学层面，该模式由教学主体、认知主体和设计原则三个关键要素组成。这三个要素紧密相互协作，形成一个完整的教学体系。教学主体包括教师设计的教学策略、方法、目标和任务等，而认知主体则由学生所采用的学习方法、手段和内容构成。教学主体的最终目标是在认知主体中体现出来，同时，认知主体也反过来影响教学主体的有效实施。这种教学模式的设计原则强调教学主体和认知主体之间的细节对整个教学过程的成败具有决定性作用。

任务驱动教学模式是一种高效的教学方法，其核心思想是将教学内容设计成一个或多个具体的任务，让学生在完成任务的过程中逐步学习和掌握基础知识和技能，培养学生分析问题和解决问题的能力，以及学会自主学习。这种教学模式已经成为现代高校课堂教学的一种主流模式。相较于传统的知识点教学，任务驱动教学更注重学生的主动性和参与度，可以有效激发学生的学习兴趣和积极性，提高人才培养质量。在任务驱动教学中，教师不再是单纯的知识传授者，而是成为学生学习的引导者、组织者和评价者，让学生在任务的实践中获得更多的知识和技能，提高其实际应用能力。

任务驱动教学模式最显著的特点是"以学生为主体"，改变了以往"教师讲，学生听""以教定学"的被动教学局面，创造了"以学定教"和学生主动参与、自主协作、探索创新的新型学习方式。任务驱动教学过程是教师、学生、任务三者的积极互动过程。

（二）任务驱动教学模式的理论支撑

1.建构主义学习理论

建构主义学习理论是在瑞士心理学家皮亚杰的儿童认知发展理论基础上逐步形成的。苏联心理学家维果茨基的社会文化历史观与"最近发展区"理论以及美国心理学家布鲁纳的认知结构理论对其发展起到了重要的推动作用。

建构主义学习理论认为，知识不是从别人那里获取的，而是通过学生在一定情境下与其他人（包括教师和同伴）协作、探究、交流等过程中，通过个人经验、观察和思考的方式建构出来的。因此，情境、协作、对话和意义建构是建构主义学习环境的四大关键要素。学生在意义建构的过程中，将新的知识和经验与已有的知识结构相结合，并不断重建、重塑个人的认知结构。建构主义学习理论强调了学生在学习中的主体地位，推崇个性化学习、合作学习等教学模式。

建构主义学习理论强调以学生为中心的教学，而教师的指导则是为学生提供意义建构的帮助和促进。学生成为信息加工的主体和意义的主动建构者，教师成为意义建构的帮助者和促进者。学生在学习过程中应该发挥主体作用，通过搜集、分析、验证信息和资料来解决问题，将当前学习的事物和已有经验相联系并形成自己的建构心理模式，以及在协作交流中建构意义。而教师则需要通过创设符合教学内容要求的情境，激发学生的兴趣和动机，帮助学生建构当前所学知识的意义，以及在组织协作学习过程中引导学生，使之向着有利于意义建构的方向发展。建构主义学习理论认为，情境、协作、对话和意义建构是学习环境的四大要素或四大属性。通过这种以学生为中心的教学模式，学生可以更加主动地参与学习，培养自我控制学习过程、自我反思、分析和评价批判的能力，进而提高人才培养的质量。

建构主义学习理论为任务驱动教学法提供了坚实的理论基础，由它产生的教学设计原则对任务驱动教学法在跨境电商教学实践中的应用具有重要指导意义，具体如表5-1所示。

表5-1 建构主义学习理论对任务驱动教学法的指导意义

建构主义教学设计原则	对任务驱动教学法的指导意义
将学习活动置于较大的任务或问题中	整个教学过程围绕一个或几个任务展开
为学生提供丰富的认知工具	教师要为学生准备一定的学习资料
设计真实的任务	任务的设计要符合学生的身心发展水平，贴近学生的实际学习生活
设计的任务和学习环境能使学生在学习结束后适应复杂环境，解决问题	任务要有利于发展学生独立发现问题、解决问题的能力，注重方法的领悟
给予学生解决问题的自主权	学生主动承担任务，分析任务，独立选择解决问题的方法和途径
设计支持并激发学生思维的学习环境	教师要根据学生的"最近发展区"创设学习情境

第五章　高校跨境电商人才培养的教学模式创新

续　表

建构主义教学设计原则	对任务驱动教学法的指导意义
鼓励学生根据可替代的观点和背景检测自己的观点	教师应多为学生创造合作交流的机会，鼓励学生发表自己的观点
提供机会，支持学生对所学内容与学习过程进行反思	学生要参与任务成果的展示和评价，从而激发自身对学习过程进行反思

2. 学习动机理论

当提到任务驱动教学法时，很多人会误解为教师强迫、驱使学生学习，给学生带来压力和控制感。这种误解不仅与现今"以学生为本"的教育理念相悖，也会影响任务驱动教学法的应用效果。因此，理解"任务驱动"与确定驱动的真正动力来源变得十分重要。实际上，任务驱动教学法是一种利用任务作为教学工具来激发学生的学习动机和兴趣的教学方法。任务驱动的动力来源来自学生内在的学习动机，而不是外在的强制力量。任务本身应具备一定的挑战性和意义，能够让学生感到学习的价值和意义，从而激发学生的学习动机和兴趣，提高学习效果。因此，教师需要把"任务驱动"与学习动机理论相结合，深入分析和理解，才能更好地应用任务驱动教学法。

现代学习理论认为，学习动机是一种内部动力，是激励和指引学生进行学习的需要。学生的成就动机在教学中被视为激励学生学习的重要因素。任务驱动教学法的本质是通过任务来诱发、强化和维持学生的成就动机，而成就动机是学生开展学习和完成任务的真正动力。教师在任务驱动教学过程中应通过平等交流合作，创设自然真实的情境，提出相对完整、富有质感的任务来引发学生的成就动机。学生与任务、学生与教师之间的和谐对话可以帮助学生在任务所构成的真实情境中认识世界，形成自主探索、自主建构的良性学习循环。教师的作用是通过创设任务框架和对学生进行正面建设性评价来进一步激发、维持和强化学生的成就动机，使之形成一种积极向上、健康的、自我指向的学习动力。

奥苏贝尔的成就动机理论提供了教师深入理解"任务驱动"所需的理论支持。根据奥苏贝尔的理论，成就动机可从认知内驱力、自我提高内驱力和附属内驱力三个方面的内在动力来解释。

（1）认知内驱力指的是一种渴望了解、理解和掌握知识、解决问题的需求，它与学习的目的性和认知兴趣息息相关。当学生清晰地认识到任务的目标和意义时，就能利用它来推动自己的学习。在任务驱动教学中，教师引导学生认清任务的目标和目的，从而激发学生的兴趣。

（2）自我提高内驱力指的是个体因自身胜任能力或工作能力而获得相应地位的需求。在任务驱动教学过程中，教师可以通过组织任务成果评选、学习小组长推选等活动，以物质和精神奖励等方式激励学生自我提高内驱力，提高学生的荣誉感、自尊心和自信心。

（3）附属内驱力是指为了获得长者的认可而表现出的把工作做好的一种需要。在任务驱动教学过程中，教师应注意自身的修养和形象，成为学生心目中可信赖和值得尊敬的教师。教师应适时表扬学生的优点，引导学生相互尊重、欣赏和学习，在和谐的学习环境中共同成长。当然，任务驱动教学法无法完全消除学生的被动状态，学生总存在一定的不足，需要从被动到主动的过程。但是，教师不能仅仅通过任务来强制、驱使学生学习，而是应该真正提升学生的成就动机，才能使任务驱动教学法具有生命力。

3. "主导—主体"教学系统设计理论

自 20 世纪 80 年代中期以来，教育工作者在理解和研究教学系统设计理论时，将其划分为三大类：以教为主的教学系统设计、以学为主的教学系统设计和"主导—主体"教学系统设计，即"以教师为主导、以学生为主体"的教学设计模式。其中，"主导—主体"教学系统设计是以教为主和以学为主两种教学系统设计相结合的产物，这一理论和方法需要先掌握以教为主和以学为主的教学系统设计，再将二者结合加以适当补充，才能真正理解和掌握。

在 20 世纪 90 年代以前，传统教学设计主要是以教为主，基于行为主义和认知主义教学理论。奥苏贝尔的"学与教"理论提供了完整的理论支撑，尤其是"有意义接受学习"理论、"先行组织者"教学策略和动机理论。以教为主的教学设计侧重于教师的主导作用，旨在传递知识。教师的主要任务是提供外部刺激，即向学生灌输知识，而学生则需要接受这些外部刺激，即吸收、理解教师传授的知识。这种教学设计模式的优点在于它能够充分考虑情感因素在学习过程中的重要作用，方便教师组织和监控整个教学过程，以及师生之间的情感交流,并有利于系统地传授科学知识。但其缺点也显而易见,完全由教师主导课堂,忽视学生的学习主体作用,学生在大部分时间内处于被动接受状态,不利于培养具有创新思维和创新能力的创造型人才。

学习为中心的教学设计模式在20世纪90年代随着多媒体和网络技术的普及以及建构主义学习理论的发展而逐渐兴起。建构主义学习理论强调学生为中心,要求学生从被动接受知识变为主动参与信息处理和知识建构,同时要求教师由传授知识的角色转变为促进学生主动建构意义的帮助者。在这一理论下,教师需采用全新的教育观念和教学模式。学习为中心的教学设计模式关注学生在学习过程中的主动性和积极性,认为学生是学习过程的核心和意义的主动构建者。这种模式有利于学生的主动探索和发现,有助于培养创新人才。然而,这种教学设计模式过于强调学生的学习,可能导致忽视教师在教学过程中的主导和指导作用,以及师生之间情感交流在学习过程中的重要性。此外,由于学习为中心的教学设计模式可能忽略教师的指导作用,当学生自主学习的自由度过大时,他们可能偏离教学目标。这是这种教学设计模式的明显不足之处。

总的来说,两种教学系统设计模式各有优缺点。若能将它们结合在一起,便可以实现互补和优势共享。基于这个思路,"主导—主体"教学系统设计模式应运而生。这一模式的核心理念是既发挥教师在教学过程中的主导作用,又充分体现学生在学习过程中的主体地位。在化学教学中,采用任务驱动教学法正是将"主导—主体"教学系统设计模式的指导思想付诸实践。在教学设计中,应用任务驱动教学法需要分析教学需求和内容,明确教学目标,分析学生特点,据此选择合适的教学媒体,并制定教学策略,以设计出高质量的任务。在任务驱动的过程中,教师需为学生提供学习资源和学习方法指导。与学生合作时,要让学生对任务产生认同感,并站在任务构成的世界中去认识现实。这种认识过程不是教师对学生施加压力,而是教师、学生和任务之间的和谐对话。尽管任务驱动教学法减少了教师的讲解时间,但它并非完全以学生为中心的学习方式。教师不是不讲解,而是在合适的、学生最需要的时机进行讲解。这样,教师的地位并未削弱,反而得到了加强,教师的任务也并未减轻,反而变得更为繁重。学生通过完成教师布置的任务来实现自主学习,其学习动力源于内在的成就动机。因此,任务驱动教学法不仅可以使教师的主导作用得到充分发挥,也能突出学生的主体地位。

二、任务驱动教学的设计原则与教学模型

（一）任务驱动教学的设计原则

任务驱动教学法能否产生良好的教学成果，在很大程度上取决于前期设计理念以及后期实际操作的执行情况。教学原则是评估教学设计是否符合教育和教学规律的关键因素。结合跨境电商课程以及任务驱动教学法的特点，在教学设计过程中，需要遵循以下教学原则。

1. 以学生为中心原则

"以学生为中心"的原则是以建构主义和人本主义思想为基础观念起源于杜威的"以儿童为中心"。学校教育已从以教师为主体转向以学生为主体的终身学习模式，传统课堂讲授式教学已向教师指导下的学生自主学习和协作探究发展，同时，教师讲授的单一教材内容已向学生多渠道获取教学资源的方式转变。

任务驱动教学法的核心理念在于强调学生为主体，教师为主导的教学思路。在任务驱动教学法课堂中，"以学生为中心"的原则首先体现在任务的设计上。设计任务时，应在确保教学目标融入任务的基础上，使任务更贴近学生的需求，从而帮助学生将任务完成过程与已有知识结构相融合。

2. 任务驱动分层化原则

分层任务驱动原则意味着在使用任务驱动教学法进行课堂教学时，应在任务设计和评估过程中考虑学生之间的差异。学生的学习兴趣是影响教学过程是否能达到预期效果的关键因素，从而进一步影响教学进度。教师在课堂教学中扮演着举足轻重的角色，他们的专业知识、教学方法和教育经验将决定教学目标是否能够顺利实现。

采用任务驱动教学法的课堂教学应关注学生的差异，关注学生内在差异是任务驱动教学法的核心内容之一。以学生为主体，设计适当的任务难度，使任务更接近学生的知识结构，让学生更容易理解；鼓励学生之间的合作探究，互相帮助，同时教师提供适时的指导，使学生能够学会所需技能；逐步提高学生的学习兴趣，建立学习信心，并激发学习热情。

3. 激励原则

激励是教育教学中非常重要的一个原则和方法。常见的激励方式包括奖励和

惩罚、表扬和批评、评比和榜样等。这些手段都可以激发学生的学习动机，符合青春期学生的心理发展规律和行为特点。在任务驱动教学法中，任务完成本身就能够带来成就感和激励效果。在教学和课后评价中，教师需要根据学生的发展特点，适当地使用激励手段，以激发学生的学习动力。当然，在使用激励时，也需要考虑情景和条件等因素。

（二）任务驱动教学的教学模型

1. 任务驱动教学的过程模型

任务驱动教学的核心理念是"以学生为中心"，通过模拟场景并以任务完成为驱动力推进教学。在设计任务时，首先要掌握好课程标准和要求，对课本知识进行整合，将实际教学内容转化为任务。任务类型应具有多样性，例如绘制思维导图、分析教学案例等形式；任务设计需与学生的知识结构相匹配，教学案例要与当前发展紧密联系，具有代表性和时代性。此外，要注意任务难度的递进性，并关注班级内学生的层次差异。最后，建立统一的评价标准和多元化的评价方式。

任务驱动教学的核心是引导学生进行自主学习，并逐渐升级到通过团队合作解决问题和完成任务。在整合课本内容的基础上，将现实生活中的案例、常用工具和软件与课本知识相融合进行任务设计。学生在学习课本知识时，可以根据提供的实际案例建立知识联系，从而在完成任务的过程中获取知识、提升能力和建立信心。

任务驱动教学的过程模型可以划分为三个部分：情景创设、任务实施和评价分析。以教材内容和学生知识结构为核心，任务驱动教学的过程模型如图5-1所示。

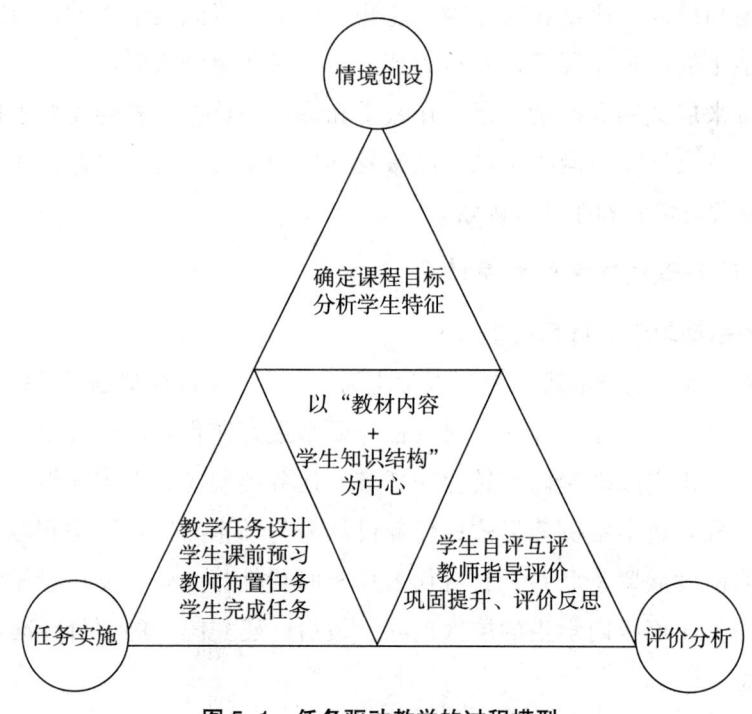

图 5-1　任务驱动教学的过程模型

2.任务驱动教学的教学流程

任务驱动教学法教学流程主要包括课前、课中和课后三个部分。课前教学设计主要包含三个阶段：首先，分析学生群体的特征；其次，分析所授课程的目标，熟悉课程内容并确定教学目标；最后，根据教学内容设计任务，并依据任务设计选择合适的教学案例。依据过程模型的构成，详细介绍具体教学流程，任务驱动教学的教学流程如图 5-2 所示。

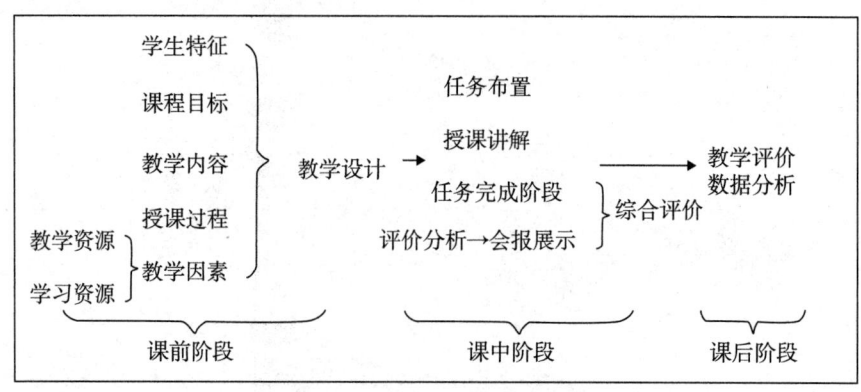

图 5-2　任务驱动教学流程

（1）课前阶段。在任务驱动教学法中，教学前的准备阶段显得尤为关键。在此阶段中，教师需要深入了解学生的学习进度和身心特点。此外，教师还需筛选和整合教学资源，仔细分析课程目标以及课本内容，制定适当的教学任务和执行步骤，最终完成整体教学设计。首要任务是掌握学生的学习状况，这是课程教学的根基。仅当教学能切实满足学生的实际需求时，才能发挥教学内容的最大价值。在仔细考察了教学过程中的各种影响因素后，教师需要编写教案并明确教学流程的各个环节。通过整合课本内容和之前的分析，设定教学任务，将课本知识构建成任务清单，指导学生依据清单进行学习和课前预习。同时，设计多样化的评价项目，摒弃单一评价标准，关注学生的日常表现以进行动态评估。

（2）课中阶段。在此阶段中，教师在课堂上授课，先搜集学生课前预习中遇到的问题，并讲解课程知识点以及整理知识内容。讲解完毕后，学生针对任务清单进行自主学习和小组合作学习。在独立探讨的过程中，学生们可以与其他同学讨论问题和疑惑，从而完成有深度的任务。各小组展示自己的任务成果，其他同学评价并提出问题。教师提供指导，师生共同探讨，小组成员相互评价。教师根据表现进行综合评估。

（3）课后阶段。在课后阶段，教师总结评估学生完成任务的情况，并统计分析学生成绩和评分。利用统计学方法对学生的进步进行量化分析。学生在课后完成教师布置的课后任务，以巩固课堂所学知识。

三、任务驱动型教学模式实施的策略

（一）正确认识任务驱动型教学模式，合理安排教学内容

认知是践行的前提。作为教育工作者，在教学实践中表现出的行为从某种层面上来说是教学认知的外在体现，所以要有效地实施任务驱动型教学模式，首先要使教师正确认识该教学模式。而提高教师对该教学模式认识的途径有两个：一是教师自我学习，自我提升；二是对教师进行培训。通过上述两个途径提升教师对任务驱动型教学模式的认知之后，教师才能够合理地安排教学内容。以跨境电商《C3C 网络购物》为例，在课程开始，教师先排列出 C3C 的过程图，明确 C3C 购物目的，构建相应的布景，并且组织学生进行讨论和解析任务，在

讨论中指出需要哪些设计来完成任务需求，由此提出问题。学生在挑选购买物品时可以根据自己的喜好进行挑选。然后，通过学生的讨论和研究得出的结果，罗列出会员备案过程图，引导学生建立会员账号、支付账号等。学生在构建账号过程中，教师应该引导学生注意号码的激活性和安全性。最后，指引学生通过阅读和查找两种方式进行挑选。

（二）均衡理论与任务的权重，切忌顾此失彼

任务驱动型教学模式适合职跨境电商这种实务类的课程，但这并不代表着该教学模式适用于所有内容的教学，因为电子商务课程中也有理论内容，而且"任务"的进一步讲解有时也需要结合理论展开，才能达到最佳的效果。传统教学模式"重理论、轻实践"顾此失彼，但如果一味"重任务，轻理论"同样也是一种顾此失彼的体现。因此，在教学过程中，教师要均衡好理论与任务的权重，使学生既能够通过对任务的探究掌握知识和能力，又可以在理论知识的讲解下将知识系统化，实现全面的发展与提高。

（三）正视学生个体差异，进行拓展和延伸

各个阶段的学生都存在性格、兴趣、能力等方面的差异，高等教育阶段同样如此，教师要正视学生个体之间存在的差异性，虽然在任务的布置中很难针对不同的学生制定不同的任务，但教师可以让学生在完成任务的基础上自主进行拓展和延伸，以此充分体现学生的个性差异。当然，教师在策划任务驱动教学时需要充分考虑，教案中不仅要包括专业知识，还需要包括在专业知识的基础上对任务进行拓展和延伸的一些内容，因为很多学生对于如何延伸和拓展或许没有思路，这时就需要教师的引导，激发学生的逻辑思维，引导他们朝着属于自己思维的方向去思考、去延伸、去拓展。在学生进行拓展和延伸的思考之后，教师还应该让学生大胆发表自己的所思所想，然后教师予以点评，点评的过程中要以鼓励为主，因为拓展性的内容无所谓对错，其目的就是为了发散学生的思维，发展学生的个性，如果教师过于纠结与对错，只是站在自己的立场的简单地给出一个对或错，这样只会打消学生的积极性，影响任务的延伸效果。

（四）客观评价学生学习效果，提高评价科学性

任务驱动型教学模式的最后一个环节是评价，对学生学习效果进行评价。在

传统教学模式中，教学始终以教师为主体，包括教学评价也是以教师评价为主。而在任务驱动型教学模式中，针对学生学习效果的评价不再局限于教师一人，而是采取"三主体"的评价模式，即教师评价、学生自评和同学互评。"三主体"的评价模式尊重学生的主体地位，引入了更多的评价主体——学生，能够使评价更加客观和科学。虽然从专业性上来说，学生评价的专业度较低，但学生评价能够为教师提供更多了解学生的视角，这是教师一个人所不能实现的。而且随着"三主体"评价模式的实施，学生的评价能力也会得到逐步的提升，其评价的专业度也会随之一点点提高，进而使评价更具科学性。

第二节 翻转课堂教学模式

一、翻转课堂概述

（一）翻转课堂教学模式的概念与特征

若要清楚明白翻转课堂教学模式的定义，我们需要了解其适用范围。翻转课堂教学模式主要关注学生的知识学习，而非涵盖体能、美育等其他学习领域。与传统课堂相比，翻转课堂的特点在于调整了学生获取知识和知识内化的时间与空间安排。每种教学模式都有特定的应用条件，翻转课堂教学模式也不例外。它依赖信息技术手段，在课前让学生完成知识学习；课堂内通过各种学习活动帮助学生实现知识内化。知识内化的过程发生在课堂上，通过教师与学生、学生与学生之间的各种协作活动来实现。

经过前述分析，本书将翻转课堂教学模式定义为依托信息技术，教师通过教育技术制作教学视频，让学生在课前完成知识学习，通过提供学生合作学习和交流的机会，帮助他们实现知识内化，从而改变学生的学习环境，使学生真正成为学习的主体的一种创新教学方式。

翻转课堂彻底改变了传统的教学模式，在现代信息技术的支持下，对学生的学习过程进行了重新塑造，使知识传递在课外完成，而知识内化则通过教师和学生在课堂上的共同探讨和互动交流来实现。作为一种新兴的教学模式，翻转课堂具有以下特点。

1. 教学过程的重塑

在传统的教学模式中，教师在课堂上讲解知识点并完成知识的传递，通过布置作业来检验学生的学习效果和掌握程度，学生在课下完成知识的内化。然而，翻转课堂教学模式打破了这一传统教学流程，学生在课下通过自主学习来完成知识的获取；而原本课下完成的作业活动转移到课堂上，学生之间以及教师与学生通过合作探讨和深入交流共同实现知识的内化。

2. 教学组织形式的变革

在传统教学模式中，教学组织主要以班级为单位，提供统一的教学内容、方法和进度，这种方式很难顾及学生的个体差异，因而无法实现因材施教。这也是学生学习水平参差不齐的原因之一。然而，在翻转课堂教学模式下，教师能够根据学生的不同需求进行个性化教学，将面临不同问题的学生进行分组，从而显著提高课堂活动中教师与学生、学生与学生之间的互动。在这种个性化教学的组织形式下，学生在遇到学习难题时能够及时获得教师的一对一指导，而这在以往的教学模式中是难以实现的。

3. 师生角色的转变

翻转课堂教学模式的实施将教师从传统的知识传授者和课堂管理者转变为学生学习的引导者和推动者，成为与学生进行互动和合作的伙伴。同时，教师根据学生的个体差异采取差异化教学，使学生从被动地接受知识的"观众"角色转变为积极探索学习的主体。这种角色转变强调了学习者在教学过程中的核心地位，有助于实现以学生为中心的深度知识内化教学目标。

4. 教学资源及教学环境的革新

"微课程"或"微课"是在翻转课堂教学中兴起的新概念，为教学资源和教学环境带来了革新。微课程指的是短小精悍、专注于解决一个问题的小型课程，时间通常在10分钟以内，具有明确的教学目标。微课程通常以微视频的形式呈现，成为翻转课堂教学资源的重要组成部分。学生通过观看教学视频，可以灵活运用视频播放器的暂停和回放功能，及时记录笔记和进行思考，自主控制学习的进度，并便于复习和巩固学习内容。此教学模式不仅使学生可以充分利用学校提供的资源,还可以通过云端资源获得来自社会环境的丰富教学资源,为学生的课外学习提供更多选择和便利。这种创新的教学资源和环境有助于激发学生的学习兴趣和主动性,提升学习效果,并促进个性化学习的实现。

5. 评价方式的多元化

翻转课堂教学模式的评价方式在加强对学生和教师表现评价的同时,摒弃了单一的纸笔测试,更加注重采用多样化的评价方式和手段。除了传统的形成性评价,如调查表、访谈、小论文和学生学习档案袋记录等,还结合了总结性评价的方法。这种综合评价方式能够更全面地评估学生和教师在翻转课堂教学模式中的表现。通过多样化的评价方式和手段,可以更准确地了解学生的学习情况、学习成果以及学习过程中的问题和需求,也能评估教师的指导和引导效果。

(二)翻转课堂教学模式的理论支撑

1. 掌握学习理论

掌握学习理论是翻转课堂教学的主要理论之一,该理论由本杰明·布卢姆在20世纪六七十年代提出。该理论的核心思想是,力求让大多数学生都能够掌握所学的认知知识。教师在集体授课的前提下,应尊重学生的个体发展差异,给予学生更多自主消化吸收信息的时间,并及时提供反馈,以促进学生的学习完成度。在传统的集体授课中,可能存在这样的情况:有三分之一的学生能够学得很好,三分之一的学生学习尚可,但是剩下的一部分学生则听不懂。教师通常会将精力和关注点放在那些学得好的学生身上,忽视那些听不懂的学生。这就导致了学生成绩之间的差距越来越大。然而,掌握学习理论认为,学习能力不能决定学生的学习成绩,也不能支配学生选择学习内容的难易程度。学习时间的充足与否是影响学生学习成绩和认知获取的重要因素。

在掌握学习理论中,操作过程分为两个主要部分:一是教学筹备阶段,二是教学实施阶段。教学筹备阶段涉及每个掌握学习单元的准备。教学实施阶段则包括传递教学内容、进行测试、纠正错误和实施再次测试。具体方法如下:在常规的课堂教学中,设计单元测试表以进行形式评估。对于掌握程度较低的学生,教师需要对具体问题进行详细分析,明确需复习的学习内容,修正学生的错误观念,并再次进行形式评估。当学生达到预定的课程要求时,便可进入下一学习阶段。需要注意的是，这样的阶段通常为一个学期，教师应进行总结性评估，以便了解学生在此时间节点的进步情况。

相较于传统的同步学习方式，掌握学习为学生提供了一条能够自主调整进度的个性化学习途径，充分尊重了每个学生的认知差异。然而，掌握学习并非完美无缺，在实际应用中也会遇到一些挑战。纠正错误并非易事，这意味着教师需要在课堂或课外抽出时间来解决和纠正问题。此外，传统课堂时间有限，在掌握学习的节奏下进行教学可能导致时间投入过多，从而严重影响学习进度和降低学习效率。

借助信息技术的翻转课堂模式为贯彻学习理念提供了良好的平台。翻转课堂通过精心制作的教学视频取代传统的课堂授课环节，学生可以在课外随时观看这些视频，并灵活运用暂停、回放、多次播放等功能。这种模式对于不同接受能力的学生来说是一种福音，真正体现了学习理念的核心。学生可以通过在线平台与同伴交流，共同解决遇到的难题。当问题超出学生当前的认知水平时，他们可以在课堂上向教师寻求智慧的指导。教师能够及时给予不同学生针对性的反馈和指导，实施形成性评估，实现个性化学习的目标。这样的教学模式能够真正满足学生的需求，推动他们在学习中取得积极的进步。

2.混合学习理论

自20世纪以来，互联网技术和通信技术快速发展，这也引发了教育领域的变革，即在线学习或称为"E-Learning"。在此之后，教育界展开了一场广泛的讨论，探索纯技术教育的适用范围，并最终达成共识：技术教育应与传统教育相结合，以充分发挥技术的优势并传承传统教育的价值。因此，混合学习这一概念应运而生，即在线学习和传统面对面学习的结合使用。

混合学习的应用范围日益扩大，并出现了各种适用于不同场景的模式。2012年，创见组织发表了一篇名为《K-12混合式学习的分类》（*Classifying K-12 Blended Learning*）的报道，对混合学习模式进行了讨论和修正，将之前确定的六种模式重新调整为四种：循环模式、弹性模式、自混合模式和增强虚拟模式。其中，循环模式还进一步细分为就地循环模式、实验室循环模式、翻转课堂模式和个别循环模式。

翻转课堂作为混合学习中的一种具体模式，是结合学校教育实际情况的创新尝试。其核心思想是通过互联网延长学生在课堂外的学习时间，然后在面对面的课堂中保证对虚拟学习内容的质量实践。例如，斯蒂尔沃特学校在数学课程中采用了翻转课堂教学，学生在家观看教学视频并在在线平台上回答相关问题，而课堂时间则用于实践和应用。这一模式取得了良好的反响。翻转课堂模式具有混合学习的优势，既提高效率又降低成本，有助于实现学习者个性化发展和培养创新型人才的目标。

3. 关联主义学习理论

2005 年，加拿大学者乔治·西门思（George Siemens）在《关联主义：数字时代的学习理论》(*Connectivism: A Learning Theory for the Digital Age*) 中提出了关联主义学习理论。该理论认为学习的本质是信息的重新连接，是突破个人学习界限，将知识作为信息在个体之间传播的过程。关联主义主张知识之间形成网络连接，不同的知识网络会导致不同的决策和认知理解差异。因此，学习者的能力去辨别重要和非重要信息在这个大数据时代尤为重要，否则学生个体有可能陷入海量信息的漩涡中无法自拔。

同时，学习者需要具备持续更新知识的意识和思维方式，因为新的信息不断涌现，这导致原有的知识体系需要重新构建，学习者需要重新整理新旧知识之间的关联。这种持续更新知识和思维的能力是应对知识快速变化的要求。

关联主义学习理论认为，学习是一个不断联结生成的过程，就像知识网络中的节点不断聚合形成多维度、纵横交织的信息网。反过来，知识网不断向学习者个体反馈新的信息，不断更新个体的知识储备和知识容量。这种双向信息输入为个体知识的完备和整体认知体系的搭建提供了条件。随着网络的发展，社会关系结构发生了变化，个体之间的信息就像电流一样联通，不断进行重构和建立。关联主义学习理论强调关系中学和分布认知两个概念。如果把知识网络比作一张渔网，那么信息就是节点，知识就是连接各个节点的线，决定了信息的流通和交换。

翻转课堂模式借鉴了关联主义学习理论的思想，强调学习者相互联结、分享认知和经验、共同构建优质知识圈。学习活动已经不再是个体内部的活动，现代教学要求学生在独立思考后，通过合作与同伴共同建构知识，超越群体的边界，融入更大范围的班级乃至虚拟在线学习网络中。学习者是促使这一切发生的起点。因此，在实际教学中，鼓励学生进行独立思考，勇于表达观点，并参与班级的人际交流，成为知识传播的重要前提。简而言之，学习活动需要个体、小组和更大范围群体的结合，跨越物质空间和网络空间的范围。另外，作为小的信息节点，学习者个体需要在各种渠道中寻找适用的、有助于丰富认知体系的资源。因此，教师应引导学生学会搜集信息，培养自主学习能力，并提供一系列辅助资源，如文本材料或网络链接，以完善学生的知识网络。

二、跨境电商翻转课堂设计

下面以跨境电商专业《动态网页设计》课程为例，对该课程的翻转课堂教学模式进行设计。

（一）教学资源设计

针对中职《动态网页设计》课程，采用翻转课堂教学模式可以激发学生学习的兴趣，促使他们主动参与学习并内化所学的理论基础和专业技能。这种教学模式能够满足学生的需求，但为了有效利用翻转课堂教学，需要依靠适当的学习资源和硬件设施。下面就从这两个方面进行分析。

1. 学习资源

翻转课堂中的教学视频是根据问题场景来设计的，根据各种不同的问题场景，采用相应的教学视频设计方法。获取教学视频有两种主要途径。第一种途径是通过拍摄和制作，这适用于讲解类、实验类和操作类的教学视频，可以使用专业摄像机或手机进行拍摄。第二种途径是使用专用的屏幕录制软件，这适用于较为理论性强、抽象且难以理解的知识点。常用的屏幕录制工具包括PPT和计算机自带的屏幕录制软件。

对于高等院校的《动态网页设计》课程，学生需要具备坚实的理论基础，为后面的实践阶段做好准备。因此，在创建教学资源时，教师需要充分关注学生的实际需求和计算机实验室的使用情况，运用QQ、微信、电子邮件等工具使学生的学习不仅限于课堂。教师可提前利用录屏软件录制微视频，然后创建一个班级共享邮箱，将微视频、学习清单和课前练习题打包发送至共享邮箱，以供学生进行课前预习。每次发送学习材料时，教师可通过班级QQ群通知学生并督促课前预习。在这个过程中，教师需要对忘记预习的学生及时进行提醒。共享邮箱在一定程度上打破了时间限制，使学生可以根据自己的需求，随时随地进行课前预习，并及时发现不明白的地方。在第二天的课堂教学中，教师应充分利用计算机实验室的投影设备，通过展示不同风格的电商网页，从而引起学生的注意，这样一来，就能使学生尽可能集中精力去学习新的知识，在教学活动快要结束的时候，教师要将学生的优秀作品展示到共享屏幕上，从而起到一个交流学习的作用。

2. 硬件资源

该教学模式在中职信息技术课堂中需要完备的教学设备，如投影仪、白.板等。因此，在该模式下教学环境也要对教师的教学活动提供有效保护。

（二）教学活动设计

基于大学生学习特点，构建翻转课堂将有助于学生深入理解每个知识点，并在实践中体验学习过程。因此，结合教学方法和翻转课堂的理念，作者为高校《动态网页设计》课程设计了教学准备、课前预习、课堂活动、课后巩固这四个教学环节，并总结出适用于高校课堂的教学活动流程。具体内容如下。

1. 教学准备

为了有效进行教学，教师需要在教学准备阶段明确教学目标和教学重点，以便合理分配教学任务并设计富有特色的教学内容。以下是关于《动态网页设计》课程中采用翻转课堂教学模式的教学准备方面的具体考虑。

（1）教学目标的设定。教学目标是学生通过学习后预期要达到的结果。在《动态网页设计》课程中，翻转课堂教学模式的教学目标应涵盖以下三个方面。

①知识与技能：学生掌握HTML的基本语法结构；掌握HTML相关网页元素；熟练使用CSS样式控制页面中的字体和文本外观样式；掌握创建与管理超链接的方法；熟练地将所学知识应用到实际中。

②过程与方法：学生通过翻转课堂教学模式可以熟练地掌握网页设计的基本方法；掌握合作探究的学习方法。

③情感态度与价值观：学生通过小组讨论、合作探究，增强学习动机，提高信息素养。

（2）教学重难点的设计。针对《动态网页设计》这门课程，需要考虑大学生的特点，明确教学目标并将其细化为多个具体任务。同时，要精确识别关键和挑战性部分，以便按步推进教学。在该课程的实际教学活动中，教学的重点内容是要让学生掌握扎实的基础知识，为后续学习作好铺垫。教师应将这些重点内容进一步拆分，并将其与问题场景和微视频相结合，从而帮助学生理解概念。挑战性部分通常对学生来说具有一定难度，这不仅涉及基本知识和技能，还可能与学生的认知产生冲突。通过应对这些挑战，学生能更好地将知识内化，并更有效地掌握课程内容。

（3）课程教学任务的设计。进行课程任务的设计，目的是让学生对网页制作的基本知识与技能有一个基本的掌握，同时还能有效激发学生的学习兴趣。在实际的教学活动中，为了使翻转课堂教学模式的优势得到充分发挥，便重新对教学任务进行了分配。具体分配情况见表5-2。

表5-2 教学任务分配表

教学任务	知识点	课时数
网页的布局 网页的编辑	（1）网页布局实例（网站的风格、布局注意事项、画出网页布局草图） （2）使用表格（布局模式下绘制布局表格、网页中插入表格、表格的嵌套及设置） （3）使用框架（设置框架）	4
网页的管理 网页的上传	（1）网站中文件的管理 （2）网站域名和空间的管理 （3）在Dreamweaver中上传网页 （4）使用FTP软件上传网页	4
网站的建立	（1）使用Dreanweaver建立网站 （2）创建站点地图 （3）网页与制作工具	4
样式表与行为表单的使用	（1）使用样式表（使用CSS样式表）（2）创建表单网页 （3）设置Web服务器 （4）验证表单内容	6
超链接的创建与管理 AP元素和时间轴 图像和动画的制作与优化	（1）创建文本超链接 （2）创建图片超链接 （3）使用Flash动态文本超链接 （4）创建网页书签 （5）使用AP元素和时间轴 （6）Fireworks中图片的制作与优化	10

(4)微视频的设计。在整个教学过程中,课前自主学习环节起到了承前启后的关键作用,这离不开微视频的精心策划。传统的微视频创作通常用7~10分钟讲解一到两个知识点,使学生在学习新知识前有一定的了解。基于翻转课堂的微视频设计,在此基础上增加了虚拟角色的对话和动画元素,以帮助学生更深入地理解新知识。同时,学生在观看微视频时可以及时发现自己的困惑和不解之处。

在《动态网页设计》课程的微视频制作中,作者引入了两个虚拟角色:一位教师和学生小明。教师代表知识的引导者,而小明代表班级学生的学习水平。在微视频的全程,教师与小明以对话形式展开互动。教师作为知识引导者介绍新知识,而小明则提出与班级学生学习水平相匹配的问题。教师对问题作简单回应,给学生留出思考时间,使他们能够带着已思考过的问题参加第二天的课程。整个微视频时长不超过15分钟,能够清晰讲解每节课的核心知识点供学生学习。微视频制作应吸引学生注意,时长适中,所设问题场景需结合课程的关键与挑战性部分,贴近学生的实际情况,以便让他们能够自主完成课程知识的学习。

(5)问题情境的设计。在《动态网页设计》课程中,教师可以设计一个由一系列问题组成的学习清单,将核心知识点与学生的学习水平相结合。这些问题情境能够引导学生自主学习,帮助他们更系统地掌握知识。因此,教师需要投入更多精力来设计问题情境,并贯穿整个教学过程。设计问题情境时,教师应考虑学生的学习水平,确保问题与学生的理解能力相匹配。这些问题情境应贯穿于整个课程,从学生开始自主学习的阶段就引入,并在教学过程中不断提供。教师可以在学生观看教学视频的同时,提供相关问题情境,引导学生在学习新知识时思考这些问题,并提出解决问题的方法,这种设计不仅促进了学生的主动学习,也为教师提供了一个引导和促进学生学习的框架。

(6)教学内容的设计。在进行《动态网页设计》课程的教学时,教师应该考虑到该课程的特点以及高校学生的学习特点,并有针对性地设计课程内容。这些内容通常可以分为理论知识和实践知识两部分,教师需要根据不同的学习内容选择适合的教学方法。当教学内容偏向理论知识时,教师应该将知识点进行细化,以帮助学生理解和掌握新知识。例如,在学习管理网站文件时,教师可以使用适当的例子来帮助学生理解新知识。教师可以提供实际案例和相关背景知识，以激发学生的兴趣和理解能力。当教学内容偏向实践知识时，例如学习网页布局，教师应该重新安排课堂时间，为学生提供更多的练习机会。教师可以设计实践性的任务和项目，让学生亲自动手进行网页布局的实践操作。这样可以帮助学生将理论知识应用到实际情境中，提高他们的实际操作能力和解决问题的能力。在教学过程中，教师应认真思考如何将理论知识和实践知识相结合，灵活安排课堂时间。

在教学过程中，一种有效的方法是通过案例学习来掌握抽象的理论知识。通过案例，学生可以赋予看似复杂的代码以一定的意义，从而更好地理解其背后的原理。案例学习的过程中，学生会发现不同页面布局的 HTML 结构代码具有相似性，唯一的区别在于内容的不同。学生可以将在案例中学到的思路迁移到新的知识学习中，实现有意义的知识迁移，从而更好地内化所学知识。通过巧妙设计教学内容，学生可以更加灵活地理解知识，更好地实现知识的内化与应用。

2. 课前

（1）独立探索，接触新领域。在《动态网页设计》课程中，教师为学生设计了一份学习导引，其中包含了一系列问题情境，这些问题情境旨在帮助学生自主学习和探索新领域。学生在学习每个知识点之前，通过观看微视频和完成课前练习来接触新的知识。这样的学习方式鼓励学生主动参与，发现并探索新知识。

（2）自我评估，发现潜在问题。通过课前练习，学生可以自我评估自己的学习情况并发现自身的潜在问题。教师也可以通过学生练习的结果了解学生的学习水平，并为后续的教学提供指导。同时，针对学生在练习过程中出现的问题，教师应及时给予帮助和指导，促使学生及时纠正错误。

3. 课中

（1）导入环节：在导入环节中，教师可以运用一些启发性的问题、引人入胜的故事或真实案例等方式，引起学生的兴趣和注意力。通过激发学生的思考和探索欲望，教师能够将学生的注意力引导到即将学习的主题上。导入环节的目的是激发学生的前置知识和经验，为后续的学习内容打下基础。

（2）讲授环节：在讲授环节中，教师以清晰、系统的方式向学生介绍新的知识点和概念。教师可以运用多媒体资源、示意图、实物演示等教学工具，帮助学生更好地理解和掌握知识。同时，教师应注重与学生的互动，鼓励他们提问、讨论和分享观点，以促进学生的深入思考和参与。

（3）巩固练习：在学习的过程中，巩固练习是至关重要的环节。教师可以设计一系列的练习题、案例分析或实践活动，让学生通过实际操作和应用来巩固所学的知识。这些练习可以是个体练习、小组合作或课堂竞赛等形式，旨在提高学生对知识的理解和应用能力，并培养他们的解决问题的能力。

（4）课堂小结：在课堂小结环节，教师对本节课的重点内容进行回顾和总结，梳理学生已经学到的知识，并强调重要的概念和技能。同时，教师可以与学生进行互动，鼓励他们提出问题、分享自己的学习心得和体会。课堂小结有助于巩固学生的学习成果，提供一个整体认识和复习的机会，并帮助学生将所学内容与实际应用进行联系。

（5）布置作业：在课堂结束前，教师可以布置一些富有挑战性和实践性的作业，以促进学生对所学内容的深入理解和应用。作业可以设计成个人任务或小组合作项目，旨在培养学生的自主学习和合作能力。教师应提供明确的作业要求和评估标准，并为学生提供必要的支持和指导，以确保作业的完成质量。作业的布置不仅是对学生知识掌握的检验，更是促进学生继续学习和探索的动力，激发他们的学习兴趣和自主学习能力。

4. 课后

（1）巩固复习，熟能生巧：学生应当及时复习所学内容，以巩固新知。由于遗忘是常见的现象，及时复习对于内化知识和取得良好学习效果至关重要。学生应重视课后学习，通过复习来巩固已学的知识，并提高学习效率。此外，学生还可以适当进行预习，为接下来的新课学习做好准备。

（2）教学评价与反思：教学评价应该具备多维度、多方式的特点。评价内容不仅仅应该局限于学生的作品成绩，还应考虑到学生在课堂上的表现，如问题提出的频率、自主探究的程度以及在小组合作中的参与情况等。教师应根据学生的反馈及时进行教学反思，同时学生也应对自己的学习情况进行总结和反思。通过评价和反思，教师和学生可以共同探讨如何改进教学和学习策略，提升教学效果和学习成果。

(三)教学评价的设计

翻转课堂教学模式的评价体系应注重学生多元化发展,不仅评价学业成绩和教师教学能力,还关注学生的学习态度和进步程度。为此,教师可以建立多层次的评价体系,将学生在各个方面的表现作为评价的标准。每位学生都有自己的成长档案,其中记录了学生在学期中的整体表现和课堂表现等方面的情况。这样的评价体系不再仅以成绩为唯一标准,更细致地记录了学生的方方面面。

同时,学生也可以参与评价的过程,例如进行自评、互评以及教师评价等。为了更好地制定评价标准,笔者与学生讨论并制定了一系列评价标准。这些评价标准包括学生整体观点、知识掌握情况、课堂表现、任务完成情况以及教学反思等五个方面,每个方面的权重不同。评价表的细化程度还涵盖了《动态网页设计》课程的十个教学单元,旨在帮助教师更好地把握课堂进度,随时调整教学计划,并帮助学生更全面地了解自己的学习情况。具体如表5-3所示。

表5-3 课程学习评价表

评价内容/权重	具体内容	分值
整体看法(5%)	对教学模式的接受程度	
	学习动机	
	课堂氛围	
知识掌握情况(40%)	网站的建立	
	网页的布局	
	网页的编辑	
	超链接的创建与管理	
	样式表与行为	
	AP元素和时间轴	
	表单的使用	
	图像和动画的制作与优化	
	网页的管理	
	网页的上传	

续表

评价内容 / 权重	具体内容		分值
课堂表现情况（30%）	参与程度	积极回答问题，认真思考	
		动手实践，独立完成	
		和教师有互动	
	小组合作	能参与小组合作	
		发表自己的观点	
		完成小组任务	
		和同学沟通交流	
	学习成果交流	语言流畅，用词恰当	
		突出个人作品特色	
		认真聆听他人的分享	
课程任务完成情况（25%）	能够很好地独立完成		
	独立完成有困难，需要和同学一起完成		
	不能按时完成		

教师不仅需要评价学生的学习情况，还应对自己的课堂教学进行评价。课堂教学的评价应该超越学生的表现和知识掌握情况，更加全面地评估学生和教学的各个方面。因此，教师在课堂教学评价表中应包含教学思想、教学过程、教学方法、教学组织、教学媒体以及教学素养等方面的评价内容。具体如表5-4所示。

表5-4 教师课堂教学评价表

评价内容 / 权重	具体内容	分值
教学思想（5%）	遵循"以人为本"的教育理念	
	体现"混合学习"教学思想	
教学过程（20%）	教学环节完整、紧凑，时间分配恰当	
	各个教学环节具有内在逻辑性	
	创设问题情境，合理分配教学任务	
	设计丰富的课堂教学活动，组织小组讨论，展示学习成果	
	引导学生自主探究，培养独立自主的能力	

续表

评价内容/权重	具体内容	分值
教学方法（25%）	教学方法与课程内容、学生实际学习水平相匹配	
	选择多种教学方法，有效教学	
教学组织（10%）	选择恰当的教学组织形式	
	面向全体学生，关注个体差异	
	对学生进行有针对性的指导	
教学媒体（5%）	选择适合教学内容、学习者学习特点的多媒体，发挥媒体优势	
	合理使用幻灯片、投影仪等	
学生学习效果（20%）	学生积极参与课堂活动，有着强烈的学习兴趣	
	学生能够掌握基础知识和基本技能以及学习方法和思维	
	通过小组讨论、自主学习，提高自身沟通交流、信息整合、分析问题、解决问题的能力	
教师素养（10%）	深入挖掘教材，精准把握教学目标和教学重难点	
	板书规范整洁，教态得体	
	有随机应变的能力，能够处理突发事件	
信息素养（5%）	能够有效将信息技术运用于课堂教学	
	具有常规电教媒体的操作与应用技能	

第三节 实训教学模式

一、实训教学模式的概念与意义

实训教学是指为了熟练掌握某种技术或技能而在真实或仿真的环境中进行反复训练的一种教学模式，主要包括对学生进行单项能力和综合技术应用能力的训练，也包括职业岗位实践训练，其目的在于全面提高学生的职业素养，达到学生满意就业、企业满意用人的目的。① 作为实践教学的一种模式，实训教学模式与双元制教学模式有相似之处，但并不能将二者混为一谈，在具体的实施中教师要注意区分。

与传统教学模式相比，实训教学模式同样具有诸多的优点。具体而言，将其应用到跨境电商教学中，有以下几点意义。

第一，有助于实现跨境电商人才在培养模式方面的新进展。实训教学模式建设的目标是提高学生在跨境电商运营方面的能力。以专项教材资源开发为基础，项目运营服务为特色，实现全过程立体化支持。同时，强化学生的就业竞争力和创业能力，深入培养学生的职业意识、风险意识和决策意识。该教学模式着力于打破传统办学和教学模式，培养高素质技能型人才，加速推进学校专业建设内涵发展，全面实现人才培养模式的新突破，增强学校服务社会和服务产业能力，助推区域经济发展。

第二，提升学生知识转化为实践技能的能力。结合我国一线教育者的研究精华和实训教学的典型案例，找到跨境电商企业实践情境与课堂教学的整合点，即将企业真实商业环境、技能实践真实场景等融入课堂实践，从而在技能实训中提升学生知识转化为实践技能的能力。

第三，促进教师理论知识与实战能力的双融合。为更好地开展实训教学模式，必然要结合企业真实场景以及学校教学情况进行项目的建设，在项目建设过程中，企业专业人员和教师将全程参与其中。通过与企业实战专家的直接沟通，可以深入了解跨境电商企业的实际项目运营情况，并掌握企业对人才需求的具体标准。此外，参与项目实战的过程有助于积累实践经验，将理论知识与实际操作能力有效结合，从而使教师能够更好地为日常教学工作提供支持。与此同时，通过辅助教育专家、企业实战专家的专项培训，也能够促进师资队伍整体水平明显提高，强化师资队伍建设。

第四，有助于企业跨境电商项目的落实。为了进一步提升跨境电商实训教学模式的应用效果和实践水平，部分高校开始建立校企合作模式，在传统教学联合基础上，选择一些跨境业务较好且市场口碑不错的企业进行项目联合，借助真实项目的落实和发展，能辅助相关活动的开展。并且，教师也要结合企业产

---

① 梁绿琦.高等职业教育研究资料选编[M].北京：北京理工大学出版社，2010：108.

品的实际情况对学生开展更加具有针对性的实训内容讲解和教学，确保学生能在实践中充分了解跨境商务体系中电商选品、国际物流以及跨境商务推广等岗位基础技能，实训过程在真实环境中得以还原，提升了实训项目的应用价值。

二、跨境电商实训教学模式的基本内容

在跨境电商实训教学模式中，要在明确教学目标的基础上，落实系统化的教学项目结构，从而有效开展相应的实训课程，最后利用具体标准对实际教学成果予以考核。

（一）教学目标

跨境电商实训教学模式的建立不仅是为了还原真实的跨境电商平台，也是为了在教学实践指导基础上，完成相应的教学任务，确保学生综合能力得以优化，也为跨境电商平台市场的发展培养更多具有专业能力和综合实践水平的人才。

（二）教学重点

在跨境电商实训教学模式中，要依照跨境电商平台店铺的经营流程完成课程。

（1）网店开设，学生要熟悉跨境电商平台的基本规则，并且能完成平台注册并完成认证。

（2）产品管理，要明确了解平台上选品的要求，且能掌握基本的商品拍摄和图片处理技巧，并且能应用定价策略完成定价方案。

（3）营销推广，学生要充分了解平台装修的基本操作过程和关键词优化机制，确保能开展相应的自主营销和付费推广活动。

（4）物流管理，学生在跨境电商实训教学模式中要明确国际物流运费的基础标准，且能合理性处理订单。

（5）网络客服，学生在实际学习过程中也要掌握必要的外贸沟通技巧，并且深度学习客户关系管理的相关理论，有效提升危机公关能力。

（三）教学过程

在跨境电商实训教学模式落实过程中，要结合实训任务将其分为基本的三个教学阶段，有效提升教学管理工作的基本水平。

（1）教师要对学生进行系统化分组，在了解学生基本学情的基础上，有效完成项目团队分组，在教师指导下落实成员分工，并且选择团队负责人，能为后续工作的合理性开展奠定基础。

（2）教师要为团队指派相应的任务，每个团队要按照教学要求和教学内容完成真实的跨境电商平台店铺注册工作，完成店铺认证。

（3）在实际工作开始后，各个团队要结合分工要求，上传相应产品的资料，并且完成基础的设置．按照教学内容和教学流程要求对其进行大面积推广。此时，教师要给予学生必要的指导，保证团队管理工作更加井然有序。需要注意的是，若是这个过程中团队没有订单，则客户沟通、客服处理等可以暂时进行模拟训练。

（4）教师要结合学生的实际情况对其进行基本交易流程和操作技巧的讲解，确保学生能提高自身的综合素质。需要注意的是，教师在教学过程中主要对学生进行不定期考核和抽查，提升学生的竞争意识。并且，教师也要借助岗位轮换制引导学生进一步提高操作技能和团队合作能力用。

（四）教学评价

在跨境电商实训教学模式中，实训考核是教学评价的根本，教师要将经营业绩作为整个团队的基本考核指标，并且按照学员之间的默契程度和协作水平对具体表现进行加分和减分，有效强化团队协作水平。对于个体学生，教师则要对其平台操作能力和基本水平适当加分。除此之外，为了保证教学评价的公正性和权威性，学校也可以邀请一些企业业务管理部门对学生的实际情况进行综合评价，确保教学评价能为学生全面进步奠定基础。

三、跨境电商实训教学模式运行中存在的问题

在跨境电商实训教学模式开展的过程中，依旧存在一些亟待解决的问题，需要相关部门给予高度重视。

一方面，专业课程内容和实训体系之间依旧存在不能衔接的问题，在高校中，跨境电商专业课程主要包括电子商务课程、国际贸易课程以及商务英语课程。其中，电子商务专业针对的是电商平台操作过程和网络营销；国际贸易则针对的是国际化贸易课程，由于学生英语水平有限，使相应课程的教学效果和实训水平并不理想。

另一方面，经营持续性较差，这就使学生创业积极性和持久性受到了严重的制约，对于多数学生而言，跨境电商实训教学模式具有一定的新颖度，多数学生能很快参与到课程中去，并且掌握相应的技能。但是，经营本身就是一个需要长久维持的过程，随着实训项目的逐步深入，店铺曝光率、购买率以及成交量等量化结果的出现也增加了课程的难度，若是学生的相关数据不理想，往往会造成一部分学生逃避实训的问题。加之一些学生创业坚持的动力不强，也会造成店铺经营活动滞后，业绩下滑等问题。

四、跨境电商实训教学模式优化路径

为了有效提升跨境电商实训教学模式的时代价值和意义，相关部门要积极落实更加系统化的管理机制，有效提升其教学效果。

（一）开展多元化校企合作

对于跨境电商实训教学模式而言，校企合作是非常关键的应用机制和管理路径，企业提供货源，学生团队负责在实训课程中对其进行销售。同时，企业也要指派相应的专业化人员对学生团队进行指导，从而建立双赢的教学体系。需要注意的是，学生在开放式跨境电子商务实训教学模式中，要优选校企合作企业提供的产品，在完成实训课程后，企业对学生授权，学生就能继续创业。对于一些销售效果较好的团队，企业也可以给予适当的鼓励，利用一定量的销售提成提高学生的积极性，不仅增加了企业分销营业额，也有效地激发了学生的主观能动性，为多元化跨境电商管理奠定了坚实基础口。

（二）优化师资团队

为了从根本上提高跨境电商实训教学模式的综合质量，学校要对师资队伍予以关注，结合实训特点开展更加有效的人才培养机制，确保能组建优秀的电商师资团队。在电子商务课程中，教师除了要指导学生了解国际商务贸易推广机制外，也要为学生讲解店铺管理、订单处理等实训内容，这就需要提升跨境电商实训教学师资团队的整体素质。并且，学校也可以聘请合作企业的项目管理人员对学生进行指导，针对学生实际运营中存在的问题予以解答。

（三）建立项目化实训

在跨境电商实训教学模式中，学生不仅要掌握国际市场的运营需求，也要对国际贸易特点，国际贸易物流机制以及电子商务结构等进行统筹了解。因此，在真实跨境电商平台中，要结合操作实践对学生进行项目管理和指导。教师在实训过程中要培养学生的兴趣，并且激发学生的热情，能从根本上落实专业化实训结构。也就是说，教师要将课程转变为项目化实训教学体系，确保在专业知识讲解的基础上，也能提高学生的平台操作技能。

（四）课时化零为整，创建全天性真实应用驱动下的实训教学方式

为了优化实训教学，需要重新安排课时，并放弃传统的45分钟课堂教学模式。我们将制订全天候、真实环境下的实训计划，以提供学生充足的时间来反复练习和应用技能，帮助他们将理论转化为实际操作的技能。此外，我们将邀请跨境电商企业的专业人员参与其中，根据实际管理模式，整合真实的OTO电子商务环境，将跨境电商企业各个岗位的实际工作过程应用于实训教学中，以使实训与实战相结合。通过这样的改变，我们能够有效激发学生的学习兴趣，培养他们的团队合作精神，并在实际操作中提高他们的跨境电商技能水平。学生将有机会直接接触真实的业务环境和工作流程，不仅增强了他们的实践能力，还培养了他们解决问题和适应不同情境的能力，为他们以后的职业发展奠定扎实的基础。

第四节　双元制教学模式

一、双元制教学模式的概念与特征

（一）双元制教学模式的概念

为适应新的经济发展形势和社会建设需要，坚持立德树人、加速培养优秀的跨境电商专业人才就变得十分重要。"学徒制"是一种以实际生产过程为基础，通过言传身教的方式传授技术技能的传统培养模式。然而，随着现代化大规模生产的发展，传统的学徒制逐渐不适应新的需求而逐渐淘汰。与此同时，现代高等教育虽然能够培养出理论基础扎实的人才，但却无法培养出熟练的技

术技能型人才。为了弥补这一缺失，出现了一种新型的学徒培养模式，即"双元制"。这种模式在吸收传统学徒制的优点的基础上，结合了现代教育的模式和理念。双元制学徒培养模式旨在将实践和理论相结合，为学生提供全面的培养。学生不仅能够通过实际工作经验获得技术技能，还能接受系统的理论教育，以提高专业素养和综合能力。

双元制教学模式广泛应用于高职院校，是新时代职业教育的模板和助推器。"双元制"教学模式重点突出"注重实践、技能"和"为未来工作"，它强调的是以培养技能和实践能力，直接通向生产岗位为未来而工作的一种教育。在这一思想指导下，"双元制"教学模式无论教育和实践训练时间的分配，还是培训的运行机制；无论是教学目标、文件、方案的制定，还是教学的具体实施，都体现出强烈的实用性、综合性、岗位性和技能性等特点。

（二）双元制教学模式的特征

"双元制"教学模式的核心特点是将学生分为两个身份，在私营企业接受职业技能培训的同时，在公立高职院校接受包括文化基础知识和专业理论知识在内的义务教育。这种模式的主要特征是企业与学校、实践技能与理论知识的紧密结合，每个方面都是培养合格技术工人不可或缺的重要组成部分。

第一，在"双元制"教学模式中，职业培训主要在两个完全不同的机构——企业和高职院校中进行，其中企业培训占据主导地位，并由行业协会负责监督与管理，受到《职业教育法》的规范。高职院校的组织和管理由各州负责，依据各州的《学校法》或《职业义务教育法》进行。

第二，学生在"双元制"教学模式中具有双重身份。一方面，根据与企业签订的培训合同，在企业中接受培训，成为企业的学徒；另一方面，根据《学校法》，在高职院校中接受理论课程的教学，作为学校的学生。

第三，教学文件由两部分组成。企业根据联邦政府颁布的培训规章和培训大纲，严格对学徒进行实践技能的培训；而高职院校则按照各州文教部制定的教学计划和教学大纲，传授学生文化基础和理论知识。

第四，"双元制"教学模式中的培训者由两部分人员组成。在企业中负责实践技能培训的被称为培训师傅，而在高职院校中教授普通文化课程和专业理论课程的被称为职校教师。

第五,职业教育的经费来源于两个渠道。企业及跨企业的培训费用主要由企业承担,而高职院校的费用由国家、州和地方政府负担。这样的经费来源确保了教育的持续运作和质量保障。

双元制教学模式的运用能够有效缓解新常态下跨境电商行业企业人才缺乏的压力,全面提升学生的职业素养和技术技能,推进职业教育体制机制创新,促进招生制度、管理制度、人才培养模式、教学模式和评价制度改革,实现学校、企业和学生三方共赢。

二、双元制教学模式实施的策略

(一)校企招生招工一体化

校企共同研制招生与招工方案,共同参与招生宣传,共同组织考核录取。每年开始招生时,学校审核学生成绩和毕业证,企业管理人员对入围学生进行面试,实现招生招工一体化,完成双元制跨境电商专业招生名额,组建两个试点班级。与此同时,完善学校招生录取和企业用工一体化的制度,规范学校招生录取和企业用工程序,明确学徒和学生的双重身份。学校、企业、学徒及监护人共同签订三方协议,确定学徒岗位、教学内容和就业方向,落实学徒人身意外伤害及工伤保险、学生实习责任险。建立严格的岗前培训和准入制度,改革评价模式,切实提高学生的职业素养及就业创业能力。

(二)以创业带动就业的教学实践

帮助每一位学生在校期间,注册成立自己的淘宝店铺,在创业过程中,产生的平台注册、电商平台押金、店铺运营等费用,全部由企业承担,实现学生创业零投资、零风险起步。同时,在综合实训(跨境电商运营)中,企业提供跨境电商平台和资深专业员工,资深专业员工作为兼职教师实施教学,校内专职教师配合,实际运营企业平台,课程考核直接用平台运营情况(平台经营收入情况、平台浏览情况、平台服务情况)和学生工作情况作为考核成绩。当学生在校期间学会所有的创业技能,顺利毕业之后,其所属公司的收益权,将全部移交给学生本人,真正做到零投资、零风险,无缝对接社会创业,真正做到政府、学校、学生、企业四方共同成长、共同受益的多赢局面。

（三）创建"五位一体"的人才培养体系与双元交互递进的技能训练体系

探索创建学生→学徒→准员工→员工→创业者"五位一体"的人才培养体系，形成"教师、师傅"双元交互递进的学生实践技能训练体系。成立跨境双元制专业教学指导委员会，制定《双元制人才培养模式教学指导委员会条例》，制定《跨境专业双元制人才培养方案》和《双元制培养质量监控体系》，根据"五个对接"原则，即企业对接学校、工厂对接基地、产业对接专业、师傅对接教师、岗位对接培训，我们构建了基于职业岗位工作过程的"岗位能力主导型"课程体系。这一体系以跨境岗位为主线，基于主要岗位的工作过程，结合职业资格标准，并提炼出试点专业的职业能力要素。

针对学生技能实训时间不足、人才培养方案中课程设置和教材落后于企业现实等问题，学校可以在人才培养方案中重点设计工学交替和半工半读的教育教学方式，加入电商行业最前沿的淘宝运营、新媒体运营、跨境电商运营以及短视频运营四门双元课程，并与企业联合开发与双元课程配套的双元育人校本教材，推动教、学、做的统一。具体到学生的三年学习时间中的安排如下。

第一学年为学徒职业见习阶段，除了完成必需的基础课程之外，还需要完成美工、运营相关职业技术课程的学习，在学习过程中见习实战项目。

第二学年为学生的岗位培训与项目教学期。在这个阶段，学生将参与真实的电子商务项目运营，如淘宝、京东、抖音等平台。他们将接受客服、美工、运营、视频剪辑、直播等岗位的培训，并进行相关岗位任务的训练与指导。学校和企业的双导师共同制定学生的课程，并同时进行教学。每周，企业导师会提供企业周计划，校企双方一起进行周课程研讨，确定具体的课程内容。在课程的实施过程中，每天会组织集中的学习和实战交流分享活动。学生除了完成课程内容的学习外，还需要根据周任务工单进行自主学习。每周学生会根据自己的任务编写工单，教师会对学生的周工单进行评价和评分。在具体的教学过程中，我们采用了多种教学组织形式，包括集中讲授、企业培训、项目教学、岗位项目实战以及岗位轮训和岗位达标考核。通过这些形式，学徒们能够在真实的工作情境中获取知识，并提升自己的职业能力。我们致力于为学徒们提供实践机会和专业指导，使他们在实际工作中得到锻炼和成长，为未来的职业发展打下坚实的基础。

第三学年为学徒顶岗实习期，在本学年学徒实现以线上标准化线下个性化岗位培训为主要特征的学徒培养与能力认证模式。本学年所有学徒进入电商企业进行顶岗实习。与此同时，孵化一批学生进入校内外创业孵化基地，扶持学生进行双创。

（四）校企互聘推动师资队伍建设

建立"教师、师傅"双元交互递进的技能教学管理体系，制定跨境《双元制导师工作职责》《双元制业师工作职责》《双元制师傅工作职责》，建立师徒结对档案，明确导师、业师、师傅的责任和待遇，导师、业师、师傅承担的教学任务纳入考核，享受相应的带徒津贴。

我们采取教师技术技能实践和集中专题培训等方式，来提升专业教师的实践能力和理论教学水平。通过学校与企业管理人员的双向挂职锻炼，我们能够建设高素质的专业化师资队伍。我们致力于完善双导师的选拔、培养、考核和激励制度，以形成校企互聘共用的管理机制。为了建立灵活的人才流动机制，学校和企业共同制定了双向挂职锻炼、横向联合技术研发、学术交流、课题研究和专业建设的激励制度和考核奖惩政策。这样的机制鼓励教师在校企合作中积极参与，促进知识和经验的共享，推动教育教学水平的不断提高。

（五）打造校企协同育人机制

深入跨境电商企业一线，了解企业用工需求，形成企业用工调研报告。成立校企协同育人工作小组，共同制定、签署《跨境电商专业双元制项目合作协议》，在联合招生、共同培养、多方参与评价的双主体协同育人等方面明确校企双方工作职责、成本分担。发挥校企协同育人工作小组作用，统筹利用好校内外教学资源，推动双元制工作正常进行。校企协同育人工作小组自查自评协同育人机制落实情况，形成可供借鉴的开展双元制的长效育人机制。

（六）建立健全协同育人管理制度

建立双元制试点领导小组和工作小组，制定管理流程，健全管理制度。建立健全与双元制相适应的各种规章条例，如招生招工、兼职教师聘用、实习教学、师徒结对、学分认定、弹性学制、技能评定等各种管理办法。校企共同制定《双元制招生管理办法》《双元制指导教师管理办法》《双元制学生实习管理制度》《学生实习安全措施与违纪处理办法》《学分制和弹性学制管理办法》《企业导师管理办法》《学徒管理办法》《双导师遴选管理办法》《师带徒管理办法》和《学徒实习安全管理办法》等相关制度。此外，还要制定相关的学徒管理办法，为学徒的权益提供有效保障，要对学徒的岗位进行科学合理的安排，工作任务的安排也要做到科学、合理，还要确保学徒可以获得合理的酬劳。相关的工伤保险、责任保险也要落实，从而为其人身安全提供保障。

（七）建立考核评价机制

制订实践技能考核标准，设计对学生、教师、师傅、企业等评价的表格。以能力为标准，改革以往学校自主考评的评价模式，制定《跨境电商双元制培养质量监控体系》。具体实施中，理论考核与操作考核相结合，将学生自我评价、教师评价、师傅评价、企业评价、社会评价相结合，积极构建第三方评价机制，每年5月和11月，通过行业、企业或邀请第三方机构等对学生岗位群实践技能进行达标考核。学生成绩由四部分组成，分别为在校理论学习考试成绩、在校表现的教师评价（包含课程考勤、平时成绩、课堂表现等）、在企专业能力的考核评定、在企个人表现的师傅评价（包含实训出勤率、平时实训表现等）。

此外，还可以以"1+X"证书制度为载体，依托合作企业的职业能力测评系统，对学生综合素养、学生学习效率、课程实践可用度、学生的职业前景等多方面进行测评。经过一个学制的培养培训，可获得合作企业颁发的1+X证书，学生也可自行报考跨境电商相关的资格证书，从而提升学生的就业基础能力以及岗位核心能力，促使学生全面发展。

第六章　高校跨境电商人才培养的师资队伍建设

高质量的师资队伍是人才培养的重要保障，跨境电商专业人才培养离不开具有过硬专业素质与能力的跨境电商师资队伍。本章首先阐述了高校跨境电商师资队伍的建设情况，其次分析了高校跨境电商师资队伍的可提升空间，最后提出了高校跨境电商师资队伍建设的具体路径。

第一节　高校跨境电商师资队伍建设情况

一、高校跨境电商师资队伍构成情况

经过政府、高校与企业共同的努力，跨境电商教育师资队伍无论是教师与在校生比例、教师的高学历高职称人数、"双师型"教师比例等数量指标，还是教师的教育教学能力、实践教学水平、科研与服务社会能力等质量指标，都有了显著的提高。

在高校跨境电商师资队伍构成方面，师资结构更加合理，师资素质不断提升。随着近年来跨境电商产业的不断发展以及跨境电商人才培养水平的不断提升，无论是行业还是高校，都孕育出一大批高素质跨境电商人才，他们有的是行业经营，有的是优秀教师，有的是跨境电商专业的优秀毕业生，大量的跨境电商人才在补充行业人才缺口的同时，也为高校跨境电商师资队伍建设提供了大量的高素质人才。

人才素质的不断提升使学校在构建跨境电商师资队伍时有了更多的选择，高校根据具体的教育发展需求，通过多种途径选择适合的人才补充进教师队伍，同时，在产教融合不断深化的背景下，通过与企业进行深入合作，共同开展师资培训，使学校教师队伍的素质不断提升，师资结构更加合理。

二、高校跨境电商教师培养情况

随着跨境电商行业的迅速发展，以及国家对教师专业化发展的高度重视，各地政府、高校与企业充分协调，以校内培训和校外培训相结合的方式，组织跨境电商教师开展系统的学习与培训，积极通过各种渠道开展教师培养，鼓励教师面向企业，以丰富其专业实践经验。例如，鼓励校内跨境电商教师定期前往企业进行顶岗实践，以促进理论与实践相结合，培养"双师型"师资队伍。又如，聘请跨境电商企业的管理人员、技术人员等到校做兼职教师，以提高校内跨境电商专业师资水平。

许多高校定期选派跨境电商教师参加跨境电商交流会、研讨会等，增强对区域内外跨境电商发展新情况的了解，并将行业新的发展状况带回学校，与广大任课教师共同分享交流，丰富了教师的知识体系，拓宽了教师的视野，使高校跨境电商师资队伍整体素质获得了显著的提升。

目前，我国跨境电商教师培养呈现出多渠道、深层次、全方位的特点，不仅在教师培养途径上呈现出多样化的趋势，同时注重教师专业化发展的重要性，不仅重视教师跨境电商实践技能的训练，同时注重教师教学能力的培养和提升。

三、高校跨境电商师资队伍保障情况

我国不但注重跨境电商师资队伍的建设，同时还出台一系列规范和保障措施，为跨境电商师资队伍的建设与发展提供良好的政策环境，政府与高校也出台一系列激励和保障措施，促进跨境电商师资队伍的发展。

国家十分重视对高校师资队伍建设的规范和保障，2021年，教育部等六部门印发了《关于加强新时代高校教师队伍建设改革的指导意见》（以下简称《指导意见》），对新时代高校教师队伍建设改革具有重要的指导意义。《指导意见》指出，要着力提升教师专业素质能力。针对高校教师发展制度不系统、教师培训针对性和实效性不高、教师发展支持服务体系不健全等问题，明确健全高校

教师发展制度、夯实高校教师发展支持服务体系等 2 项举措，健全教师发展体系，系统化建立教师发展的培训制度、保障制度、激励制度和督导制度；健全教师发展组织体系。

《指导意见》还指出，要完善现代高校教师管理制度。针对部分地区对高校选聘教师用人权下放不够、教师岗位管理不够灵活、教师考核评价体系单一、教师兼职和兼职教师管理不完善等问题，提出完善高校教师聘用机制、加快高校教师编制岗位管理改革、强化高校教师教育教学管理、推进高校教师职称制度改革、深化高校教师考核评价制度改革、建立健全教师兼职和兼职教师管理制度等 6 项举措，充分落实高校用人自主权，出台高校教师职称制度改革的指导意见，完善教师职称评审标准，分类设置评价指标，确定评审办法；突出质量导向，注重凭能力、实绩和贡献评价教师。

在高校教师待遇方面，《指导意见》提出要切实保障高校教师待遇。针对高校绩效工资制度活力不够、薪酬分配机制不完善等问题，提出推进高校薪酬制度改革、完善高校内部收入分配激励机制等 2 项举措，落实以增加知识价值为导向的收入分配政策，扩大高校工资分配自主权，探索建立符合高校特点的薪酬制度；在保障基本工资水平正常调整的基础上，合理确定高校教师工资收入水平，并向高层次人才密集、承担教学科研任务较重的高校加大倾斜力度；落实高校内部分配自主权，向扎根教学一线、业绩突出的教师，承担急难险重任务、做出突出贡献的教师，以及从事基础前沿研究、国防科技领域教师倾斜。

《指导意见》还特别强调了要加强高校教师队伍建设保障。从组织保障、责任落实、社会支持等方面，确保教师队伍建设取得实效。在《指导意见》的指导下，结合行业发展实践，我国高校跨境电商师资队伍的建设有了明确的方向，高校与企业为师资培训提供充足的条件与机会，促进教师专业发展。与此同时，作为产教融合的重要组成部分之一，政府也充分发挥自身的职能，为跨境电商师资队伍的建设提供足够的制度保障，随着产教融合的不断深化以及跨境电商专业的不断发展，我国跨境电商师资队伍的素质不断提升，教师的相关保障也逐渐完善。

第二节　高校跨境电商师资队伍建设的可提升空间

一、提升科班出身教师的比例

由于跨境电商专业属于新兴交叉学科专业，人才培养历程相对较短，特别是研究生以上高层次电子商务专业人才培养滞后，进而导致了部分高校跨境电商师资供应不足的情况产生。

跨境电商是一门年轻的专业，且涉及大量的交叉学科知识，非跨境电商科班出身的教师能够承担不同学科的教学任务，其知识与能力结构具有较强的专业和技能指向性，但是其跨境电商的理论与技能结构并不完善，不能很好地把握跨境电商整体的知识体系。而跨境电商作为一门发展历程较短的专业，若想培养高素质应用型人才，就需要提升跨境电商科班出身教师的比例，以保证学生能够通过理论知识学习与实践技能训练，形成科学、完善、专业性强的跨境电商知识与技能体系，这也是跨境电商行业发展的需求。

随着近年来跨境电商的迅速发展以及越来越多的高校设立跨境电商专业，跨境电商科班出身的人才越来越多，这些人才之中，有相当一部分进入行业，开展跨境电商工作，还有一部分则进入高校，补充跨境电商的师资队伍。高校若想切实优化跨境电商的师资队伍，提升科班出身的教师比例，就必须提升自身对于人才的吸引力，提升教师的待遇，优化教学环境，完善对于跨境电商师资队伍的保障。政府也应该出台一系列激励措施，使跨境电商人才在走出校门后，除了进入企业之外能够有更多的选择，愿意走入学校，且能够在教学工作中充分发挥自己的才能。

二、提升教师专业素质

教师作为课程教学的主导者，在人才培养的过程中发挥着不可替代的作用。高校若想切实提升跨境电商人才培养的水平，就必须重视教师的专业素质的提升。教师的专业素质主要包含以下几方面的内容。

第一，教师需要不断完善自身的理论知识体系。理论知识体系对于教师来说十分重要，身为一名教师，必须具备相对完善的知识结构，才能更好地履行教学职责。特别是对于跨境电商专业来说，作为一门崭新的学科，学生在学习过程中，必须夯实理论知识的基础，才能更好地构建知识与技能结构，这就要求教师的理论知识体系必须是丰富且扎实的。且由于跨境电商涉及的交叉学科较多，覆盖的知识与技能领域较广，教师必须对跨境电商知识结构有一个系统且全面的掌握，这样才能确保学生能够在跨境电商的学习中形成结构清晰的知识体系。

第二，教师需要磨炼自身的实践技能，跨境电商是一门实践性较强的专业，提升学生的实操能力是跨境电商重要的教学目标之一，因此，作为教育者的教师除了要具备较高的专业理论素养外，还必须要紧跟行业、企业和市场，拥有较高的技能水平，这样才能保证实践教学的有效性。提升教师的实践能力，高校一方面需要加强实践平台的建设，为教师的专业化发展提供足够的硬件支撑，另一方面需要不断深化产教融合，提升校企合作水平。

第三，教师需要不断提升教学能力，作为教师，优秀的教学能力是必不可少的，教师不仅要具备知识，还要懂得如何传授知识。由于跨境电商的发展历程较短，因此相关专业的师范教育并不成熟，在高校跨境电商师资队伍中，有相当一部分教师缺乏教育学背景，这就造成教师虽然具备较强的专业素养，但是教学能力与教学管理能力尚有不足。针对这一问题，学校应该科学安排时间，定期组织教师进行培训，提高教师的教学水平，促进教师的专业化发展。

三、注重知识与能力结构的更新

高校跨境电商师资队伍建设还需要重视教师知识与能力结构的更新。跨境电商是时代的产物，伴随着网络技术的快速发展，各种新知识、新技术、新模式不断呈现，跨境电商相关知识与技能的更新速度也非常之快。跨境电商时代性的这一特点也对跨境电商人才培养提出了要求，人才的培养本身就需要一定的周期，因此为了确保培养出的人才不滞后于时代的发展，就需要保证培养模式与教学内容的与时俱进，在课程设置上强调前瞻性，在教学内容上体现最新的行业知识与技能。

教师作为教学活动的主导者，在跨境电商人才培养中发挥着重要的作用，因此其知识与能力结构必须符合行业的发展与人才培养的需求。教师要紧跟时代步伐，不断实践，不断充电，不断更新，这样才能使自身知识结构得到补充、更新。

网络技术的发展以及高校跨境电商新业态的不断出现，要求教师必须拓宽自己的视野，走进跨境电商行业的生产实践中，深入了解行业的新理念、新动态，这就需要学校与企业在产教融合人才培养理念的指导下不断深化校企合作水平，校企协同对教师展开培训，使教师能够掌握最新的行业知识与技能，并将其带入课堂，保证教学内容的与时俱进。

第三节　高校跨境电商师资队伍建设的路径

一、加强跨境电商教师在职培训

（一）组织跨境电商教师参加校内培训

高校应该重视校内培训的作用，校内培训是促进跨境电商教师专业发展的重要途径，打造一支高素质的教师队伍，不仅要重视人才的引进，同时还要重视对本校教师的培养，这样，才能保证高校师资队伍实现整体优化。组织教师参与校内培训，既是构建高素质师资队伍的需要，也是教师专业发展的需要。校内培训具有以下两方面的优点。

1.组织方便

校内培训的开展场所是学校，因此无论从时间维度还是从空间维度来看，都便于组织教师开展培训活动。学校是教师日常工作的场所，校内培训可以在不耽误课程进度的情况下，使教师参与到培训活动中来。学校可以根据教师的工作时间，合理安排或灵活调整教师的授课时间，集中组织教师的开展校内培训。

2.立足教学实践，针对性强

校内培训是立足本校教学实践开展的教师培训活动，因此培训内容更加贴合教师的教学实际，在培训过程中，教师可以就自己在教学过程中遇到的问题展开讨论，或交由经验丰富的教师或者专家进行解答。培训的内容也是以提升本校跨境电商教学效果为核心，具有很强的针对性。

鼓励高校跨境电商专业教师参加校内培训，教师通过培训发现并解决在跨境电商教学过程中遇到的问题。学校还可以利用老带新的培训方式，让经验成熟的老教师对新教师进行理论与实践层面的指导，用丰富的教学经验帮助新教师少走弯路，提升教学能力，培训方式可以是新老一对一也可以是一对多。

高校还可以组织教师交流会，教师通过交流会将自己在教学过程中遇到的问题列举出来，供新老教师交流与讨论，教师群体群策群力，共同分析问题产生的原因，探索应对问题的方法，教师还可以通过这种方式发现自己在教学过程中潜在的问题，防患于未然。

(二) 积极组织开展跨境电商教师校外培训

高校跨境电商教师培训的方式主要有两种，分别是校内培训与校外培训，校内培训侧重解决教师在实际教学过程中遇到的问题，重视对教师教学能力的培养。校外培训的主要任务则是培养和提升教师的跨境电商实践技能，校企合作中的教师校外培训则能够充分体现产教融合的理念。

跨境电商是一门实践性较强的专业，十分重视对学生实操技能的培养，教师作为教学活动的主导者，不仅要具备扎实的理论知识基础、开阔的视野、与时俱进的思维，同时还应该具备较高的职业素养与实践能力，这样才能确保实践教学的质量。由此，跨境电商教师必须对行业的发展现状与发展趋势有一个相对清晰的认知，了解行业企业对高校学生素质的要求，掌握行业的新技术以及生产操作的具体流程与方法。为此，高校与企业之间应该不断深化合作，协同开展教师校外培训，为高校教师到企业进行实习和培训提供机会与场所。

在组织跨境电商教师进行校外培训的具体方式中，最为常见的就是企业"顶岗"实训。校外培训与校内培训不同，培训地点与教师工作地点并不在同一地点，且培训时间一般相对较长，为了避免影响正常的教学进度，学校应该分批次组织教师轮流进入企业进行"顶岗"实训，这样一来，既不耽误学校正常的教学工作，又能使教师在校外进行系统的培训，切实提升自身专业素养，并能够更好地学以致用，将培训内容与课堂教学充分结合，改进教学方式。

提升高校跨境电商教师校外培训的另一种有效途径就是加强教师培训基地建设。高校若想打造一支高素质的教师队伍，就必须加强与政府、企业之间的合作，通过体制机制创新，建设能够适应现代高校教师专业化发展需求的实训和培训基地。教师培训基地的建设首先需要整合区域内的师资与教育资源,形成跨境电商教师专业发展理论研究的骨干力量,为跨境电商教师专业化发展制定标准,构建课程体系与培训项目。其次,政府、学校、企业三者之间协调配合,充分调动区域内跨境电商的实训资源,建立区域性共享式公共实训基地。同时,学校与企业之间也可以通过不断深化校企合作,共同建设针对性较强的教师培训基地。再次,跨境电商教师培训基地应该积极吸纳社会资源,与国内外的企业、高校、科研院所以及其他教师培训基地开展合作与交流,不断丰富培训的内容,优化教师培训的模式。

二、建设"双师型"跨境电商教师团队

(一)"双师型"教师概述

1."双师型"教师的内涵

"双师型"教师是职业教育中一种特定的教师类型,诞生于我国职业教育的实践之中。随着我国职业教育的不断发展,在技能型人才培养的过程中,对实践性环节教学质量的要求越来越高。教师作为教学活动的主导者,在人才培养的过程中发挥着重要的作用,因此提升教师的专业素质,优化教师队伍的结构,就成为职业人才培养最重要的任务之一,"双师型"教师的概念就是在这种背景下诞生的。

王义澄于1990年在《中国教育报》上发表题为《建设"双师型"专科教师队伍》的文章,将"双师型"教师队伍建设列为提升职业教育水平的一项重要举措。他在1991年发表的《适应专科教学需要,建设"双师型"教师队伍》一文中,更是系统地提出了"双师型"教师队伍构建的路径以及侧重点。国家对"双师型"教师队伍的建设十分重视,将其作为发展职业教育与实现教师专业发展的重要举措,在关于发展职业教育的文件中多次强调"双师型"教师的重要性,并对"双师型"教师占全校专任教师的比例进行了规定,并将"双师型"师资队伍的建设纳入学校的考评机制中。[1]

目前学界对"双师型"教师的概念尚无统一的定论,有的学者认为,"双师

---

[1] 崔静静,龙娜娜,房敏,等.新时代地方本科院校"双师型"教师队伍建设研究[M].北京:冶金工业出版社,2020:31-33.

型"教师指的是拥有"双证"或者"双职称"的教师。有的学者则认为"双师型"教师也定义为兼具理论教学素质和实践教学素质的教师。综合学者们的观点,"双师型"教师应该具备以下几方面的素质与能力。

第一,"双师型"教师应该具备较强的教学能力。"双师型"教师的本质仍然是教师,教书育人是其核心职责,因此"双师型"教师首先需要具备的就是教师职业素养。

第二,"双师型"教师应该具备与讲授专业相对应的行业的职业素质,具备较强的行业或职业的专业能力与实践能力。"双师型"教师与传统教师最大的不同点就是具备较强的专业素养与职业能力,因此"双师型"教师能够更好地胜任实践技能教学的任务。

第三,"双师型"教师能够沟通学校与社会,促使校内外教育资源实现有效衔接,具备较强的交往、组织和协调能力。

第四,"双师型"教师应该具备良好的管理能力。既具备良好的班级管理与教学管理能力,同时还具备一定的企业、行业管理能力,能够教授学生丰富的企业、行业管理知识。

第五,"双师型"教师应该具备较强的适应能力与创新能力。"双师型"教师既需要具备对时代发展和行业发展矫情的适应力,同时,还应该具备较强的创新思维与创新能力,能够组织和指导学生开展创造性活动。

2. "双师型"教师团队的内涵

通过以上阐述,我们对"双师型"教师的内涵有了较为清晰的认知,"双师型"教师个体的力量有限,高校若想提升人才培养水平,为行业发展源源不断地输送高素质技能型人才,就需要打造一支高素质的"双师型"教师团队。

"双师型"教师团队有两种基本形式,一种是全部由"双师型"教师组成的教学队伍,这种教师团队的成员普遍具有较高的教学能力和职业素养,非常适合技能型人才的培养,但这种教师团队的教师培养周期长,组建成本高,是一种相对理想的职业教育师资团队,但对于部分职业院校来说,组建这样一支高素质"双师型"教师团队有一定的难度。另一种形式是在"双师型"教师团队中,既有专业的教师,也有兼职的教师,兼职教师有的来自高校,有的来自企业,有的则来自科研单位或行业协会。专职教师主要负责理论知识教学,而兼职教师则主要负责实践教学,团队中的教师各司其职,相互配合完成教学任务。高校应该从自身条件与教学实践出发,组建适合自身的"双师型"教师团队,优化师资队伍,提升技能型人才培养水平。

(二)"双师型"跨境电商教师团队建设路径

"双师型"教师团队建设是我国职业教育发展的重要路径,跨境电商作为发展历程较短的专业,更需要实践经验丰富的"双师型"教师对学生的理论学习与实践训练进行指导,构建"双师型"跨境电商教师团队主要从以下三方面进行。

1.师资培训与引进人才相结合

"双师型"教师队伍的建设途径有很多种,其中最为常见的方式有培训现有教师、引进"双师型"人才以及聘请兼职教师等。由于跨境电商专业发展时间较短,与其他专业相比,"双师型"教师数量并不多,因此引进"双师型"人才与聘请兼职教授的师资队伍建设方式受到广大学校的青睐,这两种方式的优点是能够使"双师型"教师团队迅速组建成型,同时能够保证教师具备较强的专业素质,但这两种方式也有其固有的缺点,不能作为"双师型"师资队伍建设的根本推动力。

(1)引进"双师型"人才。引进"双师型"人才是许多高校构建"双师型"教师团队的主要途径,这种方式的优点有很多,首先,可以起到快速补充高校"双师型"教师队伍的作用,学校通过这种方式能够在短时间内构建一支整体素质较高的"双师型"教师团队。其次,这种方式能够节省学校"双师型"教师培养的时间成本,或者可以在学校"双师型"教师的培养周期内补充学校的师资队伍,实现学校师资队伍的平稳优化。但是这种"双师型"教师团队构建方式也存在一定的缺点:首先,引进的人才对高校的实际教学情况并不了解,容易导致教师不能很好适应教学实践的情况发生。其次,人才引进的方式受一系列外部因素影响较大,难以保证各专业教师资源的平衡和教师资源的充足。

(2)聘请兼职教师。与引进"双师型"人才的方式类似,聘请兼职教师的方式同样可以有效提升高校师资队伍的整体水平,对高校的跨境电商教学以及跨境电商教师的专业发展能起到较好的指导作用,但是,当前"双师型"教师已经成为职业教育教师专业发展的必然趋势,跨境电商人才培养需要大量的"双师型"教师,兼职教师的数量毕竟有限,难以满足高校"双师型"教师建设的需求。因此，对高校现有的跨境电商教师进行培训成为高校"双师型"教师队伍建设的主要途径。

（3）培训现有教师。培训现有教师是"双师型"教师队伍建设的主要途径与趋势，跨境电商教师的培养路径有很多，一方面要加强理论研究，重视理论对实践的指导作用，高校应该对国内外"双师型"教师培养的理论与实践进行深入分析与科学研判，结合自身教师专业发展的实际情况，确立"双师型"跨境电商教师的培养目标与培养方案，将"双师型"教师的培养上升到学校战略的高度，以理论为支撑展开教师培养实践。

另一方面，教师培养也要抓重点、树典型、立标杆。要对一些跨境电商的骨干教师有针对性地进行重点培养，在对"双师型"跨境电商教师队伍进行全面培养的同时，还要有重点培养跨境电商教师队伍中的一些中青年骨干教师，提升其教学能力与专业素养，使其成为"双师型"教师发展的典范与标杆，在跨境电商的教学实践中起到带头作用。

在"双师型"教师培训中，要坚持校本培训与校外培训相结合的原则，对跨境电商教师的专业知识、专业技能和教育教学知识与技能进行全面培训，使其成为能够满足学校提升跨境电商专业教学水平需求的高素质"双师型"教师。

2. 坚持"产学研"结合的办学理念

高校的办学理念对师资队伍建设有着重要的影响，"双师型"教师队伍的建设路径有很多，但无论是引进"双师型"人才、聘请兼职教授还是培训现有教师，都需要学校坚持"产学研"结合的办学理念，只有这样，才能使"双师型"教师团队的建设符合技能型人才培养的需求。

"双师型"教师团队建设需要实现团队中教师知识与能力结构、教学方式以及教学理念的转变。教师的知识结构需要从知识型向知识与实践结合型转变，教师的教学方式需要从课堂理论教学转向实践教学与实践训练，教学理念要从提升学生成绩向培养高素质应用型人才转变。而实现这些转变的重要基础条件，就是学校坚持"产学研"结合的办学理念，创新"产学研"办学的机制，为"双师型"教师队伍的建设提供良好的环境。

3. 建立健全规范与保障制度

建设"双师型"教师队伍，不仅要重视教师队伍构建的过程，同时还要重视对教师队伍建设的各项支持与保障措施,如建立健全"双师型"教师的评价制度与激励制度就是"双师型"教师队伍建设的重要支持和保障措施。建立健全评价与激励制度既可以对师资队伍的建设起到良好的规范作用,同时还能提升教师队伍的积极性,引导教师不断完善自我,实现更好的专业发展。建立健全"双师型"教师的规范与保障制度,需要对以下几方面的内容提起重视。

(1)提升"双师型"教师培养的战略高度。构建良好的"双师型"教师队伍的前提是对师资队伍的优化给予充分的重视。高校应该将"双师型"教师队伍建设纳入学校发展的总体规划之中,将其上升到战略层面,作为学校重要的发展战略之一进行建设,提升"双师型"教师的地位。

(2)建立健全继续教育制度。教师专业化发展要求教师要树立终身学习的观念,教师既是教育者,也是学习者,在工作的同时坚持学习,不断丰富自身的知识,磨炼自身的技能,不断提升自身的专业发展水平。同时,学校应为教师及教师的专业发展提供充分的支持与保障,建立健全继续教育制度。建立健全教师继续教育的培训制度,需要根据教师的实际情况、自身特点以及教学实践等,通过校内培养与校外培训相结合的方式开展教师培训,保障教师继续学习的权利,促进跨境电商教师的专业发展。

在产教融合的理念下,跨境电商人才的培养需要校企深入展开合作,校企合作的内容十分广泛,不仅包括学生的培养,还包括科研、技术、师资培训等方面的合作。企业应该充分发挥自身的资源与经验优势,与学校充分协调,组织开展教师培训。学校应该在合理安排教学课程的前提下,给予教师足够的校外生产实践机会,鼓励一线教师走出校园,参与到相关企业的工作实践当中。

(3)科学运用激励政策。激励政策是一种外在的驱动力,充分利用各种奖励制度与激励政策,如补贴、职称晋升以及合理调配等手段,可以有效激发"双师型"教师工作的积极性,为"双师型"教师营造良好的工作、生活和专业发展的氛围。

三、引进优秀教师,优化师资结构

(一)引进优秀师资

打造高水平的跨境电商师资团队,不但需要通过一系列举措打造"双师型"

教师队伍，还应该拓展教师的来源，从学校外部引入一些具有丰富跨境电商教学经验的兼职教师，或者从行业、企业或者科研单位中引进一些长期在跨境电商岗位上工作的、具备丰富跨境电商实践工作经验的专业人才，通过培训，使其具备一定的教学能力，凭借其丰富的实践经验开展实践教学。

许多高校在构建和优化师资队伍的时候，都会选择人才引进的方式，这种方式有其显著的优点，与上文我们阐释的"双师型"教师引进类似，首先，这种人才引进的方式具有较强的针对性，学校针对具体的教学需求进行人才引进，能够确保引进人才的能力与素质符合学校人才培养的需要。其次，人才引进的方式具有高效性，能在短时间内起到补充师资队伍的作用，可以帮助学校在较短的时间内构建起一支结构合理，综合素质较高的师资队伍。具体到跨境电商人才培养之中，师资引进能有效解决教师实践教学能力不足的问题。引进的人才普遍具有丰富的跨境电商教学经验或者是跨境电商从业经验，教学能力与职业素养都有保障，可以有效提升学校的人才培养水平，因此非常适合作为高校优化师资队伍的选择。

跨境电商的师资引进主要有两种类型，其一，引进全职教师，这是一种相对普遍的师资引进方式，在上文我们已经做过详细的阐释，在此不再赘述。其二，引进优秀的兼职教师，兼职教师指的是在本职工作之外兼任学校教学工作的教师，兼职教师能够独立承担某一专业或者实践教学的任务。这种类型的师资引进看重的是教师某一方面的特长，如丰富的教学经验、丰富的行业经验、较强的实践能力等。引进优秀的兼职教师的方式可以有效解决高校在教学过程中遇到的困难，及时填补教学的漏洞，且由于兼职教师普遍具备丰富的教学经验或职业经验，因此能够妥善处理教学过程中遇到的诸多问题。优秀兼职教师可以从企业引进，也可以从其他院校或者科研院所引进。

但是，引进兼职教师不能作为优化师资结构的主要方式，这是由兼职教师本身的特性所决定的。兼职教师不同于全职教师，首先，兼职教师兼任多项工作因此，其授课时间与精力受到限制，无法全身心投入到教学活动中来，只能开展针对性教学，难以实现系统性教学。其次，部分兼职教师缺乏教育学背景，即非专业教师，如从行业、企业或科研院所引进的兼职教师，这部分教师拥有较强的职业素养，但教学能力有所不足，能够胜任实践教学，但不能很好地进行教学管理。具体到跨境电商人才培养之中,引进优秀兼职教师的主要目的是提升实践教学的水平,使学生能够更好地掌握跨境电商实操技能。

(二)优化师资结构

打造一支高水平的跨境电商师资队伍,不仅需要补充教师的数量,还需要提升教师队伍的整体素质,优化教师队伍的结构。个别教师素质的提升只能提高个别课程的教学质量,只有使师资队伍获得整体的发展,学校的教学水平才能实现真正的提升。

教师队伍的结构优化是一个群体发展的过程,而不是群体中各个因子替换的过程。高校需要以引进优秀教师资源为契机,制定出完整的师资队伍优化方案。首先,全职教师具备较高的综合素质,引进全职教师对优化师资结构有着直接的促进作用。其次,优秀兼职教师的引进同样可以起到优化师资结构的作用,一方面,可以通过促进本校教师与兼职教师的交流来提升本校教师的实践教学水平;另一方面,可以通过兼职教师构筑起与企业沟通的桥梁,方便高校安排本校教师进入企业进行实训学习,提升本校教师的职业素养和实践教学能力,实现更好的专业化发展。

第七章　高校跨境电商人才培养的评价体系构建

人才培养评价体系是衡量教育质量和学生发展的重要工具，它对促进教育改革、提高人才培养水平具有重要意义。一个科学、合理、有效的人才培养评价体系能够全面、客观地评估学生的学习成果，为教育者提供改进教育教学的依据。本章从人才培养评价体系的基本知识出发，分析了高校跨境电商人才培养评价体系构建的原则，并对高校跨境电商人才培养评价的指标体系进行了设计，最后提出了高校跨境电商人才培养评价体系的完善策略。

第一节　人才培养评价体系概述

一、人才培养评价观

正确的人才培养观，能够对人才培养评价起到重要的导向甚至决定作用因此，对跨境电商人才培养评价观进行分析和研究是非常有必要的。

（一）科学的知识观

科学的知识观的树立，需要做到以下几个方面的要求。

第一，从本质上来说，知识是不断更新或扩展的，因此这就要求教师在教学过程中，对学生的批判精神进行培养，鼓励学生质疑权威、质疑书本，勇于知识创新。

第二,知识是多元化的,因此要将此优势发挥出来,进一步发展学生的思维和能力。

第三,相较于拥有具体的知识,获取知识、选择处理知识的方法更为重要。

第四,教学的宗旨在于促进学生全面发展和个性发展。

(二)正确的人才观

由于学校传统的应试教育将成绩作为衡量人才的唯一标准,这就决定了这是一种僵化的人才观,已经与当前社会的发展需要不相符了。因此,要树立正确的人才观,具体来说,就是以德为先、能力为重、全面发展和个性发展。在这样的背景下对跨境电商人才进行评价,就要求不能只看考试成绩,还要将内在品质作为评价的标准之一,做到评价标准的多元化。另外,还需要强调的是,要以学生知识、能力、素质全面协调发展为标准对跨境电商人才进行评价,同时,还要加强对成长过程、全面发展和个性发展、创造潜质开发、综合能力提高等方面的重视。

(三)现代的教育观

传统的陈旧的教育观是将学生当成知识仓库,从而使学生通过死记硬背来记更多的知识。但是,知识与素质和能力并不能画等号,只有经过内化和实践训练的知识才能转化为素质和能力。这种传统的、陈旧的教育观已经不符合当前社会发展的需求了,因此树立现代教育观是非常必要的,具体来说,首先要将基础知识传授给学生,然后在此基础上对学生的综合素质和能力进行重点培养,使学生具有持续发展能力、适应未来变化的能力、创造未来生活的能力以及服务未来社会的能力。

(四)民主的教学观

教师的教学功能,传统意义上主要包括"传道、授业、解惑",但是,这已经不能满足当前社会与教育的需求了。具体来说,现代教师的教学功能应该是以自身的民主的教学观和创新意识、思维及能力等因素去感染、带动受教育者的创新意识、思维及能力的形成和发展。换句话说,就是在教学过程中,首先要让学生对结论性的理论知识有所了解,然后要对学生进行积极引导,从而使其能够通过探究去获得知识,将发现知识的过程作为重点,对其探索创新的精神及掌握创造性地解决问题的方法的能力进行重点培养。除此之外，还要求教师努力建立民主、平等、和谐的师生关系，营造学生积极参与的教学环境，将学生学习的主体作用充分发挥出来，从而使学生的个性和潜能得到有效开发。

（五）多元的考评观

多元的考评观对评价结果的客观、公正是有所助益的。具体来说，就是要做到以下三个方面的要求：一是能体现民主性的评价主体多元化；二是能够体现科学性的评价标准多元化；三是体现准确性的评价方法多元化。

二、人才培养评价的模式

（一）教育型目标调控模式

1. 教育型目标调控模式的出发点

教育型目标调控模式是以形成性评价和自我评价为中心，充分发挥多种评价功能的一种评价模式。教育型目标调控模式强调教育评价的导向、激励和改进功能，认为评价不能只局限在选拔和鉴定功能上，这样才能更好地促进学生的发展。如今，教育评价已经实现了从传统静态终结性评价向动态形成性评价的转变，而在动态的形成性评价中，教育工作者要注重被评价对象主体作用的发挥，将学生的自我评价和形成性评价结合起来，充分发挥评价的调控和改进功能，进而促进人才培养质量的提高。

2. 教育型目标调控模式的含义

要明晰教育型目标调控模式的含义，可以先将其分解开来进行解读。所谓"教育型"，是指该教育模式的落脚点是教育，即通过评价使被评价的对象受到教育，然后自觉地调整自己的教学模式，从而达到不断提高教育质量的目标。"目标调控"则反映了该评价模式的功能、结构、过程和手段。

在教育型目标调控模式中，目标是基础，起指导作用；过程是评价的重点，自我评价和调控是进行评价的基本方法；反馈是运行机制。

之所以说目标是评价的基础，是因为在教育型目标调控模式中，整个评价过程的实施都要以目标为指引，缺少了目标，也便缺少了评价实施的方向。其实，在任何评价模式中，目标都是一个非常重要的基础，它指引着评价工作的方向，是教育评价工作进行调整的重要依据，也是推动教育评价工作前进的重要动力。

过程评价是教育型目标调控模式的重点，自我评价是主要的方式，它表明通过过程评价，凸显形成性评价和学生自我评价的作用，进而充分发挥评价的调控功能，并使评价的过程同时兼具有效性和可控性。

反馈是教育型目标调控模式的运行机制。何为反馈，简单来说就是指为有效调控教育评价以达到教育目标而及时提供信息的措施或策略。反馈必须是及时的，在发现教育偏离原定目标时，需要及时给予反馈，然后进行调整，从而使教育回到预定目标上来。

3.教育型目标调控模式的特点

教育型目标调控模式以形成性评价和自我评价为中心，在重视教育目标评价的同时，也重视学生的自我评价，同时还重视评价过程的反馈和调节，这是该评价模式最大的特点。

(二)协同自评模式

1.协同自评模式的出发点

协同自评模式是一种以被评价者自我评价为主，在评价人员的协同下，共同完成从制定评价目标开始的一系列活动的评价模式。在教育活动中，其实只有受教育者才全程参与了教育活动，所以也只有他们能够全面地了解教育活动的相关信息。但由于学生评价的能力不能完全满足教育评价的需求，所以虽然学生全程参与了教育活动，但其评价却未必符合评价的要求，这就需要专门评价人员的参与。但专门的评价人员（包括教师）很多时候只能参与教育活动的部分过程，所以专门评价人员的评价难免存在一定的片面性。基于上述认知，形成了以被评价者自我评价为主，在评价人员的协同下，共同完成从制定评价目标开始的一系列活动的协同自评这一模式。

2.协同自评模式的步骤

协同自评模式作为一种学生和专门评价人员共同参与的评价模式，在评价的过程中，学生（自评者）和专门的评价人员（协同者）同心协力，经常性地协商，并在这一过程中取得共识，最后一起完成包括从确立评价目标开始，到制定评价方案，收集资料、处理资料，做出价值判断，撰写评价报告等一系列的评价活动。具体而言，协同自评模式可分为三步：准备阶段、实施阶段和撰写报告阶段。

（1）准备阶段。专门的评价人员撰写评价方案，然后学生依据评价方案选择专门的评价人员作为协同者。学生将其对评价方案的意见告知协同者，然后共同协商，修改评价方案，最终得到一个既能体现学生自评作用，又能凸显专业评价人员协同作用的评价方案。

（2）实施阶段。在实施阶段，首先由学生依据评价方案来评价教育活动，明晰哪些指标达到了预期的目标，哪些指标还没有达到。然后，协同者参与其中，与学生一起探讨，获得共识。在实施阶段，应采取多种评价方法，切忌局限于某一种评价方法。当然，无论采取哪种评价方法，都需要学生和协同者进行协商，最终取得共识。在取得共识后，在双方的合作下共同针对教育活动进行评价，并在评价的过程中随时收集和整理相关资料。在这个过程中，双方可能会产生意见上的分歧，此时需要再次进行协商，再次取得共识。由此可见，实施阶段其实就是一个不断寻求共识的阶段，从而在双方的共识下不断推动评价的实施。

（3）撰写报告阶段。依据实施阶段收集和整理的资料，撰写评价报告。在撰写评价报告的过程中，也需要学生和协同者不断交换意见，取得共识。评价报告通常由两部分组成：一部分是学生和协同者取得共识的部分，这部分是报告的主体，也是评判新工科通识教育效果的主要依据；另一部分是学生和协同者未取得共识的部分，这些内容可融入下一轮的评价中，并期望在下一轮的评价中取得共识。

3. 协同自评模式的特点

协同自评模式的特点主要表现在以下两个方面。

第一，该评价模式重视学生的自我评价，表现出了较强的自主性、自控性和自律性。

第二，该评价模式强调学生和协同者的平等性，无论是评价方案的制定，还是评价的实施，都体现了较强的民主性，每一个参与其中的人都可以发表自己的意见。这种民主性可使不同评价主体间的差异性与目标参照评价的标准统一起来，从而使自我评价的评价过程、评价内容和评价结果的形式更加清晰。

（三）发展性目标评价模式

1. 发展性目标评价模式的出发点

社会是在不断发展的，教育也是在不断发展的，所以针对教育设计的教育评价也是需要不断修正的。此外,以评价标准为核心的评价方案,其实施过程也是发展、可变的,在其实施的过程中,应结合具体的情况进行调整。基于这一认识,形成了发展性目标评价模式。发展性目标评价模式的目的在于促进学生更好地发展,同时关注教师教学水平的提高以及学校的发展。发展性目标评价模式的内容是多元化的,它既关注学生对知识的掌握情况,也关注学生能力和素养的发展,这符合新工科通识教育对学生发展的要求,所以是一种非常适宜新工科通识教育的评价模式。

2. 发展性目标评价模式的基本内容

发展性目标评价模式基本内容主要包含以下几点。

（1）依据社会发展需求以及新工科通识教育开展教育活动的现实条件,确定和检验教育目标。

（2）依照教育目标、评价对象和条件、与教育评价活动有关人员的愿望和需要以及现有的各种规章制度和科学理论等因素,设计出以评价标准为核心的评价方案。

（3）依据评价方案开展评价活动。在实施评价活动的过程中,注重评价方法的多样性,同时有效运用现代教育技术,促进评价效率的提高。

（4）完成和反馈教育评价报告。

（5）用教育评价制度调控整个评价过程,确保评价质量。

3. 发展性目标评价模式的流程

发展性目标评价模式的流程大致分为三个阶段：设计评价方案阶段、实施评价方案阶段、完成和反馈评价报告阶段。需要注意的是,在设计评价方案时,需要充分考虑多种因素,如图7-1所示。

第七章　高校跨境电商人才培养的评价体系构建

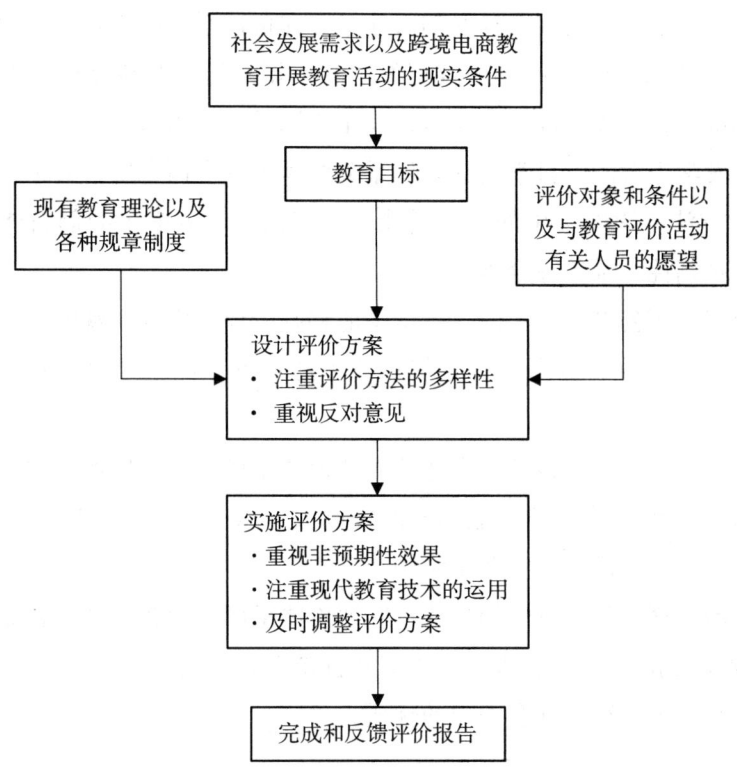

图 7-1　发展性目标评价模式流程示意图

4. 发展性目标评价模式的特点

在对发展性目标评价模式进行系统的分析后，我们不能发现其所具有的三个特点。

第一，动态性。发展性目标评价模式在实施的过程中也需要结合实际情况进行适当的调整，这体现了该模式动态性的特征。

第二，选择性。在设计评价方案时，各种评价方法都可以被选择使用，如学生自我评价、形成性评价、相对评价、绝对评价等，其目的是提高评价的科学性。

第三，民主性。发展性目标评价模式在实施的过程中要求考虑每一位参与教育活动人员的意见，包括反对意见也要予以足够的重视。

三、构建科学人才培养评价体系的必要性

要达到人才培养的终极目标，构建科学的评价体系至关重要。

（1）促进教学质量提升。科学的人才培养评价体系有助于发现教学过程中的不足和问题，为教育者提供改进教育教学的依据。通过调整课程设置、教学方法和评价标准等，可以提高教学质量，满足不同学生的需求。

（2）激发学生潜能。科学的评价体系关注学生的全面发展，通过多元化、个性化的评价方法，激发学生的学习潜能。这有助于培养学生的创新能力、团队协作能力和批判性思维等综合素质。

（3）保障教育公平。科学的评价体系能够减少评价中的主观因素，确保评价结果的客观公正。这将为所有学生提供公平的竞争环境，有助于减少教育不平等现象。

（4）优化师资队伍。科学的人才培养评价体系可以客观地评估教师的教学效果，为教育者提供反馈，帮助他们不断提高教学水平。同时，这也有助于选拔和培养优秀的教师，优化师资队伍结构。

（5）推动教育改革。科学的人才培养评价体系可以为教育管理者提供有关教育质量的数据支持，从而推动教育改革和创新。这将有助于学校不断完善教育教学模式，培养更多符合社会需求的优质人才。

第二节　高校跨境电商人才培养评价体系构建的原则

构建科学的人才培养评价体系的前提是确立正确的人才培养基本原则，在构建高校跨境电商人才培养评价体系时，需要从评价内容、评价过程、评价方法、评价结果等多个方面去分析和确立其需要遵循的原则。在综合分析之后，笔者认为高校跨境电商人才培养体系构建应遵循的原则主要包含如下几点。

一、评价内容的角度

从评价内容的角度去看，高校跨境电商人才培养体系的构建应遵循普遍性原则和特殊性原则。

（一）普遍性原则

普遍性指的是高校人才培养工作中的共性，也是高校人才培养的最基本要求。例如，人才培养理念与顶层设计、指导思想与人才培养目标、实践平台与师资队伍建设等，这些内容是高校人才培养工作实施最基本的要求，针对这些最基本的内容进行评价是每一所高校都需要做到的。

（二）特殊性原则

我国高校客观存在着差异性，这种差异性既表现在学校的类型上，也表现在学校的层次上，同时还表现在学生整体的素养上。因此，在制定评价内容时，除了上文提到的普遍性内容外，高校还需要遵循特殊性的原则，结合自身实际情况制定出符合本校特色的内容。

二、评价过程的角度

从评价过程的角度去看，高校跨境电商人才培养体系的构建应遵循目的性原则和规律性原则。

（一）目的性原则

高校跨境电商人才培养体系构建的目的就是为了检验人才培养的成效，并通过反馈和优化促进高校人才培养效率的提高。具体来说，在评价的过程中，高校既要通过评价来总结人才培养工作中的成功经验，提炼可供借鉴和推广的经验做法，甚至将经验上升为理论；同时要不断查找人才培养结果与预期目标之间的差距，查找教育过程中还存在哪些问题，并通过实施针对性的举措补齐短板，不断优化和完善学校人才培养的机制，最终促进人才培养工作的良性循环和螺旋式提升。

（二）规律性原则

在开展高校人才培养评价工作的过程中，既要始终围绕人才培养的目的，还要遵循一些基本的规律。具体而言，主要体现在两个方面。其一，尊重高等教育的发展规律以及大学生成长的基本规律，而不是唯命是从，也不能教条化，要从两个规律出发对人才培养工作及其成效进行科学、客观的评价。其二，教育工作者应善于发现人才培养工作的规律，包括从评价工作收集的数据中以及存在的问题中发现规律性的东西，从而更好地开展高校人才培养评价工作。总之，在构建高校跨境电商人才培养体系时，规律性也是必然要遵守的一个原则。

三、评价方法的角度

从评价方法的角度去看,高校跨境电商人才培养体系的构建应遵循综合性原则和科学性原则。

(一)综合性原则

综合性是指要打破传统单一的评价方式,通过采取多维立体的方式方法,更好地反映高校人才培养工作的成效,进而更好地指导评价方案的调整和修改。例如,注重定性评价和定量评价的结合,注重整体评价和特色评价、重点评价相结合,等等,这样才能使评价更加科学、合理。

(二)科学性原则

科学的评价机制才能保证评价的效果,所以制定高校跨境电商人才培养体系时必须要遵守科学性的原则。关于评价机制的科学与否,虽然没有统一的标准,但可以通过其对评价成效的影响去反映。例如,前面提到的综合性评价便有助于评价成效的提升,所以是科学的、合理的。因此,科学性原则并没有明确的规定,而是以评价可能产生的成效去界定。

(三)多样性原则

人才培养评价的方法有很多,而每一种评价方法都有优点和不足,所以需要采取多样化的人才培养评价方法,以此来弥补单一评价方法的不足。对于跨境电商人才的培养,在注重评价方法多样化的同时,还需要选择适宜的方法。在此,笔者仅从诸多的评价方法中选择跟踪评价法和样本调查法这两种方法进行简要的论述。

1. 跟踪评价法

顾名思义,跟踪评价法需要站在一个较长的时间周期上对跨境电商人才专业的人才培养情况进行较为长期的跟踪观察,比较全面地了解人才培养的过程以及效果,然后做出相应的评价。从本质上看,跟踪评价法属于一种发展性评价。

由于跟踪评价法属于一种发展性评价,所以也具有发展性评价所具备的一些特征。

(1)强调评价的准确性和真实性。

（2）注重人才培养的过程。

（3）注重各评价主体主观能动性的调动。

（4）有助于跨境电商人才培养质量的持续改进。

（5）注重长期的发展目标。

在实施跟踪性评价法时，可按照以下步骤进行。

首先，收集信息。信息是进行评价的重要依据，如果没有充足且真实的信息，那么做出的人才培养评价也容易欠缺真实性，所以评价的第一步就是收集跨境电商人才培养活动相关的信息，这也是对跨境电商人才培养进行跟踪的一个目的所在。

其次，提供反馈。在收集信息的过程中，当信息量收集到一定程度后，便可以对其进行系统的分析，然后将分析的结果反馈给教师及学校相关领导。在给教师反馈信息的同时，应为教师提供必要的指导，辅助教师对其教学存在的问题形成更加深刻的认知，然后指导教师制订改进计划。

最后，教师改进。教师依据改进计划逐步落实，调整跨境电商人才培养的教学策略。在教师改进的过程中，学校继续针对教师的教学情况进行跟踪评价，收集相关信息，然后进入下一阶段的循环。

其实，跟踪性评价法实施的过程就是上述三个步骤不断循环的过程（图7-2），而跨境电商的人才培养质量也是在上述三个循环中不断获得提升。

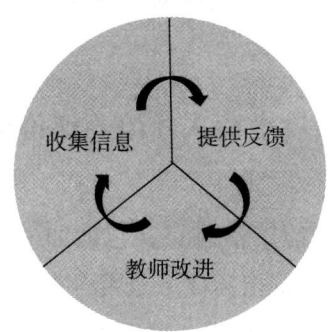

图7-2　跟踪性评价的实施步骤

2.样本调查法

样本调查法是一个了解各评价主体意见的有效方法，它也是跨境电商的人才培养评价中常用的方法之一。样本调查法这一评价方法的核心是调查，而要确保调查的质量，就需要研究者能够设计出较高质量的调查问卷，这样才能通过对问题的分析得到更加准确的评价结果，进而指导跨境电商的人才培养的改进。

四、评价结果的角度

从评价指标的角度去看，高校跨境电商人才培养体系的构建应遵循时效性原则和准确性原则。

（一）时效性原则

完整的评价体系还包括反馈环节和优化环节，如果评价反馈出现滞后，必然会对评价的成效产生影响，滞后的时间越长，对评价成效的影响越大。因此，一定要注重评价的时效性，保证整个环节运行的流畅性，以便使高校在第一时间获得评价的结果，并针对评价结果的反馈进行针对性的调整和修改。

（二）准确性原则

要想使高校人才培养评价结果发挥积极的作用，必然要保证评价结果的客观性和准确性。这就要求评价主体的态度要客观和公正，尽可能少地掺杂个人情感和情绪，避免评价结果因为个人情感的掺入而失真。此外，评价对象要真实反映评价信息。评价信息的真实性直接影响到评价结果，也会影响到评价机制的构建。因此，在构建评价机制过程中，要高度重视评价信息的收集，同时用科学的方法进行处理，以确保最终数据的准确性。

第三节 高校跨境电商人才培养评价指标体系的设计

指标体系是实现评价功能的落脚点，它就如一根"指挥棒"、一盏"照明灯"，起着导航定位作用。评价指标体系是否合理是绩效评价能否科学、有效开展的关键。在评价指标的构建过程中，要明确对考核对象的哪些方面进行评价；评价对象与组织目标之间都有哪些相关方面；如何通过评价要素，将评价对象物化为指标内容或要素，进而准确地体现在各具体指标上；如何将评价对象与评价标准连接起来加以比较和评定，从而使综合复杂的评价对象得以条理化、简单化与操作化。笔者通过研究分析和实践调查,设计了跨境电商人才培养的评价指标。

一、跨境电商人才培养评价指标设计的指导思想

对跨境电商人才培养质量进行评价,既要从高校教育的目标要求出发,也要从人的全面发展出发,从社会劳动力市场对人的要求出发,从个体发展需要出发,因此在构建评价指标设计的时候,应有以下几点构建思路。

(一)以技术规范性与价值导向性为指导

高校人才培养评价不仅是一项技术性强的管理工作,而且是一项价值色彩浓厚的评价工作。在进行人才培养评价的时候,不仅要关注技术上的规范性与科学性,更要重视技术背后的价值层面上的合理性与导向性。因此,要高度重视跨境电商人才培养评价指标的选取,不仅要追求指标选择的技术规范性,而且要重视指标取舍的价值导向性;不仅要将指标的选择同评价的技术方法,评价模型与数据来源等相关技术问题进行整体考虑,而且要充分考虑和科学预测到指标选取对绩效评价结果的影响以及评价结果对高校办学走向的潜在导向作用。

(二)以促进受教育者全面发展为导向

高校人才培养之核心职能的价值取向和技术思路应紧密围绕"人(受教育者)"来展开,充分体现以"学生为中心"的教育理念。因此,人才培养评价指标的设定必须能充分体现促进受教育者全面发展的中心指向;否则,指标体系不仅难以实现技术上的科学性,而且将对我国高校的办学行为产生误导。学生作为人才培养最直接、最深入的参与者,对教学质量的感知在教育绩效评价中不容忽视。只有从学生这一参与主体视角进行人才培养或教育质量评价,才能引导高职院校进行教育教学改革,摆脱办学趋同现象,走向多样化、特色化、个性化办学正途。

(三)以高等教育的特殊性为特征

按照高等教育对人才规格的要求,评价不能再停留在传统的、注重结果的评价方法上,而应立足于学生可持续的发展需要、社会劳动力市场之上,既要重视实操等结果性指标,也要重视学习、素质、能力等过程性指标,与传统的只重分数、只重结果的终结性评价相比,应具有以下特点:第一,动态性,立足

于当今国内外高等教育发展需求，立足于学生的发展和市场的需求，关心学生学习的变化与成长，做到过程指标与结果指标相结合，过去绩效评价与未来绩效评价预测相结合，不断发展与相对稳定相结合；第二，多元性，结合多元智能理论、个性发展理论等，不仅重视问题解决和创造性能力培养，更要兼顾情感、技能等非智力的学习成果；第三，真实性，评价的目的在于促进内在智能与品格的发展，评价要将学生所学与其经验相结合，充分体现学生的真实情况。

根据高校教育的培养目标，人们可以从以下几个方面完善和深化高校跨境电商人才评价指标体系：第一，从学生的综合能力出发，制定适用于跨境电商的知识和技能的考试制度，建立适用于区域经济发展和职业发展要求的个人综合素质评价体系，科学确立评价指标，正确运用评价方法，定期测评学生实际达到的知识技能水平，从而指导课程体系和教学模式等改革；第二，从学生职业技能出发，调研行业企业的评价体系，结合岗位生产所要求的指标模块，制订学生职业技能考核评价体系，通过开展各种形式的职业技能竞赛和岗位练兵活动加以测评；第三，从国家的职业标准出发，创造条件，让行业、企业、高等院校参与国家职业标准的开发，使国家职业标准涵盖跨境电商专业领域，技能鉴定题库体现地方特色，适应企业现实岗位要求；第四，增加行业企业对实践教学内容的要求，使高等院校与社会行业、企业深入融合，做到职业技能鉴定机制与学校教学评价体系的有机整合，从而保证高校人才培养的质量。

总之，高等教育是一种将理论与实践紧密结合的教育，强调的是知识的应用性、知识应用的逻辑性和岗位技术的培养，其教育目标是培养具有综合职业能力和全面素质的在第一线从事生产和管理的应用型人才。高校跨境电商人才培养评价必须立足于当今国内外高等教育发展需求的大背景，立足学生发展需要、社会劳动力市场，按照职业能力与工作业绩相结合、职业标准与岗位要求相结合的原则，构建动态的、多元的、开放的人才培养评估指标体系。

二、跨境电商人才培养评价指标的设计原则

跨境电商人才培养评价指标是由相互联系的多个指标所构成的具有内在结构的有机整体，是高校人才培养质量的衡量和评价工具，为了保证这一评价工具科学有效，评价结果准确、客观、全面，在构建和设计评价指标时，应遵循以下六项基本原则。

（一）系统性原则

跨境电商具有理论性和实践性强的特点，因此高校培养的跨境电商学生不仅要有理论基础知识的储备，还要有良好的职业道德和过硬的技能素质。这就要求所建立的跨境电商人才培养评价指标体系应具有足够的涵盖面，能够充分地、全面地反映人才培养的系统性特征。同时，评价体系并不是各个子系统的评价指标的简单集合，而应按照一定的原则合理地划分，从不同层次，不同角度反映高校高技能人才培养的实际效果。同一层面的评价指标与不同层面的评价指标应该相互联系、相辅相成、相互补充，形成由多模块系统集成、各子系统对应相应指标的综合性评价系统，充分反映跨境电商人才培养的系统性特征。

（二）可操作性原则

构建评价指标体系的目的是能在跨境电商人才培养评价中得到具体应用，将宏观的理论依据转化为客观的统计数据，这就要求评价指标体系具有可行性与可操作性，具体内容如下。

（1）数据易采集。评价指标的数据可通过对现有资料的简单的二次加工或问卷调查、专家访谈等获得。

（2）数据可测量。调查问卷所要测度的定性指标应尽量选取那些能通过专家、评价对象等间接赋值或测算予以转化的（正式问卷测量中通常采用等级来表示），且能保证评价指标数据真实可靠和有效。

（3）指标少而精。评价指标体系设置应简洁明了、便于操作和把握，避免出现层次复杂的指标树或规模庞大的指标群。因此，评价指标的层次和数量应合理、客观，便于操作，使指标评价切实可行。

（三）可比性原则

在构建评价指标体系时各个指标都应具有独立的信息，不能互相代替，同时要明确指标的内涵、统计口径、使用范围等比较因素，便于横向与纵向地比较评价结果，区分和把握不同高校的人才培养实际绩效。在评价过程中，要依据评价标准，开展定性与定量相结合的评价方式，从而确保评价结果的可比性与科学性。

（四）有效性原则

有效性原则是指所构建的评价指标体系必须与评价对象的内涵与结构相符，从而真正反映跨境电商人才培养的实际绩效，体现高等教育的宗旨和人才培养目标。人们通常用效度来表示评价体系的有效性好坏。所谓效度就是指所用的评价指标体系对想要测量的特质能够真正测量到的有效程度。程度越高，表明测量结果越有效，反之亦然。效度评定常用的方法有内容效度、聚合效度、辨别效度和效标关联效度等。

（五）动态性原则

随着社会需求的不断变化以及教育的发展，高校人才培养的水平和要求处于不断发展提升中，而跨境电商人才培养是一个动态的积累过程，会随着时间的推移发生变化，它具有滞后性。因此，在选择跨境电商人才培养评价指标时，既要有评价高等教育的结果性指标，又要有过程性指标，能综合地预测未来的发展趋势。此外，跨境电商人才培养的内涵会随着社会经济所处的阶段和形势的不同而发生一些变化，因此跨境电商人才培养评价指标也应进行相应的调整和完善。所以，评价体系本身应是一个动态和开放的系统。当然，也要考虑人才培养评价指标的连续性和相对稳定性，指标内容不宜频繁改动，以此保证评价指标具有一定的可比性，实现人才培养指标在动态和静态分析上的结合。

（六）导向性原则

跨境电商人才培养评价的目的在于通过评价获得有效的人才培养内容和培养方式，了解和把握现阶段人才培养的基本现状，发现问题，找出差距，使人才培养的实现路径及对策优化更具针对性、导向性，更好地促进高校跨境电商人才培养的创新。因此，要高度重视绩效评价指标的选取，不仅要追求指标选择的技术规范性，而且要充分考虑和科学预测指标选取对绩效评价结果的影响以及评价结果对高校办学走向的潜在导向作用。同时，要建立绩效评价结果与学生培养相结合的机制，以数据库的形式直观、真实地反映学生从入校到毕业这一区间内的进步幅度与培养质量（包括增值测量的结果），并向学生、家长和社会公开数据信息，拓展高校人才培养评价的社会功能。因此，要高度重视评价指标的价值导向性。

三、跨境电商人才培养评价指标的具体设计

笔者通过研究分析和实践调查，设计了跨境电商人才培养的评价指标，如表7-1所示。

表7-1 跨境电商人才培养的评价指标

一级评价指标	二级评价指标	指标含义
学习	学习态度	对学习持有持久的肯定态度，个人情绪及意志等方面表现出认真与勤奋、主动与进取的能动心理状态，有强烈的学习意愿和个人素质提升需求；在主动学习的过程中注重探索和进步，具有一定的创造性
学习	学习能力	通过有效的方式或指导，获取新知识、新信息、新技能及新经验，并掌握科学的学习方法与学习技巧；将理论知识与经验技巧融入已有的知识体系，反复实践，转化为自身经验；注重知识的拓展与更新，致力于树立终身学习的意识，提升学习能力
学习	学习成效	对学习付诸一定努力后，在基础知识、专业知识与行业知识上有了一定的储备和基础，在信息、技能与经验上也获得了预期的良好效果和功效
素质	思想品德	通过良好的环境与教育，在一定的思想引导下，表现出相对稳定的品德行为；个体具有敏锐的政治觉悟和一定的政治修养，在实践中形成对未来及自身发展的理想追求，并不断充实，调整和完善，且经过科学、艺术、人文等熏陶和教育后形成为人处世的综合品质和良好的行为习惯
素质	身心素质	具有健康的身体状况，注重培养全面发展的身体耐力与适应性，有保持健康体格的意识；具有健康的心理和健全的人格，能积极地面对困难．适应环境，具有坚韧不拔的毅力，能自主地发现问题并提出解决问题的设想，从而积极地调整自我、完善自我
素质	职业道德	在环境、社会，教育等外在因素的影响下，能遵纪守法、尽职尽责、诚实守信、爱岗敬业，富有社会责任感、正义感和奉献精神；能正确处理个人与社会、个人与他人的关系

续 表

一级评价指标	二级评价指标	指标含义
能力	基础能力	具备适应或融入社会所需的基础知识、基本技能、学习能力等；具备运用口头、书面语言的能力；能运用文字书写观点、意见并使其系统、条理化；能洞察、辨别和理解自己与外界的关系，对外界捕获的信息能做出分析、判断和处理；可借助思维活动理解事物的本质特征和内在联系
	专业能力	通过学习和训练日渐形成操作技能及专业水平等；能通过调查，探索和研究事物实质、规律；通过动手实践和实际操作理解和掌握专业知识，将知识与技能推广应用到实际；对在学习和应用过程中碰到的困难和问题能排忧解惑，并在原有知识和专业的基础上不断改革和创新
	社会能力	具备融入社会所需的适应性行为和社会技能，能妥善处理人与人、组织内外及上下左右的关系，运用合理科学的方法使组织有效运作，能充分融入团队，各尽所能、互补互助发挥团队合作精神；对个人的职业生涯有计划，能实现良好的职业生涯发展，能利用身边资源及自身综合能力实现创业，并能将知识和技能传授他人
实操	实践成效	通过实践活动取得预期效果和功效，能够将完成工作或者学业所能达到的优劣程度维持在一定水平，并且能够最大限度地在单位时间内有效地完成工作量或者学习任务
	实践成果	通过实践活动获得成果，包括参加各类职业技能大赛获奖荣誉的数量、通过利用现有的专业知识和技能改革创新的成果、论文发表以及专利发明数量等
	实践认可度	大众对个体实践的接受和认可程度，包括个体身边的同学、实习或者工作单位以及社会对其的认可度

第四节　高校跨境电商人才培养评价体系的完善策略

一、提高评估人员专业素养

由于人才培养评价工作是一项专业性很强的技术活动，因此高校要想较好地开展人才培养评价工作,建设高素质的评估团队是一项重要内容。高质量的评估队伍不仅可以提升高校人才培养的质量,而且能够进一步推进高校的长远发展。当前,我国已经成立了不少高等院校评估机构,也为高校的评估工作配备了专门的评估人员,但由于这些人员具备的专业理论知识匮乏,操作技能还不够成熟,评估质量还处于较低水平。高校要想使人才培养评价工作高效率、高质量地进行,参与评估专家的质量是保证其评估质量的关键因素。因此,加强高校评估人员队伍建设,高校需要制定合理、有效的措施来保障评估人员的质量。

首先,建立健全评估人员的选拔制度。建设高质量的评估队伍关键在于完善评估人员的选拔工作。选拔工作的目的在于把好"人口关",切实将具备系统评估理论知识和过硬的专业技术的评估人员筛选出来。落实评估人员选拔工作应该遵循以下原则。一是在思想认识上,重视评估人员的遴选工作。高校评估专家的构成是一个包括社会各界的学者、行业人士和高校内部决策者、各级部门管理人员、教育专家、教师与学生等广泛参与的专家结构体系,有相当一部分社会各界的专家、学者、用人单位代表都来自非教育系统,评估人员的评估水平和业务技能参差不齐,而高校又是一个以培育人才为核心职能,为社会培养各种各样建设性人才的学术机构。因此,高校的人才培养评估工作至关重要。评估机构需要对其内部评估人员严格把关,选择和聘请具有较深的学术造诣,掌握扎实的评估理论和操作技术的专家,从源头上避免非专业评估专家参与评估工作。二是在制度设计上,实施严格的人员准入制度。建立对评估人员的资格认证制度是保障评估人员质量的有效手段。职业资格证书是通过政府认定的资格认证机构,按照国家规定的职业技能标准或任职资格条件,对劳动者的技能水平或职业资格进行客观公正、科学规范的评价和鉴定,是劳动者具备某种职业所需要的一步。三是在组织管理上,政府重视做好监管指导。政府应建立专门的高等教育评估协会,对评估从业人员的职业精神、职业道德、职业能力和职业水平等综合素质进行严格的考核。经鉴定考核合格的、有能力从事评估工作的人员,高教评估协会发放给其从业资格证书,对专门从事评估工作的人员能力给予肯定,提高评估人员的专业素质,从而确保评估工作的质量。

其次,重视评估人员的培训工作。人才培养评价工作是一种专门的社会化活动,对从业人员有较高的要求。评估人员不仅需要具备基本的专业理论知识和良好的操作技能，还应该具有职业道德素质、组织领导能力、沟通协调能力等多方面素质，提高评估人员的综合素质是保证高校评估活动质量的基础，而培训则是提升评估人员素质的重要手段之一。当高校储备了一定数量的评估人才后，必须通过有效的培训来增强评估人员的个人素质思想素质、专业素质和能力素质等多方面素质，因此只有加强对评估人员进行专业性培训，才能适应现代化评估发展的需要。对评估人员进行专业培训。一是建立专门的评估培训部门。目前，我国大多数公共部门、事业单位、企业都没有成立自己专门的培训部门，很多机构只是从外面邀请一些相关领域资深人员或专业人士，以几场讲座或短暂的课程学习的形式为员工提供培训平台，这种培训制度只是流于形式，评估人员不能享受完整的培训过程。因此，应由教育行政部门牵头成立专门的评估培训机构，为评估人员提供长期的、规范化的培训。二是规范培训工作机制。培训机构对评估人员进行培训前，需要对评估人员的培训需求进行深层次的分析，综合不同评估人员的培训需求制订出培训计划；机构还应该规范培训周期，制订短中长期的培训计划，如三个月的计划、半年的计划、一年的计划；在对评估人员的培训过程中，积极践行"走出去，请进来"的方式，即高校定期组织一部分评估人员出去学习国内外先进的评估经验，适时地聘请高水平的评估专家进入评估组传授评估技术和评估经验；在完成对评估人员的培训工作后，加强与评估人员的交流与沟通。培训机构可以制订和分发调查问卷或以电话、邮件等网络形式收集评估人员的意见，以了解评估人员学到了哪些与评估有关的知识，还需要加强哪些方面的技能，根据统计的问卷信息来完善和改进培训工作。三是提供多样化的培训内容。培训机构不仅应该给教育评估人员提供教育学、管理学方面的知识，如教育政策法规、教育知识与能力和管理知识等，还应该关注他们是否已经掌握国内外最新的评估动态，评估理论知识操作方法与技术，同时，应该向其传授执行能力、组织能力、分析能力、沟通能力等多方面的知识。在培训过程中，根据人员需求不断调整和完善培训内容。在评估人员经过一段时期的学习后，专业机构应该组织对评估人员的考核，考核方式注重把，短期、中期和长期考核相结合，不仅要重视考核过程，而且也要对考核结果进行量化和质性分析，以便更好地促进评估人员进行高校人才培养评估实践工作。

二、注重评价主体的多元化

高校人才培养评价是一项涉及广大公民公共利益的专业性活动，评价制度的构建需要经过多元利益主体反复博弈，最终实现多方利益目标趋同。因此，高校评价主体越是多元，说明其考虑不同利益群体的意见和诉求越多，评价的民主性程度也就越高，就越能促进评价工作的科学开展。[1]多元评价主体要求政府部门高等学校、社会评价组织、广大师生共同参与评价活动，积极发挥自身的优势条件，使高校评价活动达到最好效果。

首先，政府部门是高校人才培养评价活动的管理者和引导者。政府作为高校管理者应该从宏观角度出发，对高校的办学水平、专业建设、培养模式、资源利用情况等方面进行整体性评价。在对高校实施评价的过程中，只有政府能够结合现行国家的政治、经济、科技等对人才培养的需求，切实考虑到高校管理者、师生、家长等不同主体的要求。政府可以认真科学地研究和分析评价方案中存在的问题和评价结果的数据，准确地了解本地区高校的实际情况，制定出有效的政策方针、法律规范，使高校朝着理想的方向发展，达到政府对高校引导的预期目标。

其次，承担人才培养任务的高校应该是评价活动的主体之一。目前，由于我国高校进行自我评价的制度不够完善，更多的只是在配合和协助政府的相关政策，是对政府及其教育行政部门评价的一种补充性活动。由于高校与政府之间缺乏必要的沟通与互动，这在一定程度上阻碍了高等院校的内部自评，高校评价仅仅成为政府对高校的单向性评价。因此，高校应该广泛开展学校内部的自主评价，其主要目的是促进学校内部的自我调节，改进教育工作的实施，从而提高人才培养质量。高校开展自我评价活动需要立足于本校实际情况，审视自身发展状况，诊断高校办学问题，组织校内相关部门和人员，对教师的教学、课程和科研情况以及学生的学习状况进行评估，以求改进教师的教育教学计划、调整对学生的培养方案。这种高校内部自评活动具有方式灵活、容易操作且效果显著的优势。

---

[1] 陈洪玲，于丽芬.高校扩招后人才培养模式的理论与实践[M].北京：北京师范大学出版社，2011：67.

再次，高校主体教师和学生应该是高校教育评价活动的参与者。在过去，由于政府、高校和师生对人才培养绩效评价活动没有达成共识，很难把他们的意愿和诉求表达清楚，最终只能服从和配合政府的评价制度。但是，随着高校民主化进程的加深，教师和学生可以自由表达其想法和意见。教师具有较为丰富的教育教学理论知识和实践经验，可以参加学校的教职工代表大会、教师座谈会等，并派代表向学校主动谏言，提出改进评价活动的内容、标准、指标等有效措施，促进高校内部评价体系的完善。同样，学生可以通过对教师的评教活动，对学校的评校活动，或者组织学生代表大会来表达自身的利益诉求，使评价活动更好地促进高校发展。

最后，独立于政府、高校之外的社会评价组织是学校人才培养评价的主体承担者。其职责是为政府对高校的评价活动提供中介服务，尤其可以发挥其在教育评价过程中的技术支持和意见反馈等多重功能。社会评价机构的评价是组织经过专业化评价培训的人员来实施，这些评价专家有丰富的评估理论知识、评价实践能力和评价经验，可以迅速发现高校教学、管理过程中存在的问题，并向高校提出有效性的改革建议，对开展高校评价工作具有重要意义。因此，应该让独立的社会评价组织机构积极承担评价活动。

总之，只有建立多元评价主体相互合作、共同参与、互相监督的人才培养评价体系，才能确保评价过程的公平公正和评价结果的客观真实。

三、注重评价标准的多元化

我国的高等院校具有多类型、多层次、多学科、多专业等特征。众多高校在办学目的学科专业建设、课程设置、师资队伍、学术水平等多方面存在着显著差异，而评价标准是评价主体对评价活动进行价值判断的依据，是开展评价活动的准则和行动指南，对制定评价方案和指导评价实践都具有重要意义，应该由各层级利益相关者共同参与。因此，高校人才培养评价标准的制定只有遵循分层级、分类别、分区域、分专项的多元评价原则，才能凸显出较强的针对性和指导性，有利于调动各级各类高校的积极性，鼓励高校在自身基础上不断发展和拔高，使人才培养评价科学客观、公平公正。

第一，分层级制定评价标准。政府、高校、用人单位、师生等对评价标准的认识有所差异，应主张各方利益相关者积极主动地参与到评价标准的制定中来。政府应该发挥好宏观调控者的角色，从国家和社会发展的角度出发，制定统领性、总纲性、全局性的评价标准，同时，将已经制定好的评价标准向社会发布，让社会各方面了解和监督评价工作；高校应该发挥好计划者、协调者的角色，综合高校管理者、教学者、学生等主体对评价标准的意见，使高校评价标准的制定活动组织化、制度化；高校师生应该发挥好建议者、监督者的角色，向高校管理层提出合理的评价标准改进意见，积极表达自己的想法和诉求，建立良好的互动机制；用人单位应该发挥好反馈者的角色，主动提出社会对高校学生类型、质量、能力等方面的要求，为高校人才培养评价标准提出有效的参考意见。

第二，分类制定评价标准。我国的普通高等学校数量众多，众多高校的办学层次与办学类型不尽相同，按办学类型可以分为研究型、教学型、教学研究型、研究教学型，综合类、文科类、理科类、工学类、医学类等；按办学层次可以分为专科、本科和研究生三个层次。但一般高校对评价标准的制定并没有考虑到高校的办学层次与水平；同时，一些普通高校盲目模仿重点大学、名牌大学、一流大学的评价标准，评价方案的制定与运行也都是照搬照抄重点院校，完全忽视了本院校独特的办学目标和办学理念，导致了高校的人才培养评价标准具有较强的同质性，而缺乏特色性。因此，评价标准的设立需要与高等院校的属性与类别相符合，增强评价活动的针对性和可操作性。在高校人才培养评价活动中，高校需要明确自身的办学定位，根据其所属办学层次与类型来设立符合本校教师和学生发展的评价标准。如研究型高校的评价标准应主要关注其是否符合培养和造就高层次的研究型人才，或产生高水平的学术研究成果的要求，而教学型高校的评价标准应以是否为社会培养出高素质应用型人才为导向。单所高校应采取参考同一类别学校相同指标的均值，以调整自身的评价标准。同时，高校应该找准自己的特色所在。只有高校以特色立校、以特色强校、以特色取胜，打造品牌学科和专业，才能更具有竞争力。这要求普通高等院校不一味追求国内外一流大学的评价标准，而是注重评价标准与特色建设的一致性。

第三，分区域制定评价标准。我国东、中、西部地区的高校应该采用不同的评价标准，高校应该结合自身所处地区的历史条件、经济发展状况、政府财政收入和人才吸引能力等因素，适当调整本校的人才培养评价标准以达到同区域高校的整体发展。东部地区由于经济发展实力和水平较高,高校不仅可以拥有充足的政府财政投入,而且能够享有丰富的市场、技术和人才等社会资源,因而在人才培养质量上具有一定的优势。中西部地区相对发展落后,资源支撑略显不足,在人才吸引力方面不具备明显的有利之处。因此,东、中、西部地区在设立人才培养评价标准时,应与本区域的发展状况紧密结合,在评价标准的设置上有不同的侧重点。只有让同地区的高校之间进行相互比较,才能发挥优势,找到差距,扬长避短,提出切实可行的评价标准改进措施。

第四,分专项制定评价标准。由于不同高校在人才培养目标、科学研究贡献、社会服务方式和文化传承创新方面的要求可能不同,因此高校所设置的教学、科研、社会服务等分类专项的评价标准应避免出现相同、相似的情况。具体来说,高校的人才培养评价标准应该单独进行横向和纵向的比较。如将不同高校的同一学科、同一专业的培养目标、科研成果、师资配备的评价标准进行比较,或进行同一高校不同时期的教学、科研、服务评价标准的比较,这样才能关注到不同维度的综合评价标准,为构建和完善高校的评价标准奠定基础。另外,高校评价标准建设要体现出动态性和发展性。评价标准要根据高校办学水平、社会经济需求和国际教育发展的发展变化进行调整。

四、重视对人才培养评价结果的反馈和应用

评价有三种:诊断性评价、形成性评价和终结性评价。诊断性评价是指在教学实施之前所进行的评价,形成性评价是指在教学过程中实施的评价,而终结性评价则是指在一个大的学习阶段、一个学期或一门学科终结时所做的结果评价。当前,我国高校的人才培养评价的形式主要是终结性评价,也就是在教学活动发生后对教师教学效果的判断,或在学习活动发生后对学生学习成绩的鉴定,或通过评价把高校分成不同的等级,对高校进行排名,区分出优劣。仔细分析我国的高等教育人才培养的评价制度,会发现在高校评价活动中,历来都比较强调评价结果,而忽视了评价过程。

然而,高校人才培养质量评价要想达到良好的效果,就必须强调对评价结果的反馈。高校的教师和学生应亲自参与到评价过程中,并积极配合学校组织的评价活动,从而能够得到准确、翔实的评价结果。高校通过对校内资源、教师和学生各方面情况的评价结果进行分析,发现高校资源利用情况、教师教育教

学情况和学生学习情况等存在问题，进而寻求有针对性的改进方法，促使教师提高自身的业务水平，学生改善自己的学习创新能力。准确、有效的评价结果会对教师的教育教学和学生的自我学习活动提供有益的参考和借鉴价值。因此，高校应该正确认识人才培养评价结果的作用和价值，并能合理、有效地利用绩效评价结果。

一方面，高校需要清楚地认识到，人才培养的评价结果中包含着大量的有效信息。学生作为高校人才培养评价的主要对象，主要是对学生的学习成绩思想品行、社会服务等方面进行考核，得出相关的结果，以便使高校和其他组织对评价结果进行有效的定量和定性分析。另一方面，高校应该十分重视评价结果的反馈和应用。高校在人才培养质量评价活动结束后，务必要把评价结果及时反馈给教师和学生，并采用谈话、开会等方式与教师和学生之间进行深刻的交流与沟通，使其能发现自己的优势，弥补自己的不足之处，尽快调整和改进自己的教学和学习工作。同时，高校也可以把本次评价活动的分析结果应用到新一轮的评价活动中，增强之后评价活动方案的科学性、全面性。

第八章 基于校企合作的跨境电商人才培养

校企合作在人才培养中具有重要意义。它能够整合双方资源，实现产学研一体化，提高教学质量。此外，校企合作有助于培养学生的实践能力和就业竞争力，缩小校园与社会、理论与实践之间的差距，为社会输送高素质人才。本章从校企合作的基本理论出发，分析了跨境电商校企合作的影响因素，提出了基于校企合作的跨境电商人才培养策略，最后阐述了跨境电商产业学院的建设实践。

第一节 校企合作概述

一、校企合作的内涵

（一）校企合作的概念

校企合作是主谓结构。"校企"是主语，主语中又存在着并列关系，即"校"与"企"并列，也就是说概念的主语是双主体。由此看出校企合作的字面意思是产学合作、双向参与。对于学界来讲，校企合作可以说是一个新生事物，需要逐步深入研究和探索，从而知晓其内涵，从校企合作的性质角度对其本质和运行机制进行详细分析后得出以下几种观点。

1. 模式说

模式说是把校企合作认定为一种人才培养模式，从中又产生不同的观点，其中有一种观点是比较流行的,即所谓的校企合作其实就是让学生在分别在学校环境和企业环境中接受课堂教育和工作教育,通过充分利用两种环境的资源培养出社会、单位需要的兼具创新能力、职业素养的复合型人才的模式。模式说中对人才培养的类型还存在一定的争论,主要集中在应用型人才和创新技术人才上,但校企合作的出现使学校和企业联起手来,在多个方面展开深度合作,如科研活动、岗位培训、师资培养、学生就业、专业技能、教学资源等,借助学校和企业的双重资源,在两种环境中培养出适合市场经济发展需求的、企业发展需求的应用型专业人才,也可以说是充分利用学校和企业在人才培养领域存在的优势,通过在课堂教学中间接获取知识以及在生产实践中直接获取相关经验、培养相关能力,实现学校与企业双赢的一种人才培养模式。校企合作的出现为解决学生就业困难、学校缺乏开展实训场所和资源以及如何构建"双师型"教师队伍等问题提供全新的解决渠道,还为企业培养了专业的技术人才,实现企业科研无断层就业。

2. 机制说

机制说认为,通过校企合作的方式开展的高等职业教育其实是一种按照具体社会需求和市场需求在高校和企业两种教学环境分别开展教学活动的特殊运行机制,换言之,是通过充分利用高校环境和企业环境的所有资源提升学生的综合能力、综合素质以及就业竞争力,同时将学校教学和工作实践有机结合在一起培养出满足实际需求的应用型人才的教学模式。由上可知,校企合作的本质含义是产学结合、双向参与,即通过工学结合、顶岗实践提升学生的综合素养和能力,以保证培养出的人才符合市场经济发展的实际需求。校企合作涉及多个领域,如师资培养与科研的合作、岗位培训与实验实习的合作、专业设置与课程体系开发的合作、资源共享与技术的合作。

3. 中间组织说

中间组织说的观点是,校企合作其实就是职业院校为了培养出符合社会需求的劳动者通过与企业、服务机构、行业等各种校外机构合作,在学生课堂教学之外进行操作实践,提升学校教学质量、增强学生素质的同时使学生成为一个更为合格的劳动者,在其毕业时能被更多企业选中,从而为社会经济发展贡献力量。

由上可知，所谓的校企合作是一项极为繁杂的、系统的工程，它不仅涉及院校和企业，政府机构、主管高校的行政机构等也涉及其中，是一种通过充分利用院校环境、企业环境及相应资源，接受政府以及主管部门等部门的帮助培养出能推动企业、行业、经济、社会发展的复合型人才的教学模式。

（二）校企合作的本质

1. 校企合作的教育模式

校企合作教育模式是一种特殊的教学模式，其教学活动是以社会的具体需求为出发点的，学校和企业都在培养人才过程中做出了努力，它们一同商讨、制订教育计划。这种模式和传统的教育模式有本质上的区别，传统教育模式主要是封闭的学校教育，以学习理论知识为主，而这种教育模式是由学校和企业联合开展的一种开放式的社会教育，主要目的是通过教学加实践培养出符合社会需求的人才。

2. 校企合作的双方目标

校企合作的双方是高校和企业，二者与校企合作的成败有直接关系，但高校属于非营利性组织，主要提供的教育公共产品，是为学生服务的，所以可以将其归为社会公益事业领域，获得最大的社会效益是其根本目标；而企业属于营利性组织，主要提供的是服务（此服务是有偿服务）和商品，获得更多的利润是其根本目的，两者无论是在利益诉求方面还是行为规则方面都有显著区别，如何开展合作并保证合作的成功呢？在校企合作过程中，学校希望借助校企合作创建专业的实习基地，为学生实习提供场地和资源，加快本校的课程改革、专业改革以及双师培养进程；而企业希望借助校企合作从学校获得更多的技术支持，共同研发新产品，同时通过开展员工培训吸引更多的学生加入企业，满足企业现在和未来的用人需求，更重要的提升本企业的社会声望。校企合作其实就是教育和经济有机结合的具体化外在表现，它的本质是教育以企业实际需求为出发点，通过与企业开展合作为企业提供人才和服务的过程，在一定程度上反映了教育必须与经济发展相适应，并为其服务的内在规律。

3. 校企合作的法律关系

从法律关系上讲，校企合作属于一种民事合同。这种合同是由企业法人、自然人以及组织等平等主体签订的可以变更和终止的包含了民事权利义务关系的协议，其特点的自愿、平等，它表达是合同双方的共同意思，同时在法律上对合同双方有约束效力。校企合作的主体一般有两个，分别是学校和企业，校企合作合同的主体也是如此，这一点与其他的民商法合同是一致的，合同内容是由学校和企业共同商定的，是二者最后的合作意向的书面表达。与校企合作有利益关系的当然不只学校和企业，还有学生、行业、政府等，但它们并不是合同主体。在这种情况下，政府及高校主管部门可能并不会在校企合作过程中发挥其推动作用，而是置身事外、不作为，因为它们认为校企合作只与学校有关，是学校本身的自主权。此外，校企合作合同一旦签订，意味着学校和企业已经建立合作关系，双方具体的权利和义务以合同内容为准。

从这一层面上讲，所谓的校企合作其实就是一种特殊的办学模式，以培养人才为目的形成的合作关系。

二、校企合作的发展历程

我国的校企合作是按部就班、循序渐进发展的，是由浅入深、由低到高、由点到面发展的。随着时代发展，我国的校企合作水平稳步提升，合作形式越来越多样化，合作内容也在逐步深化，合作规模更大有了巨大发展，这在一定程度上反映出校企合作的时代性特征。我国校企合作的发展历程根据时间可以分为以下四个阶段。

（一）计划经济时代的校企合作（20世纪五六十年代）

我国最早的校企合作是从军工领域开始的。20世纪五六十年代，为了推动我国军工事业蓬勃发展，高校和企业积极合作，借助高校的丰富资源和专业人才，我国军工科技事业取得了傲人的成就。在这个阶段，高校的科研人员以及教学人员遵循科技方针和教育方针的指导主动投身军工生产，拉开了校企合作的序幕。此阶段的校企合作模式属于政府推动型，即高校和企业为了让我国在国际中站稳脚跟，在计划指向下通过合作的方式解决国计民生领域的各种关键问题。而且，此阶段的校企合作都是在国家的调配下开展的，无须考虑是否符合市场需求，也因为不存在利益主体，所以不会产生利益冲突。我国的校企合作在这一阶段的发展比较缓慢。

（二）改革开放初期的校企合作（20世纪80年代）

1978年，中国共产党十一届三中全会召开，会议明确提出要实行"改革开放""对内搞活经济的方针"，并要求各部门、各地区要相互开放并展开多方面的合作。对我国的校企合作来讲，"改革开放"战略的提出为其发展注入了一支强心针。此时的校企合作模式也发生了改变，从原来的政府推动型向利益驱动型转变。在这个阶段，国有企业正经历企业体制改革，各种技术都亟须改进，对高科技的需求特别旺盛，而高校也从封闭式的拨款体制向科技体制转变，有了直面科技市场的机会，从而选择有偿为国有企业提供服务、咨询以及技术转让。国有企业借助高校的超强科技能力实现了繁荣发展，校企合作也迎来飞速发展的契机。但是，由于校企合作发展过快，与之配套的法律法规和实施细则都不完善，再加上高校和企业都没有充足的法治观念，很容易出现涉及知识产权方面的纠纷，双方的权利无法得到完整保障。此外，高校和企业都没有充足的生产经营经验，科技成果无法完全转化成实际生产力，经济效益以及社会效益都不理想。

（三）校企合作快速发展时期（20世纪90年代到21世纪初）

我国真正意义上的校企合作其实是在20世纪90年代开始的。中国"产、学、研合作"教育协会在1991年成立，"产、学、研联合开发工程"（由中国科学院、国家教委以及国家经贸委倡议、组织、实施的工程）在1992年推行，这个工程不仅坚持实施改革开放，还努力推行校企联合，在高校和国有企业之间构建稳定的内在关系，并逐步形成一种稳定的、相互促进的发展机制，找寻到一条特殊的融合了科技和经济的发展之路。这个阶段的主要特点是注重科技成果的生产力转化，提升国有企业的市场竞争力，促使高新技术发展，从而推动中国经济繁荣发展。此时的校企合作模式就变为了市场拉动与科技驱动联合型。在此阶段，国内诞生了许多高新技术企业，但却存在利益分配不均的情况；许多地区也开始建造以先进科技应用为主的高新技术科技园，但由于先进科技的创新总是伴随着一定的风险，导致企业预期效果无法实现。

（四）校企合作创新发展时期（21世纪）

高校作为社会的重要组成，肩负着为社会培养高素质人才的重任，包括海量的卓越创新人才、专业人才以及高素质劳动者。想要实现这个目标，单凭高校的努力是不够的，它虽然在人才培养过程中发挥主导作用，但仍需培训机构以及其他组织的配合。在此背景下，教育部与其他相关部门以及行业协（学）会进行了沟通和计划，一起制订了培养卓越工程师的教育计划，通过此计划可以培养出大量具有超强创新能力、与社会发展和经济发展需求相匹配的高质量工程技术人才，为我国推行人才强国战略、走新型工业化发展道路、成为创新型国家奠定人才基础。为了在最短的时间内创建完善的现代高等教育体系，为了更快培养出具备高素质、熟技能的专业人才，可以从产教融合入手，加强高校和企业之间的互动，通过政策引导、先行先试等方式，加快供需对接和流程再造，形成校企长久合作的特殊运行机制。

我们相信，我国未来的经济形势一片大好，那时的市场肯定需要各种各样的专业人才、技术人才，再加上教育制度改革的号角已经吹响，传统教育必将面临淘汰和改制。从企业角度来讲，学校对企业的支持在一定程度上能推动其蓬勃发展，而企业在发展壮大后也可以对学生进行反哺，推动其发展。校企合作作为高校和企业的特殊合作方式，既能推动企业发展，也能对高校培养人才提供支持，必然是双赢的，从而推动我国逐渐发展、壮大。

三、校企合作的特征

高等教育校企合作的办学形式和开展内容必须围绕人才培养的目标、功能和定位，充分了解企业的需要，联系当地的经济优势，实现校企合作共赢的目的。因此，校企合作的特征主要表现为以下方面。

（一）职业性

培育满足职业岗位要求的人才一直都是高等教育校企合作的终极目标，但其实施方式多样，既包括产学融合，工学一体，还包括产学研结合，这些方式的实际效用性都比较显著。从这一角度上讲，校企合作的核心目标是在让学生在学习过程中积累知识，主动进行自我教育，积极养成优秀的职业素养，同时提升自身的社会能力、方法能力以及专业能力，完美度过从学习到职业的蜕变阶段。这一过程不仅充分展现了高等教育校企合作所具有的职业化特征，也满足了企业对高质量技能型专业人才的需求。

（二）教育性

高等教育校企合作的主要目标是提升学生的职业能力，所以校企合作可以视为一种充满强烈企业行为以及经济行为的特殊教育方式。在校企合作过程中，培养具备高素质、娴熟技能的专门人才是其首要目标。为了实现人才培养这一共同目标，高校和企业结合实际岗位需求，积极转变教育理念，整合教育资源，制定教学标准，确定培养目标，增强人才意识，优化专业设计，主动参与到人才培养的各个环节。这样做不仅满足了校企合作的内在需求，也体现了其教育性的本质属性。

（三）互利性

合作指的是多个个体或群体通过协调彼此之间的关系和相互作用共同实现某一目标的过程，属于一种特殊的社会互动方式。校企合作同样是合作的一种，所以它是一种存在于高校和企业之间的社会互动方式。在合作过程中，每个参与者都是为了实现共同目标而努力，它们的认识存在一定的相似性，行为存在一定的协调性和互动性，这反映了两者行为和目标的共同性和一致性，也可称为互利性特征。此处的目标其实就是一种特殊的利益，一种不能单独通过一方行为实现的利益，企业员工、企业、学生、教师和职业学院等主体都是既得利益者，其利益也都是通过互动合作实现的。这里需注意，合作的参与者不应该只注重利益却忽视行为，或者只注重行为忽视利益，否则校企合作只能存续很短的时间。因此，为了保证校企合作的长期性，追求互利性是基础。

（四）经济性

校企合作办学是以经济社会需求为动力，面向地方经济社会发展设置专业，人才知识与能力结构符合社会需求，教学科研体现改革思路。校企合作办学是以紧密型、融合型基地建设为重点，抓住校企合作的关键，突破传统基地的学生实操单一功能，着重建设具有多功能、多层次的紧密型、融合型基地，把紧密型、融合型基地作为实施一体化办学模式的重要基础。

（五）创新性

创新是推动民族进步的精神源泉，也是国家持续繁荣发展的原动力。对于高等教育来说，创新决定了其对校企合作发展道路的探索成功与否。高等教育通过积极探索校企合作这种特殊的人才培养模式可以进一步完善其传统的人才培养模式，这个探索过程并不仅仅是一个持续的改革创新的过程，也是高等教育实现人才培养质量提升以及可持续发展的必然选择。由于高校所在的区域、类型以及目标行业各不相同，形成的校企合作方式、内容和形式也会大相径庭。在校企合作过程中，各参与方绝对不能在忽略自身实际情况的基础上单纯的借鉴其他校企合作得出的不成熟方法和经验，而应以实事求是的态度和改革创新的精神主动寻找有效的合作途径，实现校企合作的最终目标。

（六）多样性

校企合作应是多层次的、全方位的合作，其合作方式、内容以及形式都应呈现出多样性。例如，职业学院和企业的在研发、信息、技术、物质资源以及人力资源之间合作、职业学院专业和企业部门的合作等。以职业学院、企业、政府和社会等多方的共同发展愿望为基础，以人才、技术、效益为连接点，充分发掘校企合作的内容和形式，发挥各自优势，遵循市场经济和高等教育规律，逐步形成互利互补、良性循环、共同发展的长效合作机制，以满足经济社会快速发展和人力资源动态需求。校企合作的多样性是实现以服务为宗旨，以就业为导向的办学理念的重要手段，是形成校企长效合作机制的重要保障，也是衡量校企合作成功与否的重要标志。如果没有这样的多样性，将会影响校企合作的广度、深度和效益。

（七）文化性

校企合作不仅仅是一个教育和经济的结合，同样也是一种文化的融合。现阶段，市场经济激烈，导致许多企业在竞争中逐步形成独特的企业文化，如科学的管理方式、合理的管理制度、前瞻性的理念、完善的服务体系、严谨的工作态度以及和谐的工作环境等。在校企合作过程中，企业不仅培养出具有高素质的技能型专业人才，还会让他们接受优秀企业文化的熏陶，在这种背景下培养出的学生，不仅能掌握更多的专业知识和专业技能，也能对社会有更深的认识，视野变开阔，而且长时间的接受企业文化的熏陶也会让学生逐渐形成许多优秀的职业素养，如团结协作的合作精神、踏实认真的工作态度、严谨细致的工作作风等。在校企合作的过程中，企业文化和学校文化形成交锋，在不断地交流过程中出现相互渗透和融合，大大丰富校园文化和企业文化的内涵，校园文化中具有的职业气息越发浓郁，企业文化的层次也得到一定提升，推动校企双方共同且快速发展。另一方面，企业在校企合作过程中会在一定程度上参与到职业院校的管理当中，企业存在的先进理念和开放文化，会对职业院校存在的封闭的、传统的管理和文化产生强烈冲击，尤其是企业将自身具备的优良的服务理念和完善的服务体系融入职业院校，提升职业院校全体教职工的服务意识，营造优良的教学环境和服务氛围。所以可以说，校企合作的文化性展现了校企合作的层面和水平。

四、校企合作模式

我国校企合作有许多模式，综合来看，可以从三个不同的维度和层次进行划分。从合作层次划分，可以分为浅层次、中层次和.深层次合作模式三种；从人才培养方式划分，可以分为订单式、工学交替式、"2+1"式三种；从办学主体划分，可以分为校办企业式、行业（企业）办学式和合作办学模式三种，如图8-1所示。

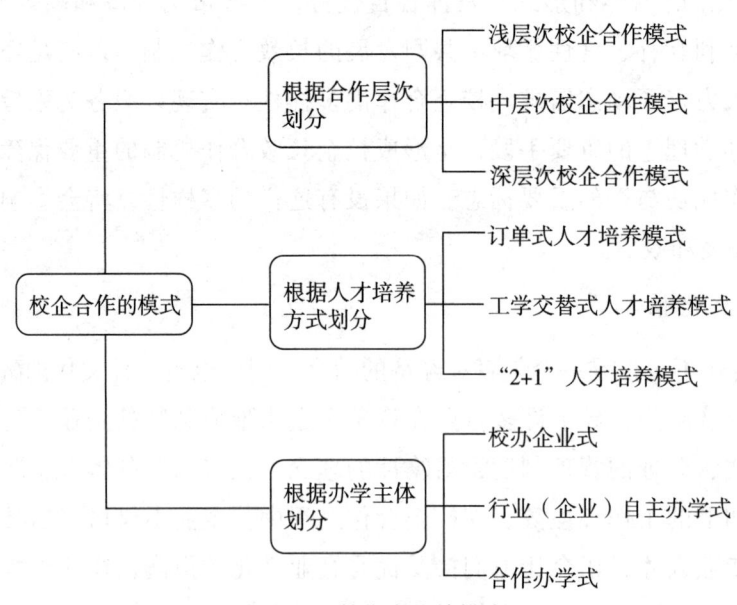

图8-1 校企合作的模式

（一）从合作层次划分

1.浅层次合作

浅层次合作一般包括以下几方面：企业为学生提供专业的实践指导教师和实

习场地,接受学校教师进行岗位实践,接受学校专业方面的调研,并为学校的专业建设和发展提出合理建议。这些合作方式相对单一、传统,停留在合作的表层。但就目前来看,大多数学校和企业的合作仍处于该层次。

2. 中层次合作

中层次合作主要体现在"三同培养模式"的确定,即学校和企业联手公共规划如何培养学生,共同制定专业的核心课程内容以及教学大纲,共同教学、共同考核、共同完成顶岗实习和就业的相关工作。中层次合作是在浅层次合作的基础上经过高效利用、优化整合学校和企业资源开展的新型一体化教学,是集"教、学、做"于一体的实践教学。这种合作不仅能培养出更符合企业需求、市场需求以及社会需求的专业人才,还能借助企业的力量提升高校的教学实力,为学生提供定制化就业方向,保证其就业前景。如今,大多数的高校仍未达到这一层次。

3. 深层次合作

深层次合作指的是学校和企业之间形成一种相互促进、相互融合的特殊合作模式。具体来讲就是学校以企业的发展目标为出发点确定研究方向,同时主动加大科研投入,积极推动科研成果的应用转化;企业为了推动学校发展主动向学校投资,与学校保持利益共享,真正做到集教学、科研和开发于一体的一体化发展。此外,学校需要主动参与到企业的科研项目当中去,为企业研发提供智力支持,帮助企业达成科研转化的目标。学校也可以主动与地区政府联系,并为地域经济发展提供相关的咨询服务,在这个过程中,学校可以收集到第一手的地方经济发展具体状况和实际需求信息,学校可以通过这些真实案例开展教学实现理论与实践的有机结合。深层次的合作不仅仅建立在校企双方合作的基础上,更是政府、行业和社会的大联动,能够极大地促进地方经济发展。目前只有极少数高校能够做到深层次的校企合作。

(二)从人才培养方式划分

1. 订单式培养

"订单式培养"通常是指高校根据用人单位对人才的需求,为其"量身定制"培养、输送人才的一种培养方式。由于每个用人单位的需求不同,所需人才应具备的能力和数量也各有差异,因此学校可以选择与用人单位进行友好协商和沟通后再签订委托培养协议。企业结合自身需求为学校提供实训设备、实践师资等协助；学校按协议要求招生、开办冠名班，学生通过考核或实习后毕业，定向进入企业工作。这种情况下，"学生入学就有工作，毕业就是就业。实现招生与招工同步、教学与生产同步、实习与就业联体，学生由学校选拔的学生和企业招收的员工组成，教育的实施由企业与学校共同完成，培训和考试内容来源于企业的需要，开设的课程为本企业所需的专业技能和实习课程，企业在具体的职业培训中发挥着更为重要的作用"[①]。

"订单式培养"模式优势明显，因此受到很多高等院校和企业的推崇。对于企业来说，这种方式不仅能有效解决企业岗位需求和人才能力不匹配以及员工培训、人才培养等方面的问题，还能有效避免企业在员工招聘、培训、考核上花费的大量的时间、精力和成本，更重要的是能有效降低因员工频繁变动产生的巨大损失。对学校来讲，企业变成了学校毕业生固定的就业单位，就业问题得到妥善解决；学校确定就业方向后可以更有针对性地招录、培养学生，人口稳定；企业会为学校提供大量的资金用于实训基地建设、师资建设等，学校的整体办学能力稳步提高，有利于学校的未来发展。但"订单式培养"模式也存在隐患，学校办学的主动权全然掌握在企业手中，一旦企业取消订单，学生的培养和就业将很容易陷入困境。

2. 工学交替式培养

从本质上讲，"工学交替"其实就是半工半读，即学生在考入中等职业学校后，学校会根据校企共同制定的教学目标、教学计划，先让学生在学习内学习基础理论知识和基础操作技能，然后在一定时间后到企业实习，在实际的职业环境中工作，这两个环节交替进行。这种模式是从"轮调式建教合作"模式演化而来的。"轮调式建教合作"模式具有四种不同的方式，分别是前期实习模式、中期实习模式、后期实习模式和半工半读模式四种。"工学交替"模式在实际执行时具有较强的灵活性，学校会根据企业的实际情况进行合理的安排，如"1+1+1"三段式，即学校、企业、学校各一年；四段式，即学校一年、企业半年、再在学校一年、再在企业半年；还有的是一个季度轮转一次，学校、企业三个月一交替。

"工学交替"模式是目前多数高等院校乐于采用的培养模式，学校可以根据

[①] 魏春石，陈广，王波．校企合一发展模式初探[J]．出国与就业：就业教育，2011（23）：37．

学生实习反馈有针对性地加强理论知识的传授，提高教育教学质量；企业可以在一定程度上缓解短期的人力资源缺乏问题；学生则可以通过在学校和企业的不间断交替学习，真实感受职业环境，达到理论和实践的有效融合，成长为理论素养和操作技能兼备的专门人才。

3."2+1"培养模式

"2+1"人才培养模式广泛应用于职业教育之中，指的是为期三年的职业教育中，学生两年在学校进行、一年在企业进行。两年的校内教学以理论知识为主，重在塑造学生正确的人生观、价值观，养成良好的学习和工作习惯，培养发现问题、解决问题的能力，辅以一定程度的教学实践环节，打造学生的核心素养。一年的企业教学以顶岗实习为主，有针对性地训练学生的职业技能，通过扎实的岗位操作训练，使学生的技能水平取得质的飞跃。"2+1"培养模式将理论教学与实际操作融合在一起，使学生的专业知识和操作技能互为增进、得到强化，形成较强的专业素养，成为企业认可和需要的高素质技能型人才。

"2+1"培养模式在一定程度上弥补了课本知识的不足，使学校的教学内容与企业、社会的需求同步起来，从而加深了学生对所学专业的认识。它避免了"订单式"培养在专业设置上的局限性，保证了职业院校在人才培养上的自由度；也突破了校企合作中的浅层次合作，使企业能够在学生培养过程中有所参与，不仅调动了企业参与办学的积极性和主动性，最大限度地发挥了企业人力资源与物质资源在办学过程中的作用，也为学校解决了缺少实习实训基地的大难题，为学生提供了良好的实际操作环境。一年的顶岗实习能够让学生充分了解企业文化，熟悉企业规章制度，加深对企业的认同感，对企业和学生来说，都是节约成本的最佳选择。

（三）从办学主体划分

1. 校办企业式

"校办企业式"是指高校根据相关专业的培养目标，成立与所开设专业密切相关的企业，学校则可以利用校办产业实现校企合作。部分高校实力雄厚，有能力根据时兴专业特点兴办企业，实现科技和经营理论的成果转化，建立开放性、企业化管理、集教学生产科研于一体的实践教学基地。高校自办企业能够完全配合教学需求，解决学生培养过程中"双师型"教师匮乏的问题；企业所获利润全部归学校所有,为学校的持续发展提供资金支持;企业作为职业院校对外交往的一个窗口,还能够不断促进课堂教学更新,与时俱进。但是校办企业式依然存在着问题,其创办和管理的难度十分大,教学和实践的尺度不好把控,高校面临着较大的风险。

2. 行业(企业)自主办学式

"行业(企业)自主办学式"是指政府将原有学校划归行业管理,产学研相结合。事实上大多数高校在过去都采取这种办学模式;高校根据本行业用人单位对人才需求的数量、专业规格等要求,通过学校专业化教育,将培养达标的人才再重新输送回用人单位。行业(企业)办学式解决了学校培养人才缺乏实训基地的老大难问题,企业参与度非常高,根据企业要求所进行的培养避免了人才培养的盲目性,学生毕业即就业,学生和家长不需要再担心实训和就业问题。然而当前社会发展越来越快,高校很难找到并承担起此类"订单"任务。

3. 合作办学模式

"合作办学模式"主要分为合作办企业和建立合作关系两种形式。高校与他人合作办企业适用于对资金需求量大、技术含量高、市场较难开发的行业,高校单独办企业会有一定的困难,通常情况是职业院校可以凭借场地、技术优势寻找相关的合作伙伴兴办企业。建立合作关系分为两种情况:一是紧密合作关系,指的是高校和企业根据双方需要,签订相应合同书,明确双方责任和权利。企业需要定期接收学生进厂实习、实训并承担一定的教学任务,需要及时向校方提供企业生产的一线信息,优先考虑招聘该校毕业生,促使校企双方达到互利双赢的结果。二是非紧密合作关系,指的是高校与企业没有签订固定合约,根据双方需要,企业可以在条件允许的情况下接收学校的学生实习或就业,企业无须承担教学任务,学校也不用支付任何费用。一般情况下,企业更乐意接受这种非紧密合作关系。

五、校企合作的原则

(一)企业需要原则

校企合作的开展是为了培养合格的人才,同样也为了使人才能够满足企业的需求,这是企业参与校企合作的一个重要动机。因此,校企合作的开展要遵守企业需要的原则，根据行业中企业的用人要求以及岗位的需求，制定校企合作人才培养方案。

（二）校企互动的原则

校企合作是基于学校和企业互动的基础上推动的，只有双方相互协调、深入沟通，才能推动该人才培养模式的实施。的确，在校企合作中，学校需要定期将学生派送到企业进行实习，这种派送不是盲目的，而是要提前和企业进行协商，沟通派送人数、派送的具体时间、学生顶岗实习的岗位等。另外，企业邀请学校教师为企业员工进行培训，或邀请教师协助企业解决问题等，也都是基于协调互动的基础上。总之，合作就需要互动，只有一方主动的合作不能称之为合作，而且也不必然不能长久。

（三）校企互利的原则

合作大多是基于共同利益的基础上，校企合作也是如此，只有学校、企业在合作中都能够得到切实的利益，合作才能长久地维持下去。尤其对于企业来说，经济效益是其发展的根本。企业和学校都能够在校企合作中获得自身需要的利益，但这种利益是基于双方有效合作的基础上，同时基于合作双方对自身及对方利益的考量，即不能一味追求自身利益的最大化，而忽视了对方的利益，这便违背了互利的原则，合作必然不能长久。

（四）政府引导与监管的原则

要想实现校企合作的健康、可持续发展，有时仅仅靠市场机制或者校企双方很难实现，这就需要政府发挥其统筹引导的作用，适度地发挥政府"有形之手"与"无形之手"的作用，为校企合作的有效推进提供保障。例如，树立校企合作先进典型，鼓励企业积极参与到校企合作中，为职业学校办学提供必要的设备、场所和人资。当然，除了鼓励和引导之外，监督也是校企合作有序开展的一个重要保障，基于此，政府可以针对校企合作建立完善的评估标准，制定严格的评估程序，对校企合作进行全方位的评估，避免校企合作流于形式化。对于达到标准的学校和企业，政府除了给予税收上的优惠之外，还会将其树立为典型，为其进行宣传，提高其行业口碑。

六、校企合作的意义

（一）校企合作是适应我国经济科技发展的需要

坚持教育为社会主义现代化建设服务，为人民服务，与生产劳动和社会实践相结合，培养"德、智、体、美"全面发展的社会主义建设者和接班人，是我们党一贯坚持的教育方针。而高校与企业的合作关系，本质上是教育与经济的关系。校企合作是教育与经济相结合的产物，是教育与生产劳动和社会实践相结合具体途径和实现形式。

全面落实国家中长期科技、教育、人才规划纲要，大力提高科技创新能力，加快教育改革发展，发挥人才资源优势，推进创新型国家建设。高校在创新型国家建设中，不仅应成为创新人才培养的主渠道以及基础研究和高技术领域原始创新的主力军，而且要在以企业为主体、市场为导向、"产、学、研"相结合的技术创新体系的建设中发挥积极作用。从现代企业发展的特征来看，企业的竞争更多地转化为知识和人才的竞争，企业的研发能力和研发水平成为其发展与突破的关键问题，在这种形势下，与高校合作，为现代化建设寻求强有力的、高水平的科技与人才的支持是企业提高竞争力的重要保证。具体分析，高校和企业在市场、人才、技术以及资金等方面各有优势。高校作为培养人才的摇篮，生产和传播新知识、新思想的重要基地，拥有丰富的人才资源和高水平的科技专家，同时通过多学科综合与合作，也适合开展具有目标导向的应用研究。企业作为技术创新的主体，是最终产品和服务的提供者，最贴近市场，能够迅速了解市场变化和客户需求以做出相应反应，在资金投入方面也有一定的优势。在这种情况下，进一步推动"产、学、研"结合，能够把科技要素、人才要素、资金要素、市场要素直接结合起来，有效整合创新资源，提高技术创新能力，建立和完善以企业为主体的技术创新体系的有效途径，可以实现优势互补和资源共享，推进创新型国家建设。

（二）校企合作是高等教育人才培养模式创新的需要

深化教育体制改革，关键是更新教育观念，核心是改革人才培养体制，目的是提高人才培养水平。树立全面发展观念，努力造就"德、智、体、美"全面发展的高素质人才；树立人人成才观念，面向全体学生，促进学生成长成才；树立多样化人才观念，尊重个人选择，鼓励个性发展，不拘一格培养人才。要树立系统人才培养观念，推进教学、科研、实践紧密结合，学校、社会密切配合，加强学校之间、校企之间、学校与科研机构之间合作以及中外合作等多种联合培养方式，形成体系开放、机制灵活、渠道互通、选择多样的人才培养体制。

长期以来，我国高等教育存在着校内教学与实际生产实践相脱节倾向，大学毕业生在现有的高等教育模式下，普遍只是掌握了一些书本的、理论方面的知识，缺乏相关实际工作的知识和操作技能，也缺乏团队精神和与人沟通的能力，造成我国大学生就业难和企业招不到适用人才的矛盾。大学生就业难，作为以培养、塑造人才为己任的高校，有着不可推卸的责任，而高校重知识而轻实践是造成大学以上局面的原因之一。要改变我国高等教育教学与实践相脱节的现象，除了要以社会需求为导向，合理设置学科专业以外，应着重从创新人才培养模式入手，适应国家和社会发展需要，遵循教育规律和人才成长规律，深化教育教学改革，创新教育教学方法，探索多种培养方式。而创立高校与行业、企业联合培养人才的新机制，就成为提高大学生的学习能力、创新能力、实践能力、交流能力和社会适应能力十分重要的途径。通过加强校企之间的紧密合作，拓宽大学生校外实践渠道，与社会、行业以及企事业单位共同建设实习、实践教学基地，推进教育教学与生产劳动和社会实践的紧密结合。

（三）校企合作是高校、企业达到"双赢"目的的必然选择

校企合作是高校与企业在各自不同利益诉求的基础上，寻求利益交集共同发展的一种组织形式。具体来说，校企合作就是指高校与产业界在人才培养、科学研究和技术服务等领域开展的各种合作活动。它是利用学校与企业的教育环境和资源，以培养学生的综合素质为目标，采取课堂教学与生产实践相结合的方式，培养适应生产、建设、管理、服务第一线所需要的高端技能人才的一种教育模式。校企合作是我国教育改革的重要方向，也对企业能否做大做强起到至关重要的作用。

从企业角度来看，随着我国社会的进步、经济发展和科技创新，以及管理理念的不断提升，大批新技术、新工艺在企业中得到应用，对企业的生产管理、技术管理、信息管理、财务管理、安全管理等要求也不断提高；同时，企业为建设高素质的员工队伍，实现对内增强凝聚力、向心力，对外增强竞争力要求，企业文化建设也提到了议事日程上来。因而，企业面临着引进人才和员工培训双重任务。传统的"以师带徒"和直接从学校招聘毕业生模式都难以满足企业对高技能人才的需求，通过校企合作模式，可以使企业先期介入高校，参与专业培养目标和人才规格的确定，参与教学计划、课程设置的制订，参与人才培养的实施过程，这样就可以保证培养出来的人能适应社会各个行业不同岗位的需要；通过校企合作模式企业为高校提供实习场地，组织学生开展"顶岗实习"，采取联合培养、订单培养、集中培训或委托培训等方式，企业就可以按照自己的需要获得相应的技术和管理人才；通过校企合作模式企业还可以依托高校资源，在开展员工培训、项目开发等方面获得收益。

从高校角度来看，为适应高等教育大众化阶段对人才培养质量的要求，可以借助校企合作，提升高校人才培养、科学研究和社会服务水平。通过校企合作给教师提供企业实践机会，可以提高教师的理论与实践的结合能力，了解企业发展的动向，促进科研成果的转化；通过校企合作建立校外实习基地，可以促进学生掌握实践技能，培养适应行业、企业所需人才；通过校企合作建立就业基地，促进学生就业，满足经济社会发展需要；通过校企合作联合开展科学研究和项目开发，有利于了解企业现实与发展的动态，有针对性地开展学科建设和科学研究工作。校企合作教育是一种"双赢"模式，主要体现在以下几个方面。

1. 推进高校软硬件的建设

我国对高校教育的投资主要依赖地方政府，经费欠缺是其发展的瓶颈。而经费不足的不良影响是全方位的，最严重的是导致部分高校扩招后在校园建设、教学场地、实训设备和师资力量等方面的严重缺陷，进而影响高职院校的教学质量和人才培养水平。校企合作可以有效地利用企事业单位的现有资源，整合校企双方有限的教育资源，有效地解决高校投入不足的难题，从而促进高校健康可持续的发展。

2. 推进高校人才培养模式改革

校企深度融合，行业企业参与高校教育人才培养的全过程，共同与高职院校研究制定专业标准以及课程标准，对人才培养方案和人才培养目标、教学计划等把握到位，贴近行业产业的发展水平和职业岗位的需求，从而推进高校人才培养模式的改革，逐步实现高等教育人才培养的标准化和规范化，达到提升学生的专业水平和就业质量的目的。

3. 打造"双师"素质师资队伍

高素质的师资队伍是提高高校教学质量和人才培养水平的关键要素。通过校企合作，高校的教师可以定期以脱产或半脱产形式到企事业单位进行跟岗实践锻炼，很好地弥补岗位能力和实操能力不足的缺陷；同时，企事业单位的专业技术人员和高级管理人员经过适当的岗位培训后也可以到高校进行兼职教学，从而解决实操教学师资不足的问题。因此，与企业的深度融合能够为职业院校培养一支具有高素养和高技能的"双师"素质师资队伍，从而优化师资结构，提高师资水平。

4. 有效提升学生的综合素质

校企合作对学生的职业发展具有多方面的益处：一是有效地提高学生的实际工作能力，提升学生的综合素质，快速实现由学生向员工的角色转换；二是通过岗位工作实践，可以增强学生的自我判断力，提升学生的情商，从而帮助学生及早明确职业定位和岗位方向；三是可为学生提供工作机会，增强学生对社会的感知和体验，帮助学生积累真实的岗位工作经验，使学生更容易被用人单位录用，从而达到提高学生就业率的目的。

5. 有利于企业减少人力资源成本

当前跨境电商行业对人才的巨大需求，但很多企业并没有因为对人才的需求就降低对人才录用的标准，而很多毕业生虽然满足企业用人的要求，但由于缺乏实践的经验，所以需要对他们进行二次培训，这样就大大增加了用人的成本。另外，面对每年大量毕业的学生，企业招人本身就需要投入成本，这部分成本也属于企业的人力资源成本。而在校企合作中，企业为学生提供适宜的岗位，并提供相应的培训，使学生获得能力上的提升。这些学生经过企业实习，已经能够初步满足企业的用人需求，当学生毕业之后可以直接到企业就业，这不仅提高了学生的就业率，也降低了企业的用人成本。

6. 有利于企业经济效益的提高

站在企业发展的角度去看，企业发展的根本动力是经济效益，企业只有实现盈利，才能保证其持续的发展。企业的经济效益不仅受收入的影响，也受各种支出成本的影响，包括产品成本、人力成本、技术成本等。企业在生产的过程中，难免会遇到技术上的问题，有时靠企业自己很难解决问题，或者需要一个较长的周期，从而影响企业的经济效益。但通过与学校形成合作关系，便可以寻求学校的帮助，由学校提供专业的人员，辅助企业更快地解决问题。另外，学生到企业进行顶岗实习，企业往往只需要支付较低的薪酬，虽然这些学生产生的工作效益比不上正式员工，但因为受过系统和专业的教育，同样能够为企业产生一定的经济效益，从而促进企业经济效益的提高。

第二节 跨境电商校企合作的影响因素分析

一、主体因素

（一）学校

学校作为参与校企合作的主体之一，学习中的因素主要包括学校的领导班子、专业的建设情况与硬件设施三个方面。

1. 学校领导班子

当前，我国正处在产业结构变革的时期，跨境电商的出现加剧了产业变革的速度，并且跨境电商也逐渐渗透到各行各业中，由此产生了大量的跨境电商人才缺口。虽然跨境电商人才缺口较大，但如何找准企业、市场、学校的利益切合点，更好地为社会输送行业需要的人才，无疑是需要学校领导班子思考的问题。学校的领导班子就好像学校这台机器的中央处理器，是机器的控制核心，其重要性显而易见。就校企合作来说，学校领导班子的影响主要体现在以下三个方面。

第一，影响对市场信息的捕捉与反应速度。市场信息有些是显性的，有些是隐性的，那些隐性的市场信息不容易捕捉，但恰恰是这些隐性的信息往往关系着市场的动向。对这些隐性信息的捕捉往往依靠学校的领导班子，因为一线教师的精力大多放在教学上，没有过多的时间和精力来考虑市场的情况，而只有对市场具有一定的相应的灵敏度，才能够快速捕捉到那些隐性的信息，然后对其进行分析，并指导下一步校企合作计划的推动。

第二，影响合作企业的信任度与积极性。校企合作需要学校和企业双方互动，而只有企业对学校充分地信任，企业参与合作的积极性才更高，也更加愿意拿出更多的资本来支持校企合作项目的实施。在学校与企业针对校企合作进行洽谈的过程中，通常由学校的领导班子作为学校代表，而学校领导班子的能力会在一定程度上影响校企合作洽谈的情况。一个对学校办学理念有着清晰思路和规划、对合作伙伴友好和尽责的领导班子，无疑会赢得企业的信任。

第三，影响校企合作的长期稳定运行。学校领导班子的办学观、决策观、管理观和格局观直接决定着学校的发展机遇、影响着学校的社会形象、关乎着学校未来，也会影响企业与学校合作的长久性。这是因为学校领导班子对校企合作的理解、态度、重视程度和全局的掌控能力直接决定了合作的可能性、合作的深入程度和合作的预期效益，关系着企业与学校进行合作的积极主动性；另一方面，学校领导班子的办学理念代表着整个学校的办学思路和未来方向，影响着全体教职工、在校生和毕业校友的利益和工作态度，进而影响着校企合作机制在具体操作环节的执行顺畅程度和效率，影响着主体双方的创新性、紧密性、友好性，影响校企合作的实际成效，最终影响着校企合作是否能够长期稳定运行。

2. 专业建设情况

从大的方面来看，校企合作是学校与企业的合作，如果将其进一步具体化，则是学校的某个专业和行业中的某个企业进行深入的合作。从这一层面去看，学校的专业建设情况必然会对校企合作产生影响。其具体影响主要表现在以下两点。

第一，影响着企业合作的投入力度。学校的专业建设与当前经济发展的趋势以及行业发展的契合度越高，对企业的吸引力越大，企业则更加愿意投入更多的资源；反之，对企业的吸引力则越小，企业不愿意合作或不愿意投入过多的资源。这是因为学校专业建设与当前经济发展的趋势以及行业发展的契合度越高，其培养的人才越满足行业发展的要求，企业能够从中获得更多的利益，所以更倾向于与学校合作。

第二，影响着政府对学习的支持力度。政府虽然大量支持校企合作，但政府能够投入的资源是有限的，而要使有限的资源发挥出最大的效用，政府就需要从众多的学校中选择出更具代表性和更具发展潜力的学校。在对学校进行选择或审核时，学校的专业建是一个重要的因素，如果学校专业建设具有特色，且在人才培养上具有较大的成效，政府的支持力度自然更大；反之，亦然。

3.学校的硬件设施条件

学校的硬件设施是指静态固定的、辅助教学任务的基础设施，主要涉及学校的学习环境、教学环境与休闲环境三个方面，如学校的教学设备仪器、图书馆、教学楼、实验（实训）器材、信息化设备等都属于学校的硬件设施条件。对高校学校来说，硬件设施条件不仅能够为学生提供优良的学习环境，提高学生学习质量，而且也是综合评价一所学校教学质量的指标之一。从某种程度上来说，学校的基础设施条件是开展教学活动的基础，也是学校设施校企合作的一个重要基础，直接影响着校企合作中学校承担某些项目的能力。与上述两个因素相比，学校基础设施条件对校企合作的影响更加直接，所以为了推动高校校企合作项目的进行，学校也不能忽视自身基础设施条件的建设。

（二）企业

作为参与校企合作的另一个主体，企业同样影响着校企合作的实施。具体而言，企业中影响校企合作的因素主要有企业的价值观与参与合作的经济效益两个方面。

1.企业参与合作的经济效益

企业参与合作的经济效益也可以理解为投入产出比，即在参与校企合作的过程中，企业投入资金与产出的资金之比。在市场化的大环境中，企业是自负盈亏的社会组织，对企业来说，要想实现可持续的发展，就需要对任何项目的投入和产出进行衡量，总体思路就是以较低的投入，获得较高的产出，从而提高企业的经济效益。站在企业的角度，校企合作其实可以看作是一种投资，当投入产出比较高时，企业参与校企合作的积极性更高，企业投入的资源也可能更多；反之，亦然。当然，企业的投入产出比是站在校企双方共同利益的基础上，企业不能因为要实现投入产出比的最大化而损害学校的利益，从长远来说，这样既不利于校企合作长期稳定地运行，也不利于企业的发展。

2.企业的价值观

企业的价值观影响着企业的经营理念与企业的道德观念，其中，企业的经营理念决定着企业的经营方向；企业的道德观念影响着企业的社会责任意识。对于企业来说，企业的经营理念和企业的社会责任意识都会影响企业参与校企合作的积极性和程度,所以作为企业发展的宏观价值观,自然也成为修养企业参与校企合作的一个重要因素。

首先,从企业经营理念的层面来看,企业的经营理念决定着企业合作的目的、合作的方向、合作的内容以及合作的形式。对于企业来说,校企合作是一种合作形式,这种合作形式涉及哪些内容、能够达到什么目的是企业考虑的因素,只有当企业进行综合分析和考虑之后,确定校企合作是否符合其经营理念,才会决定是否进行校企合作。另外,企业经营理念中对利益的追求是短期或长期也会影响企业对校企合作的决策,因此校企合作对企业产生利益一般是长期的,并且随着时间的推进,其利益愈加凸显。因此,如果企业追求的短期利益,则参与校企合作的医院便会较低;如果企业追求长期利益,则企业参与校企合作的意愿便会较高。

其次,从企业道德观念的层面去讲,企业能否具有承担起其所具有的社会责任意识也是影响其参与校企合作的一个重要因素。因此,仅从利益的角度分析,企业合作的对象有很多,可以实现经济效益的途径也很多,校企合作只是其中一种,但与其他途径不同的是,校企合作有助于学校培养更多符合社会发展需要的人才,这对社会发展来说具有重要的意义。如果企业能够站在社会发展的价值高度上,承担起其促进社会发展的社会责任,便会在众多可以获得利益的途径中选择校企合作的方式,与学校一同为了培养人才而贡献自己的一分力量。

二、环境因素

(一)内部环境因素

内部环境因素主要指影响学校和企业达成合作目的的内力,主要包括主体战略因素、经济效益因素与潜在风险因素三个方面。

1. 主体战略因素

主体战略因素主要是从主观意识形态层面对校企合作机制产生积极促进作用。战略是一种宏观、长远的目标,通常从全局考虑,且具有较长的周期性。对于企业和学校来说,战略是他们未来长期发展的宏观决策,一旦确定,将后续很多工作开展的基本准则。虽然学校和企业在性质以及运行机制上存在很大的不同,但对于二者来说,主体战略的重要性是一样的。校企合作无论是对于学校还是对于企业来说都不是一件小事,自然受主体战略因素的影响。当然,是否将校企合作上升到战略高度,将会在很大程度上影响校企合作的推动情况。如果学校和企业都能够将校企合作上升到战略高度,那么在日常的科研、生产、生活中,学校和企业都会积极主动地去寻求符合自身发展、条件合适、目标类似的主体进行合作,并逐步确立合作关系,从而进一步稳固和提升自身的生产和创新能力。

2. 效益因素

经济效益是影响校企合作,并维持其稳定长期发展的最直接和最根本的内因。对于企业来说,追求的是利益的最大化;对于学校来说,追求的是教育资源的积累。二者虽然追求的目标不同,但都是站在彼此发展的立场上,追求效益的最大化。关于这一点,笔者在前文已有多次论述,所以在此便不再赘述。

3. 潜在风险因素

就校企合作来说,虽然有政府的支持和扶持,但就合作的本质而言,合作便存在着风险,存在着不确定性,这些潜在的风险也是影响校企合作的一个内在的环境因素。在校企合作中,无论是企业还是学校,都需要投入较大的资源,这些投入的资源最终能否产出,或者说能否转化成成果,存在着一定的不确定性,而且有些影响的因素是不受参与主体(包括学校、企业和支付)控制的,这就增加了合作的潜在风险。对于企业来说,企业是合作机制中资源的主要承担者,主要提供设备、场所等学校所不具备的资源,通过与理论知识积累丰富的学校进行合作就可以削减风险指数,提高成功和资源共享的可能性;对学校而言,经费缺乏是高校学校中普遍存在的问题,因此对学生的管理和培养等方面的创新就会在数量和规模上受到限制,而且本身承担风险的能力也不强,通过与企业进行合作就可以将此风险降低。由此可见,降低校企合作中一些存在的潜在风险对推动校企合作无疑起到非常积极的作用。

(二)外部环境因素

校企合作涉及学校、企业、政府三方,所以是一个相对开放的系统,不仅受内部环境因素的影响,同样也受外部环境因素的影响。因为该系统是开放的,所以对其产生的外部环境因素是复杂的,所以为了能够全面、系统地对外部环境因素进行分析,笔者借助PEST分析法,即从政治因素(politics)、经济因素(economy)、社会因素(society)、技术因素(technology)四个方面展开。

1. 政治因素

政治环境因素是一只无形的手，其所产生的政治政策与法律法规都会对校企合作产生决定性的影响。就政治因素产生的主体来说，可分为中央政府与地方政府。中央政府作为国家意志的具体执行者，通常站在国家发展的高度上进行战略布局，对包括跨境电商行业在内的各行各业产生着深刻的影响。地方政府则站在更为具体的层面，从地方发展的实际情况出发，在中央政府政策的指导下，制定更加具体的政策。

从中央政府这一政策制定的主体来看，中央政府主要从三个方面影响校企合作。其一，中央政府对校企合作进行顶层设计，即充分考虑企业与学校的需求和相关要素，站在最高层次上对校企合作进行全局性的构想，并将校企合作的总体规划和整体理念具体化。其二，中央政府制定相应的支持性政策，推动校企合作的稳定、长期发展，例如2018年由国家发展改革委、工业和信息化部、财政部、人力资源社会保障部、国家税务总局联合制定的《职业学校校企合作促进办法》中，明确指出："促进、规范、保障职业学校校企合作，发挥企业在实施职业教育中的重要办学主体作用，推动形成产教融合、校企合作、工学结合、知行合一的共同育人机制，建设知识型、技能型、创新型劳动者大军，完善现代职业教育制度。"其三，中央政府制定相关的法律法规，法律法规具有约束性的作用，能够对校企合作中企业、学校以及政府的行为进行规范、统治和保护，进而为校企合作提供必要的保障。

从地方政府这一政策制定的主体来看，地方政府主要从两个方面影响校企合作。其一，地方政府对行业发展的重视程度。跨境电商行业目前处于快速发展的态势，其在社会发展中发挥的作用也越来越凸显，所以政府大力提倡发展跨境电商。对于地方政府来说，只有重视跨境电商行业的发展，才能重视跨境电商人才的培养与跨境电商企业的健康发展，也才能够重视校企合作。其二，地方政府对中央政府政策的落实情况。从近年来政府颁布的文件来看，中央政府对校企合作模式的支持力度很大，并且多次在文件中指出要促进校企合作的实施。但政策下发到地方，地方政府是落实中央政策的主体，如果地方政府能够切实将中央政府的支持落实到地，无疑会推动校企合作模式的实施。以山东为例，山东政府为深入贯彻党的十九大和全国教育大会精神，促进、规范和保障职业学校校企合作，发挥企业重要办学主体作用，构建产教融合、校企合作、工学结合、知行合一的共同育人机制，建设知识型、技能型、创新型劳动者大军，弘扬传承工匠精神，培育齐鲁工匠，完善现代职业教育制度，制定了《山东省职业学校校企合作促进办法》，对推动职业学校的校企合作发挥了积极的作用。

2. 市场经济因素

校企合作的产生、形成过程所处的社会经济发展状况和国家经济战略统称为市场经济环境因素。如果我们从经济学的角度分析，校企合作其实可以看作是一个微型经济体，是在市场经济体制下的一种特殊经济行为和产业发展模式。由此可见，校企合作从产生到其发展总是在市场的大经济环境下进行的，所以自始至终都会受到市场经济环境中的各种因素的影响。另外，校企合作的最终目的是获得一定的收益，这些收益之所以被认为是收益，是因为这些收益最终会对市场产生反应。举例来说，学校的收益是资源积累以及培养了合格的人才，资源的积累可以帮助学校持续培养合格的人才，而这些合格的人才能够满足市场的要求。由此可见，校企合作与市场经济有着千丝万缕的联系，所以也必然会受市场经济因素的影响。

3. 社会环境因素

社会环境是影响人的心理和活动及其社会过程的社会系统，家庭、学校、团体、组织、社区、社会、文化等是其重要的组成部分。[1] 社会环境因素是诸多外在环境中最为复杂的因素，所以为了便于分析，笔者将此处的社会环境因素限定在社会文化环境因素。社会文化是指人类在长期发展历程中所积累形成的受教育水平、特定价值观念（伦理道德规范、审美观念、宗教信仰及风俗习惯等）、人口因素、行为方式、文化传统、社会流动性消费心理等内容。社会文化包含的内容中，每一点看似与校企合作都无关，但仔细分析便会发现，每一点又都对校企合作产生有一定的影响。以受教育水平为例，一个地区人口受教育水平的高度在一定程度上影响着他们的认知，包括对校企合作的认知，而这种认知与校企合作的深化程度呈正相关的关系。总之，社会环境因素也是影响校企合作的一个重要的外在环境因素，但由于该因素太过复杂，所以笔者便不用过多篇幅对其做系统分析，仅在此做简要论述。

---

[1] 王思斌. 社会工作导论 [M]. 北京：高等教育出版社，2004：102.

4.科学技术因素

在现代社会,科学技术的重要性不言而喻,作为社会生产中最活跃的因素,科学技术的进步对社会发展产生有重要的影响。具体到校企合作中,科学技术同样是一个重要的影响因素。首先,科学技术的发展能够改变校企合作的方式。以当前发展的信息技术为例,借助信息技术,学校与企业之间能够更高效地进行互动,而互动效率的提高无疑能够推动校企合作的实施。其次,面对科学技术的快速发展,无论是学校还是企业,都存在追求技术发展的愿望,因为只有在技术上跟上时代发展的潮流,学校才能在人才培养中取得更好的成果,企业也才能赢得更多的利益。在前文提到,学校和企业存在资源互补的关系,这种互补性有助于双方科技的发展,满足双方对科技发展的追求,所以能够推动校企的合作。

上述四个外部环境因素不是相互独立的,而是彼此联系、彼此影响的,并共同对校企合作的开展产生影响。

第三节 基于校企合作的跨境电商人才培养策略

一、发挥政府主导性作用

在校企合作中,政府扮演着统筹者和引导者的角色,虽然政府对校企合作不能过多地干涉,要保证市场的活力,但政府需要发挥其主导作用,才能促进校企合作健康、可持续的发展。具体来说,政府主导性作用的发挥体现在以下几个方面。

(一)加大对校企合作的宣传力度

在信息化时代,人们获取信息的渠道越来越多,同时每个人也都成了舆论的发起者,尤其在这个自媒体时代,每个人都可以将自己的看法通过一些公众平台传播出去。但面对众多的信息,哪些信息是准确的,哪些信息是虚假的,有时候公众很难分辨。而在众多信息发布者中,政府无疑是最具权威性的,他们的舆论往往能够在嘈杂的信息中产生掷地有声的效果,引导人们对某方面的信息形成正确的认知。校企合作作为一种有效的人才培养模式,在当前的教育中发挥着越来越重要的作用，但很多人、组织、企业对校企合作的认知仍然不足，认为校企合作就是消耗企业的资源为学校培养人才，这在一定程度上影响了企业参与校企合作的积极性。其实，校企合作是一项"双赢"的工程，学校和企业都能够在校企合作中获得自身所需要的利益。基于这一基础，政府应该在权威媒体以及其他公共平台加大对校企合作的宣传力度，尤其要宣传深化校企合作的政策，加强宣传动员和舆论引导，营造一个全社会理解、支持、参与的校企合作的良好氛围。

（二）加强政策与资金支持，推进校企共赢

除了进行宣传动员和舆论引导之外，政府还应该切实制定一些支持校企合作的政策，使政府支持从口头落实到实际的文字中。其实，通过分析近些年政府关于高等教育的政策不难发现，政府对高等教育的重视程度与日俱增，其中对校企合作也有具体政策上的支持。例如，2017 年《国务院办公厅关于深化产教融合的若干意见》强调，要面向产业和区域发展需求，完善教育资源布局，加快人才培养结构调整，创新教育组织形态，促进教育和产业联动发展；逐步提高行业企业参与办学程度，健全多元化办学体制，全面推行校企协同育人，教育和产业统筹融合、良性互动的发展格局总体形成，需求导向的人才培养模式健全完善，人才教育供给与产业需求重大结构性矛盾基本解决。2019 年，《国家产教融合建设试点实施方案》提出，要通过 5 年左右的努力，试点布局 50 个左右产教融合型城市，在试点城市及其所在省域内打造一批区域特色鲜明的产教融合型行业，在全国建设培育 1 万家以上的产教融合型企业，建立产教融合型企业制度和组合式激励政策体系。

另外，除了政策上的支持之外，还可以面向企业与学校给予一定资金上的支持，因为企业参与到校企合作中，需要企业提供设备、场地以及人力支持，完成对实习学生的教育和培训，而这些支持必然会产生资金上的投入，虽然后续产生的一些效益可以弥补企业前期的资金投入，但如果能够在前期便给予企业一些资金上的支持，无疑能够极大提高企业参与校企合作的积极性。当然，资金支持并不一定要直接给企业拨款，可以采取的方式有很多，如资源补充、财税减免、用地以及劳务补助等优惠政策等。

（三）站在宏观视角上进行规划布局

从某种层面上来说，校企合作是政府规划社会发展中的其中一个部分，是社会规划发展整体战略中的一个"分战略"。但这项"分战略"也是一项系统的工程，一项涉及众多学校和企业的系统工程。在这项工程中，学校和企业是参与者，他们的任务是从具体的层面去落实，保障校企合作这项工程能够落实。而政府作为宏观统筹者，他们的一个任务则是站在宏观的视角对校企合作进行统筹规划，对其进行整体性的布局，并制定宏观的实施方案，形成路线图，从而更好地引导社会各界参与到校企合作之中。其实，对于企业和学校来说，作为校企合作的具体参与者与实施者，如果有宏观上的规划布局，他们在落实具体的方案和行动时，也能够有更加明确的方向，也自然能够更快地推动校企合作的进程。因此，政府要站在宏观视角上，对校企合作进行战略性的规划布局，为校企合作开展建一座指引方向的"灯塔"。

（四）健全考评体系，完善监督制度

在前文论述校企合作原则的内容中，笔者便简单阐述了政府监督的原则。其实，在我国现有的产业体系中，为保障市场的活力，政府往往不会过多干预，但为了保障市场的有序进行，政府的监督不可或缺。为了推动校企合作的发展，政府常常会给予企业和学校资金上的支持，但有时一些企业和学校仅仅将关注点放在资金的获得上，用形式化的校企合作骗取资金，这样不仅会造成资金的浪费，还可能争夺了那些真正想实施校企合作的企业和学校的机会。因此，政府在制定支持政策以及提供资金支持的基础上，还需要健全考评体系，严格考量校企合作的质量。对于取得较好成果的学校和企业，政府可以将资金支持落实到位，并将其树立为典型；对于评估中发现问题的企业和学校，要对其进行批评教育和处分，如果情节严重，还可以对其依法进行处罚。正所谓"不以规矩不能成方圆"，只有支持和约束同步实施，才能保证校企合作这棵"树木"茁壮、直向地成长。

二、发挥学校主体性作用

不管对高校跨境电商人才培养工作本身来说，还是对跨境电商行业的整体发展而言，校企合作都能够发挥不可取代的作用，而在开展校企合作时，学校需要通过科学制定人才培养方案、科学规划课程体系、搭建实训系统、提升教师专业素养、开发教材、开展项目合作等方式，来为学生提供更多的实践机会，以最终提升学生专业素养，为社会输送大量高素质的人才。

（一）科学制定跨境电商人才培养方案

1. 人才培养方案的概念

作为人才培养的重要场所，高校的职责之一就是向社会输送社会发展所需要的人才，所以每一个教育工作者都需要时刻思考"培养什么样的人才与怎样培养人才"这两个问题。在学校人才培养的总体规划与策略中，人才培养方案是基础和前提，这是学校人才培养的总体设计，是学校组织教学活动、开展教学关系、实现教学目标的重要依据。人才培养方案不是简单的教学计划，这是众多教育工作者站在学校发展以及人才发展的宏观视角上，以人才培养为目标制定的工作蓝图。因此，各校一定要结合自身实际情况，制定适宜的人才培养方案，以此来进一步深化教学改革，指导学校教学活动的展开，从而不断提高人才培养质量。

2. 人才培养方案制定的原则

跨境电子商务人才培养方案的制定应该遵循以下几点原则。

（1）坚持技能与综合素养相结合的原则。高校跨境电商专业人才培养的一个目的就是要让学生掌握从事跨境电商行业的技能，这是高校学习与普通高中教育不同的地方。当然，现代教育强调的是人的全面发展，技能只是学生进入某个行业的"敲门砖"，综合素养才是决定学生能够在行业中实现长远发展的根本，尤其在企业愈加重视人才综合素养的今天，综合素养显得更加重要。因此，对于高校来说，除了要重视学生跨境电商技能的培养之外，还需要重视学生综合素养的提升，使学生实现"全人"的发展。

（2）坚持实事求是的原则。实事求是指从实际对象出发，探求事物的内部联系及其发展的规律性，认识事物的本质。目前也指按照事物的实际情况做事。跨境电商人才培养方案的制定就是要充分考虑实际情况，制定科学、合理的方案。首先，学校要充分考虑学校自身建设情况，包括教学基础设施建设、教师资源建设等，制定与之相匹配的人才培养方案，而不是好高骛远。其次，学校要充分考虑跨境电商行业发展情况，这是保证学校所培养人才能够满足电商企业要求的一个前提,如果学校不考虑行业发展情况而盲目制定方案,势必会影响学生毕业后的就业率,进而影响学校教学质量的口碑。最后,学校要充分考虑学生的生源特点以及身心年龄特点,高校的学生正处在青春期阶段,心理发展还不成熟,学校在制定方案的过程中要将该阶段学生的身心发展特点,尤其是心理发展特点考虑在内。总之,作为学校人才培养的一个宏观蓝图,人才培养方案的制定不能好高骛远,要实事求是,并脚踏实地地、一步一个脚印地去落实,才能使这个蓝图实现从纸面到现实的跃迁。

(3)与人才的可持续发展相结合的原则。社会是在不断向前发展的,尤其在这个知识爆炸的时代,社会发展的速度非常之快,这也促进了知识更迭速度的加快。对于每个人来说,要想跟上社会时代发展的潮流,就必然要树立终身学习的理念,实现自身的可持续发展。其实,跨境电商人才培养方案本身就是一个人才培养的蓝图,是站在四年教学的时间长度上,不局限于一时一课,但就一个人终身的发展来看,四年也只是其中的一个阶段,如果学校能够站在四年教学规划的基础上,将终身学习以及可持续发展的理念融入人才培养方案,对学生的成长和长远发展无疑具有更加积极的意义。

(二)科学规划电子商务课程体系,配合校企合作的实践模式

为了推动校企合作模式的深入推进,中职院校首先需要科学规划电子商务专业的课程体系,以使学生的理论知识能够满足社会工作的各个层面与内容,进而培养高素质的电子商务人才。为此,学校与该专业的管理者需要基于自身的办学目标而搭建强大的教学保障体系,以为该专业的教学与实践等活动提供巨大的支撑。而在开展课程体系改革与重组时,管理者需要充分认识到组织、基础设施、校园环境、教学理念及制度等要素的重要意义,并在这些方面上给予最可靠的保障,以推动电子商务教学活动的顺利开展及校企合作模式的实践落实。唯有学校与专业管理者对校企合作有一个正确的认知,并能够保证该项工作的各个要素都得到了满足,并能够树立制度与基础设施等方面的保障,才可以顺利推进校企合作的实施。而在开展此项工作时,管理者需要始终秉持着认真负责、科学合理及公平公正的态度,以真正为社会输送具有高素质的人才资源。

(三)搭建完善合理的合作实训系统

校企合作最为重要的组成部分便是当地企业能够为学生提供实训基地,为学生创造全面的实践机会,因此搭建完善合理的实训系统便成为校企合作模式的关键构成。在搭建电子商务专业的实训系统时,需要学校真正为学生创设符合企业工作活动的基础设施及教学环境。譬如,依据电子商务人才培养的具体要求及表现,学校可以创建商品拍摄、美工、店铺推广及客服等各个方面的工作室,以使学生真正有机会接触社会工作内容,从而逐渐提升其专业实践素养。而在专业内部的管理层面,学校可以按照企业的管理规范建立相应的奖惩等制度,并采取团队负责的方法,即一个负责人管理一个团队。在具体教学过程中,教师也需要根据学生表现出的专业水平实时调整实训的内容,或者采取因材施教的理念开发每一位学生展现出的优点,促使其在各自的领域中充分发挥自身长处。此外,当地企业也需要为学生提供定期实训的基地,使其参观并实际参与到企业相关活动中,并为其提供顶岗实习机会,以此逐步提升学生的社会工作实践能力。

(四)切实提升教师队伍的专业素养与整体水平

教师的专业素养直接影响着人才培养的最终效果,而对包括跨境电商专业在内的校企合作模式来说,"双导师制"是其中的主要内容,此项制度也是高校教学活动的主要构成,也就是学生不仅可以跟随学校教师学习理论知识与技能,还有机会学习当地企业的工作骨干的经验。为了推动跨境电商专业校企合作模式的深入践行,高校需要与当地企业建立深入的合作关系,使企业能够接纳学校教师定期到企业中进行培训学习,以此切实提升教师的专业素养与教学水平。此外,学校也可以要求当地企业向学校输送工作骨干,以定期为学生讲解专业知识及工作经验、注意事项等内容,以保证学生能够最大限度地接触社会工作。

(五)基于课程设置,开发跨境电子商务教材

教材是知识的载体,是教学活动中重要的组成部分,在跨境电子商务人才培养体系中,教材的选择与开发同样是不可忽视的一环。

教材是学生与知识之间的桥梁,承载着专业知识,体现着教学思路,影响着教学方法,且教材内容的逻辑顺序也是经过科学分析而确定的,符合学生专业知识习得的内在逻辑和教育的一般规律,教材是人才培养不可或缺的要素,任何专业的教学都需要教材的辅助,跨境电子商务也不例外。

当提到教材时,人们往往会首先想到教科书,但随着教学技术的发展与教学理念的更新,教材的含义已经不再仅仅局限于教科书。以跨境电子商务人才培

养为例，教材的形式可以是书本、可以是实体或电子的教辅材料，也可以是辅助教学的多媒体影像。随着时代的发展，教材的形式虽然已经发生了较大的变化，但教材的重要作用却始终未变，其承载着一门专业基本的知识内容，是教师开展教学活动的重要辅助工具，是人才培养课程知识的具体呈现，是学生获取知识的直观途径。因此，对于跨境电子商务人才培养来说，教材的开发具有十分重要的意义。

在校企合作的背景下，跨境电子商务各专业教材的开发应该以满足本专业学生发展的需要以及企业对人才素质的需求为标准，以典型的实务技能为重点，以实际工作需要为重要参考，在对理论知识进行准确把握与全面的阐述的基础上，重视学生基本理论知识体系的建构，突出对学生实践能力的培养。

跨境电子商务教材开发还应该注重与时俱进，跨境电子商务伴随着信息技术与网络科技的发展不断产生新的发展模式与样态，跨境电子商务的专业建设与教材开发也应该与时俱进，在教学内容中体现新理念和新技术。伴随着跨境电子商务人才培养模式的不断发展变化，传统教材难以适应新的人才培养模式，因此要重视教材内容与形式的与时俱进。

校企合作的各参与主体应该鼓励教育工作者根据跨境电子商务产业的发展情况与教学实践开发教材，并给予资料、经费、信息等各种资源支持，帮助教育工作者开发出符合专业发展特色和行业发展需求的校本教材。

（六）建立校企合作制度，开展项目管理合作活动

无论是学校派往当地企业的教师，还是从当地企业选拔出来的工作骨干，都是校企合作过程中的重要桥梁，为此学校与企业都要时刻保持专任教师的工作积极性。例如，学校可以根据合作项目的规模、数量及难度、经济收益等要素给予教师一定奖励，并依据在校企项目合作过程中教师们的考勤、具体表现、记录及完成情况，对教师们进行整体考核与评价。

三、调动电子商务企业参与的积极性

企业作为校企合作中不可或缺的主体之一，只有充分调动企业的积极性，才能使更多的企业参与到校企合作中，也才能不断扩大校企合作人才培养这一模式。上文提到的政府政策与资金支持除了对学校有一定的激励作用，对企业同

样能够起到一定的激励作用，除了这一点，还可以通过如下几点策略去调动企业参与校企合作的积极性。

（一）充分发挥电子商务行业协会的作用

跨境电商协会是从事信息化及跨境电商产业（保护跨境电商）研究、经营、管理、应用等领域相关机构共同发起，经中国政府机构核准登记注册的非营利社团组织。协会以推动信息化及跨境电商应用与发展进程；营造跨境电商应用、发展的环境和氛围；凝聚人才、共谋发展、促进行业的管理和自律为己任；在政府和企业之间、企业与企业之间、企业与社会之间发挥纽带和桥梁作用，服务企业、服务政府、服务社会，推进信息化及跨境电商广泛应用与发展。学校作为人才培养的一个重要场所，跨境电商专业与跨境电商行业在跨境电商人才培养上具有目标的一致性，而相较于学校来说，跨境电商协会对企业的了解更为深入，与企业的沟通也更为简单，通过跨境电商协会这一桥梁，无疑能够促进企业与学校的沟通交流。

当然，作为跨境电商行业信息的引领人与聚集地，在促进校企合作上，跨境电商行业协会不能仅仅简单发挥一个桥梁的作用，而是要突破第三方的局限，使自己成为促进校企合作的一个主体。之所以跨境电商行业协会可以充当促进校企合作主体，因为站在学校的角度来看，跨境电商行业协会在对市场的了解上更为透彻，能够为学校人才培养提供指导；站在企业的角度来看，跨境电商行业协会对各企业具有较强的辐射力与影响力，有引导企业参与校企合作的能力。因此，笔者认为跨境电商行业协会要充分发挥其影响力与辐射力，充当促进跨境电商专业校企合作的一个主体，积极引导企业参与到校企合作中，并在此基础上制定了校企合作的管理规定，明确学校、企业双方的义务、权力归属，同时定期对校企合作的成效进行评估和调整，从而促进跨境电商专业校企的深度融合。

（二）建立常态化的校企沟通机制

从学校与企业长远发展的角度来看，如果能够建立长期的合作机制，学校与企业能够获得利益无疑会更多。但就目前校企合作的现状来看，一些企业由于持观望的态度，所以常常会采取短期合作的方式，如果企业没有从合作中获得理想的效益，便会终止与学校的合作。另外，在校企合作的过程中，学校与企业之间难免会产生利益上的分歧,这也容易导致合作的破裂。因此,为了维持和调动企业参与校企合作的积极性,校企之间必须要建立起常态化的沟通机制,保障双方能够及时有效的沟通,探寻双方利益的价值趋同,使校企双方都能够在校企合作中实现利益的最大化。具体而言,校企常态化机制沟通机制的建立可以从如下两点做出思考。

第一,加强校企双方信息上的交流。在校企合作的过程中,学校如果在校企合作相关的人才培养政策、制度上发生改变,应该及时与合作的企业沟通,说明制度、政策变化的方向,并最大限度地与企业达成人才培养理念上的一致性,避免分歧的出现。作为身处市场之中的企业,企业对市场情况无疑更加了解,企业要将其所了解的市场信息传达给学校,学校依据企业提供的市场信息,在与企业沟通的基础上对人才培养方案做出修改和完善。对于企业提供的市场信息,学校应予以高度的重视,并收听企业给出的人才培养建议,使制定的人才培养方案是建立在校企双方共同利益点的基础上,这样才能使校企双方在共同利益的驱动下保持合作的积极性,并促进校企合作的可持续发展。

第二,加强校企双方人员上的往来。在校企合作中,学校与企业除了进行信息上的沟通之外,还应该加强双方人员上的往来,即让校企双方的工作人员进行定期的交流,同时派遣彼方人员到对方的场所进行学习。对于学校与企业的工作人员而言,双方在对跨境电商专业知识与技能的认知上各有侧重,学校工作人员更偏于理论,对知识的掌握更加系统;企业工作人员偏于实践,对知识的掌握虽然不够系统,但对某一方面知识或技能的认知更加深入。由此可见,校企双方工作人员彼此之间存在很多可以相互学习的地方,所以定期组织双方人员进行交流,对双方工作人员的成长与发展具有非常积极的意义。另外,学校可以定期派遣一部分教师到企业进行实践学习,提高教师实践教学的能力;企业可以定期派遣一些理论知识比较薄弱的员工到学校学习,这对于一些实践能力较强但理论知识较为薄弱的员工来说,在大量的实践后,一些理论知识的融入也许能够使其对实践理解得更为透彻,从而使员工在理论知识的学习下实现进一步的质变。企业员工获得了能力的提升,企业人力资源结构会得到优化,企业的效益也会得到相应的增长,所以企业参与校企合作的积极性也便能够最大限度地调动和维持。

第四节 校企合作背景下跨境电商产业学院建设实践

近些年，随着互联网时代的快速发展，带给传统企业的是一次又一次的挑战与大洗牌，在这样的时代背景下，倒逼着许多传统企业不得不进行转型升级，并对企业内部结构进行不断的优化，使其能够与时代发展需求相适应。产业学院作为一种全新的校企合作模式，便是在这一背景下应运而生的。它是产教融合的重要实践形式，是由企业、高等院校和政府合作共建的新型教育机构，致力于将学习与实践有机结合、知识与技能紧密结合，培养适合产业发展需求的高素质人才。通常来说，传统的教育体系缺乏与实际产业需求的紧密结合，产业学院的出现，使这一问题得到了有效解决，一方面既提高了学生的实践能力与适应能力，另一方面又为企业提供了高素质人才，为企业的可持续发展提供智力支持。

一、跨境电商产业学院建设目标

跨境电商产业学院建设作为校企合作纵深发展的重要方向，基于区域经济产业转型发展的需要，既要顾及个体的利益诉求，包括学生、学校教室、员工与企业管理者，又要充分考虑各个社会组织的利益诉求，包括学校、政府部门、企业、园区、行业（协会）等，对在学校、地方政府、行业（企业）基础之上的多元合作模式与机制进行创新，确定跨境电商产业学院的职业性、技术性、终身性三个建设目标。职业性是指跨境电商相关专业结构与跨境电商产业结构的深层次对接，使学生能够在真实的职业场景中，完成对职业素养、职业态度、职业技能、理论知识的吸收内化与整合提升，同时实现职业资格证书与毕业证书的对接、专业教学标准与职业标准的对接；技术性是指为跨境电商产业提供高素质技术技能人才，在学生的实践项目中，将行业、企业的未来发展趋势与最新的前沿技术植入进去，并使其能够在提高教学质量与教学效率方面发挥重要作用，客观上帮助学生提高自身的技术素养，与此同时，在满足产业升级需求，以及区域经济社会发展的前提下，教师应当不断对已有技术进行改进，促使新产品与新技术的研发得到不断加强，并在实践过程中实现产业化，客观上推动跨境电商产业技术的不断升级；终身性是指随时关注新兴技术在市场中的发展动态，并基于市场环境的变化，以及区域产业升级的具体需求，面向市场群体进行精准优质的培养培训，并开展一系列转岗培训与社会就业创业培训等。

综上所述，跨境电商产业学院应当突出以下三个目标。

（一）突出"服务产业"

跨境电商产业学院需要肩负起时代赋予的重任，践行多重国家战略，如"一带一路"倡议、中国制造2025和乡村振兴等，为区域产业的转型升级提供服务，具体来说，需要从以下三个方面着手：第一，紧随新技术、新产业、新技术的发展前沿，制定相应的人才培养目标、标准与模式，根据产业最新项目与最新技术的发展需求，设计与之相匹配的教学内容，分析当前企业对人才的工匠精神、职业素养、职业态度以及职业能力的具体要求，研发全新的教学方法，使之能够满足区域产业转型升级的实质性要求，在人才资源方面提供充足的支持；第二，不断强化产业研发，提升产业核心竞争力，将科研成果转化到产业发展中，为区域经济社会提供强有力的智力支持；第三，对区域产业转型升级的最新动态加以密切关注，对企业岗位的技能要求变化进行深入了解，对企业员工提供相应的岗位培训，诸如转岗培训、在岗培训、岗前培训等，对社会成员提供一系列的职业培训，诸如农村剩余劳动力、社会待就业人员以及在校学生等，在一定程度上促使人才实现可持续发展，为人才提供终身学习的平台，培养他们终身学习的能力，推动区域产业的转型升级得以实现与发展。

（二）强调"深度对接"

跨境电商产业学院需要实现教育要素和跨境电商的产业要素深度对接，具体体现在：要实现产业学院专业结构与区域产业结构相匹配，从而为当地区域产业转型升级发展提供智力支持，包括对人才培养规格、人才培养目标与专业设置进行相应的调整与改进等；当前市场普遍存在的一些困境，如产业学院各专业教学资源、教学内容的严重滞后等，为了使这一问题得到有效解决，可以通过在学校实际课程教学中加入产业（行业、企业）的文化、最新技术、职业标准、项目资源、员工等要素，在教学内容、教学过程等方面进行重新设计，使之能够与产业发展需求相适应，真正实现教育口与产业端的无缝对接，客观上促使学生的职业素养、职业能力、职业技能与职业知识得以培养；企业的技术研发机构应当与产业学院的科研服务实现对接,产业共性问题解决的实际需求和产业关键性技术,也应当与产业学院的科研服务实现对接,并在此基础之上,实现科研成果的产业转化,并将这一成果在教学实践项目中得以体现,一方面能够促进区域产业技术可持续发展,另一方面又可以促使高素质技术技能型人才培养质量得到有效提升。

(三)创新"跨界合作"

跨境电商产业学院突出多方主体的"跨界合作",涉及家长、学生、产业学院、学校、企业、园区、行业(协会)、政府等主体。与此同时,对专业间的"跨界合作"给予高度重视,对职业岗位群与区域产业链进行深入对接,对教学组织管理与教学资源配置加以不断优化。产业学院应当将主干学科或特色专业作为支撑进行自身发展,组建"跨界合作"专业集群,涉及技术领域相近或相同,以及职业领域相关的专业,这种组建并非几门课程的简单累加,而是需要对专业之间的底层逻辑与内在关联进行综合考虑,需要对新兴产业交叉跨界的本质属性与产业链的整个生命周期加以全面考虑。

二、跨境电商产业学院总体框架

跨境电商产业学院由相关院校、跨境电商协会签订校企合作协议,由学校、政府和企业共同出资组建。与以往不同的是,跨境电商产业学院与企业之间的合作关系不再是单独的、一对一的模式,而是通过协会这个组织平台,将合作机会传递给所有有意向的跨境电商会员企业。具体流程如下:一是通过协会对所有会员企业人才订单加以汇总,统一交至产业学院企业联络部;二是企业与学校进行人才委托培养协议的签订,并对人才培养方案进行共同制定;三是产业学院根据协议的人才要求进行量化培养,也就是分岗位、分层次地展开人才培养。具体来说,跨境电商产业学院实施的管理体制在形式上采取的是政府主导、校企双主体、多方参与的形式,实行的是理事会领导下的院长负责制。在某种程度上实现了教育与产业的深度对接,具体表现在相关领域的彼此合作方面,具体涉及文化传承、高水平实训基地建设、"双师型"师资培养、社会服务、就业创业、技术创新、人才培养、专业群建设等。跨境电商产业学院的系统如图8-2所示。

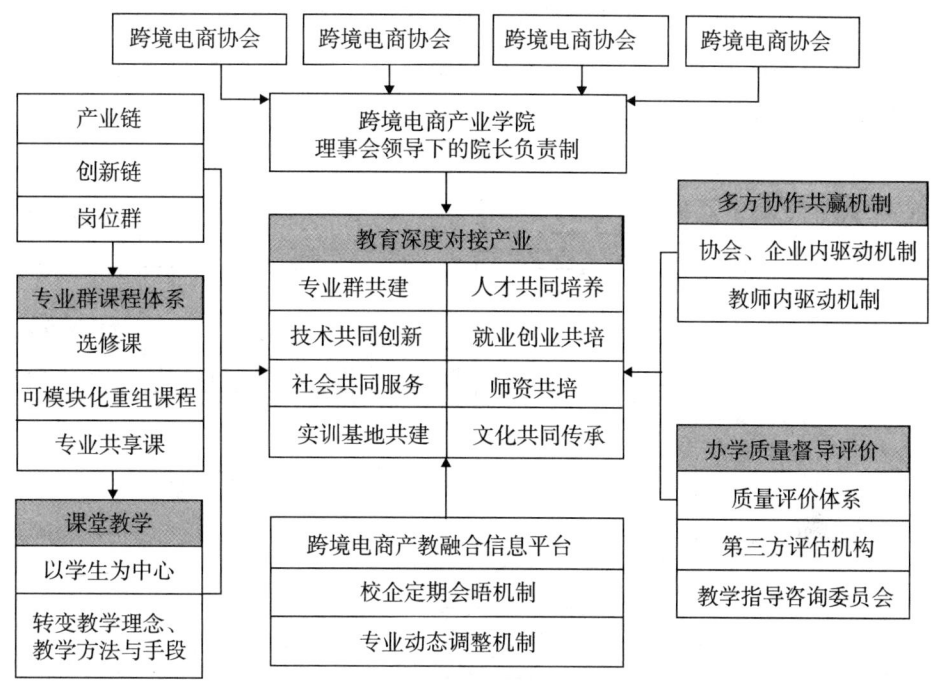

图 8-2 跨境电商产业学院系统图

三、跨境电商产业学院平台建设

数字经济背景之下，跨境电商校企合作的重要表现形式是跨境电商产业学院平台的搭建，从本质上看，它是产业学院建设的关键环节，数字孪生技术为平台的搭建提供保障。跨境电商产业学院平台将企业相关的一系列实时数据与真实数据进行打包，借助数字化的技术手段实现对数据的分类，并通过平台加以展示，使丰富多样的资源都可以在这里可以实现共享。可以说，这一平台的搭建，一方面创新了高校人才的培养模式，另一方面使企业项目建设应用得以不断推进。

（一）平台简介

跨境电商产业学院校企合作平台搭建的理论基础是资源依赖理论，基于数字孪生技术理念，对校企合作平台进行模块划分，大致可以分为三大块，即新商科大数据分析模块、跨境电商数据化模块以及产业学院实训实战模块，这三大模块借助数据分析工作室，这一产业学院的核心模块促使三大模块得以有机结合，从而促使跨境电商产业学院校企合作平台多功能的实现，包括产业学院实战实训、高校端的专业学科分析与发展、企业端的跨境电商平台数据化管理等，具体模型如图8-3所示。

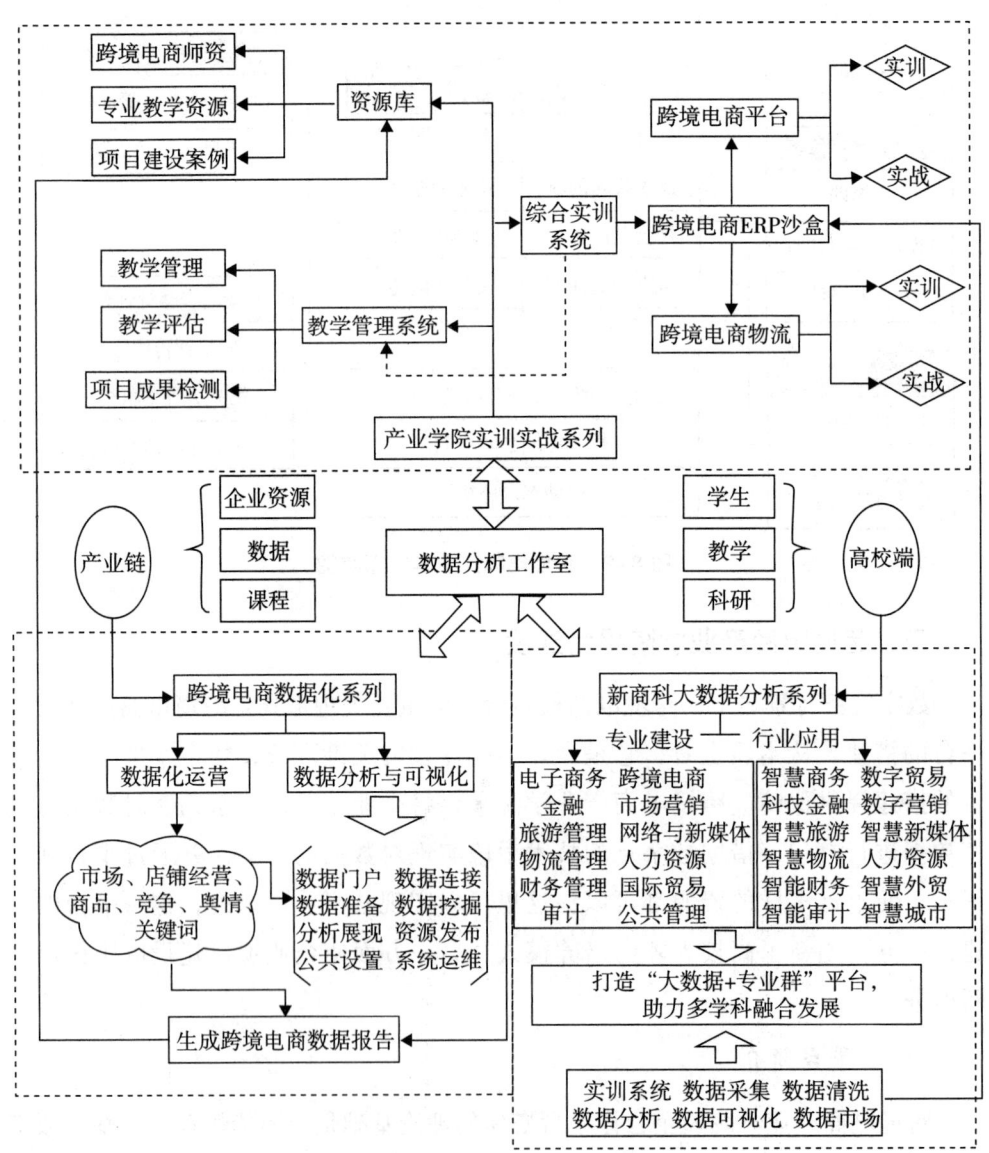

图8-3 跨境电商产业学院平台模型

借助跨境电商数据化平台，企业端能够将一系列的产业发展数据进行实时共享，包括关键词分析、消费者舆情分析、行业竞争情况、商品信息、店铺经营模式、市场分析等，通过数字化的技术手段，实现对海量数据的分析与可视化呈现，从而生成一份高质量的数据分析报告。借助跨境电商数据化平台，一方面可以帮助企业实现高效运转，另一方面能够将其分享至产业学院的实训实战资源库中，用于高校教师的教学资源与学生的学习材料与项目建设案例，学生结合案例分析还能够提出更为合理的建议，推动企业更好地发展，最终实现学校与企业的共生性资源依赖模式的创建。

通过新商科大数据分析平台，高校端可以将一系列数据共享至数据分析工作室，即校内科研、教学、内部学生的相关数据。通常来说，在产业学院中设置的与跨境电商相关的专业大致有物流管理、市场营销、国际贸易、电子商务等，借助校企合作平台，能够有效实现专业与行业应用的融合，以行业应用为载体，对"大数据+专业群"融合平台进行打造，促使多学科融合发展得以实现。

一般来说，高校端与企业端之间的资源整合，可以借助跨境电商实训实战平台得以实现。通过这一平台又能够促使教学管理系统得以创建，促进多项功能的实现，具体包括项目成果检测、教学评估、教学管理；而企业与学校之间项目建设案例、专业教学资源、跨境电商师资的实时共享，也得益于跨境电商资源库的搭建。最后，产业学院的学生能够在跨境电商物流与跨境电商平台两大模块中，借助跨境电商校企合作平台中的 ERP 沙盒系统，完成实训与实战工作。

（二）跨境电商实训实战模块

通过数字孪生技术实现的一系列虚拟仿真平台，可以称之为跨境电商实训实战模块，具体包括跨境电商保税进口虚拟仿真实验平台、跨境电商直邮监管虚拟仿真实验平台、跨境电商数据化运营与决策系统、跨境电商综合实训平台等，从本质上看，它是跨境电商产业学院平台化建设的不可取代的关键环节。通常而言，实训与实战之所以能够同时引入校企合作平台，得益于跨境电商 ERP 沙盒系统，通过这一系统可以实现仿真实训平台的对接，与此同时，根据 20 余种主流跨境电商平台真实账号实战，以及企业真实跨境电商运作流程，使跨境电商产业学院人才培养目标得以实现。客观上，推动了实战与实训的有机结合，能够高效实现教育口与企业端之间的无缝对接，实现真正意义上的校企深度融合。

跨境电商数据化系统，应当能够帮助企业实现日常高效运行的同时，还应当能够实现企业的正确决策，也就是要对实时采集来的真实数据进行海量分析，而这一功能的实现离不开一系列功能模块的支持，包括店铺企划、运营辅助精灵、经营分析、商品分析、店铺分析、搜集分析等，同时需要一系列真实数据的支撑，包括物流、国家、商品、行业等。在这些与跨境电商相关的真实数据支持的基础之上，学院的师生能够实现对商品、店铺、行业经营状况的实时分析，从而通过数字化技术手段完成全方位、多维度的解析。此外，平台还能够通过先进技术实现数据分析报告的可视化呈现。

跨境电商直邮监管虚拟仿真实验平台可以让学生在一定程度上实现对跨境电商直邮监管业务整个过程的熟悉与掌握，具体的实现过程需要参考与借鉴真实的海关通关模式，借助四大场景的搭建，即离岸口岸、跨境监管场所、跨境物流场所、跨境电商企业仓储的再现得以实现。与之相类似的是跨境电商保税进口虚拟仿真实验平台，通过这一平台能够帮助学生掌握包括前期准备、入区准备、入区通关、出区通关、尾程配送等环节的业务全流程，这一流程的实现需要参考与借鉴跨境电商"1210"通关模式，借助相关场景的再现得以实现，包括海关办事处、保税区仓库、外经贸、电商、物流等。学生基于校内所学的专业相关理论知识，包括国际贸易、物流管理等电子商务类专业知识，借助平台实战演练，使自身的实战能力与创新意识得到提高。

总而言之，通过跨境电商产业学院校企合作平台的搭建，可以促使学生的实战实训能力得到有效培养与提高。具体来说，一方面该平台可以有针对性地设计相应的操作演练步骤，另一方面，还能够帮助教师对教学内容加以完善，完成一些在校内无法进行的实践应用操作。

（三）电商数据化模块

跨境电商数据分析和可视化平台与跨境电商数据化运营综合实训平台是电商数据化运营的两大模块。二者中的前者可以实现与真实跨境电商平台的无缝对接，通过不同流程之间的有效衔接，涉及数据采集、数据分析、数据展示等环节，使电商数据的多项、不同角度的数据分析功能得以实现，具体包括消费者舆情分析、关键词分析、市场分析、竞品分析、竞店分析、行业分析等。该平台的搭建无论是对学生还是对企业都能够起到一定的积极作用，在一定程度上为校内学生提供实践学习与应用操作的机会，同时帮助企业方获取到企业自身发展所需的各方面信息，从而实现对企业商品企划操作与自身店铺设计的不断改进与完善，实现双方共赢。借助这一平台能够实现运营与电商数据的完美结合，实战与实训的统一，能够对数据进行全方位、多维度的解析以及可视化的呈现，平台同时拥有着丰富的跨境电商课程资源，能够帮助学生最大限度地实现实践与理论的有机结合，使学、练、用的问题得到有效解决，为院校师生的社会服务、科学研究、论文写作、学科竞赛、实训实战提供有力支撑。

可以说，跨境电商产业学院校企合作平台中的电商数据化模块，既可以帮助学生获取到学习与实践操作的机会，也能够帮助中小型跨境企业的发展提供数据参考，通过数字化的技术手段，实现对海量数据的解析与可视化的呈现，同时借助平台能够将数据分析报告共享至所有的用户群体。

（四）新商科大数据分析模块

行业应用模块与专业建设模块是新商科大数据分析模块的两大组成部分。一般来说，高校端的资源整合可以通过专业建设模块得以实现，通过跨境电商行业发展数据使高校资源得到分类，根据行业应用模块，使高校专业建设与跨境电商行业数据实现有机融合。在此基础之上，对新商科大数据商业智能实训平台进行打造，在数据可视化分析、跨境电商报告等数字经济背景之下，使跨境电商产业学院的大数据分析方面的需求得到满足，帮助企业人员、教师、学生等用户群，通过这一平台实现数据资源的共享。与此同时，平台的搭建还对学生的大数据分析应用能力的锻炼有着积极的促进作用，通过真实业务场景的再现，使学生基础大数据能力得到有效提高，基于对大数据语言的学习，如 R 语言、Spark、Python 等，再通过平台内设置的实验教学项目练习，能够在一定程度上使学生的跨境电商基本技能与产业思维得到培养与提高。该模块在促使高校行业与专业发展相结合的同时，为高校跨境电商的发展提供新思路，通过对数字孪生技术与相关数字化手段加以运用，使跨境电商发展中行业需求与人才培养之间的壁垒得到消除。

通过分析与研究跨境电商综合实训平台的一系列具体平台，不难发现，在数字经济时代，加强对数字化资源的引进将成为跨境电商产业学院建设的一项重要任务，基于此，可以实现校企双方的资源共享，使二者间的资源依赖模式得以形成；与此同时，应当强调平台的数据更新与运营维护，通过数字化的技术手段，促使数据分析报告得以可视化呈现，客观上推动一站式全流程跨境电商校企合作平台的打造。

四、跨境电商产业学院机制建设

（一）多元协作共赢机制

通常而言，跨境电商产业学院校企合作的顺利开展，完全得益于有效的多元协作共赢机制的建设与实施，具体来说，可以通过两个层面进行架构：第一，最大限度地将企业与协会参与跨境电商产业学院建设的积极性调动起来，其中起到决定性作用的因素便是企业与协会的内驱动机制，需要对其进行积极探索；第二，通过采取一系列激励措施，促使教师自觉地参与到产教融合与校企合作中去，其中业界导师、高校教师都属于教师。举例说明，在人事制度方面，针对业界导师与高校教师的职称晋升与评优条件进行区别对待。对于业界导师，为其搭建专属的职业成长通道，在职称晋升与评优中适当地给予特殊优惠政策，使其参与跨境电商产业学院人才培养与专业建设的积极性得到充分激发；对于高校教师，其社会服务成果、企业协同育人成果以及专业技术能力等一系列指标，都可以考虑纳入考核，并且需要相应地加大权重。

（二）跨境电商产业学院办学质量督导评价体系

对跨境电商产业学院教育质量评价体系进行搭建，对社会服务水平、校企合作、产教融合、学生的就业质量、技术技能水平与职业道德加以重点关注。对跨境电商产业学院教育质量年度报告制度加以实施，并面向全行业进行公开；构建质量评价机制，使学校、跨境电商企业、跨境电商协会、政府都能够参与其中，对第三方机构评估予以支持；对跨境电商产业学院教育指导咨询委员会进行组建，为产业学院的各项重大改革与决策提出合理意见与建议。

跨境电商产业学院通过依托园区、政府，与跨境电商协会联合办学，依托强大的跨境电商产业背景与跨境电商企业、园区进行人才培养工作，推动产学研深度融合，使人才培养质量得到提高，使社会服务领域得到扩大，最终实现政府、学校、学生、协会、企业、园区等多方共赢。

参考文献

[1] 李医群. 跨境电商职业能力与发展 [M]. 中国海关出版社，2019.

[2] 张式锋，陈珏，张俊杰，等. 跨境电商基础 [M]. 上海：立信会计出版社，2017.

[3] 周志丹，徐方. 跨境电商概论 [M]. 北京：机械工业出版社，2019.

[4] "'院园合一'机制下基于工作室的跨境电商人才培养实践研究"项目组. "院园合一"机制下跨境电商工作室制人才培养 [M]. 青岛：中国海洋大学出版社，2020.

[5] 张季菁，秦勇. 跨境电商与多语言服务创新型人才培养 四川外国语大学学生创业案例集 [M]. 北京：中国经济出版社，2018.

[6] 钟肖英，王睿. 跨境电商创新创业型人才培养模式的研究与实践 [M]. 西安：西北工业大学出版社，2022.

[7] 孙彦东，朱颖. 跨境电商创新创业型人才培养模式的研究与实践 [M]. 吉林出版集团股份有限公司，2021.

[8] 胡雨. 跨境电商产教融合人才培养模式研究 [M]. 北京：中国国际广播出版社，2020.

[9] 曹盛华. 跨境电商发展策略与人才培养研究 [M]. 北京：中国水利水电出版社，2018.

[10] 高职"跨境"背景下电商专业人才培养校企合作研究 [M]. 长春：吉林科学技术出版社，2018.

[11] 黄怡伟. 大数据视角下的跨境电商发展研究 [M]. 北京：中国商业出版社，2021.

[12] 崔淑娟，陈少明，范爱军. 跨境电商背景下商务英语人才需求与教学模式研究 [M]. 长春：吉林人民出版社，2020.

[13] 李华. 高职电子商务人才培养的研究与实践 [M]. 北京：中央编译出版社，2021.

[14] 薛晓霞. 电子商务人才培养模式研究与实践 [M]. 北京：北京交通大学出版社，2017.

[15] 王帮元. 现代电子商务人才培养模式改革与管理 [M]. 合肥：中国科学技术大学出版社，2015.

[16] 刘锦峰. 创新与突破 高职电子商务专业群人才培养体系构建与实践 [M]. 北京：北京理工大学出版社，2021.

[17] 袁江军. 高职电子商务专业人才培养系统工程 [M]. 杭州：浙江工商大学出版社，2013.

[18] 钟勤，聂勋伟. 中职学校电子商务专业建设探索与实践 基于重庆龙门浩职业中学校职业化人才培养的思考 [M]. 重庆：重庆大学出版社，2018.

[19] 全国电子商务职业教育教学指导委员会，跨境电子商务人才培养指南开. 跨境电子商务人才培养指南 [M]. 北京：高等教育出版社，2018.

[20] 叶小蒙，陈瑜，陈晓龙. 电子商务人才培养与教学体系建设研究 [M]. 北京：中国商业出版社，2021.

[21] 董志良，都沁军. 创业型电子商务人才培养的理论与实践 [M]. 北京：经济科学出版社，2013.

[22] 跨境电子商务理论与人才培养实践 [M]. 长春：吉林大学出版社，2020.

[23] 张健. 电子商务应用与高校人才培养研究 [M]. 武汉：湖北科学技术出版社，2018.

[24] 彭铁光，桂诚. 电子商务专业人才培养模式改革与管理研究 [M]. 北京：民主与建设出版社，2016.

[25] 周二勇. 高水平应用型本科专业建设 人才培养模式与评价体系研究 [M]. 北京：北京理工大学出版社，2020.

[26] 汪立极，罗国生. 校企双制人才培养模式及评价体系 [M]. 广州：暨南大学出版社，2016.

[27] 李小娟，胡跃茜，虞希铅. 高职院校高技能人才培养的绩效评估及应对策略 [M]. 杭州：浙江大学出版社，2017.

[28] 张晓欣. 高校经管类专业人才培养探索 [M]. 长春：吉林人民出版社，2020.

[29] 贺志青. 我国跨境电商的发展现状及改进策略探析 [J]. 老字号品牌营销，2023（6）：45–47.

[30] 肖文杰，肖冰果. 我国跨境电商人才培养综述及思考 [J]. 大学教育，2022（12）：199-202，221.

[31] 廖嘉城. 大数据背景下我国跨境电商发展的创新路径研究 [J]. 商展经济，2023（2）：11-13.

[32] 张莉，周昕. 跨境电商专业"三融四化、多维协同"实践育人模式研究 [J]. 科教导刊，2023（1）：67-69.

[33] 代梦. 民办高校校企融合背景下英语跨境电商专业课程建设探索 [J]. 英语广场，2022（33）：95-98.

[34] 陈桔华. 基于区域产业特色的高职高水平专业群建设：以跨境电商为例 [J]. 晋城职业技术学院学报，2022，15（5）：37-40.

[35] 林嘉琪. 产教融合背景下跨境电商课程建设研究 [J]. 现代商贸工业，2022，43（6）：25-27.

[36] 吕宏晶. 跨境电商实训课程实施教学做合一的研究 [J]. 电子商务，2016（12）：79-80.

[37] 胡建华. 翻转课堂在跨境电商人才培养中的运用分析 [J]. 中国管理信息化，2019，22（10）：213-214.

[38] 谭玲萍. 基于翻转课堂的混合式教学模式在《跨境电商实务》课程的构建与实施：以东莞职业技术学院为例 [J]. 科技视界，2018（25）：124-126.

[39] 吕宏晶. 跨境电商实训课程实施教学做合一的研究 [J]. 电子商务，2016（12）：79-80.

[40] 金雪莲，高建芳，张媛. 基于任务驱动的电商实训课程教学实践 [J]. 电子技术，2021，50（6）：144-145.

[41] 郭昱辰，王磬. 浅析任务驱动法在高职"跨境电子商务"课程中的应用 [J]. 南昌师范学院学报，2018，39（3）：68-70.

[42] 朱燕芳，胡俊华. 基于产教融合的跨境电商实习实训基地建设 [J]. 营销界，2023（4）：119-121.

[43] 何芬. 跨境电商"实训+实战"混合式教学模式的构建与实践：以"跨境电子商务综合实训"为例 [J]. 济南职业学院学报，2023（1）：47-52.

[44] 史小俊. 跨境电商实训短板的教学改革策略探索 [J]. 产业与科技论坛，2021，20（22）：167-168.

[45] 卓凤莉. 跨境电商人才市场需求及其培养模式分析 [J]. 财富时代，2021（11）：196-197.

[46] 梁玉环.校企融通打造跨境电商"双师型"师资队伍的研究[J].营销界,2022(8):53-55.

[47] 李健欣.数字经济时代跨境电商人才培养模式探析[J].才智,2021(32):189-192.

[48] 史小俊.跨境电商实训短板的教学改革策略探索[J].产业与科技论坛,2021,20(22):167-168.

[49] 黄毅,储华.高职跨境电商专业校企共建"双师型"教师培养培训基地实践[J].现代商贸工业,2021,42(29):40-41.

[50] 沈蕾娜.跨境电商专业技能型人才培养途径的探索[J].今日财富,2021(10):91-92.

[51] 程凌燕.跨境电商背景下国贸专业实践课程设置研究[J].现代商贸工业,2019,40(26):47-48.

[52] 刘昊昕.民办高校国贸专业跨境电商校企合作人才培养模式研究[J].中国市场,2017(23):222-223.

[53] 钱倩.基于校企合作的跨境电商跨界复合型人才培养模式研究[J].商业经济,2023(5):121-123.

[54] 蒋晶晶."1+X"证书制度下跨境电商人才产教融合培养研究[J].广东轻工职业技术学院学报,2022,21(6):64-68.

[55] 钱远玲.校企合作培养跨境电商人才的路径探究[J].中外企业文化,2022(8):232-234.

[56] 杜卓彧.跨境电商人才培养的校企合作路径创新与实践研究[J].商展经济,2022(12):108-110.

[57] 马慧莲.产教融合背景下跨境电商产业学院人才培养路径探析[J].特区经济,2022(7):102-105.

[58] 朱甜甜,朱文娟.基于OBE理念的应用型电商人才培养模式研究:以福州理工学院为例[J].现代商贸工业,2022,43(15):38-40.

[59] 柳国华.跨境电商专业"三层递进、五化合一"人才培养模式实践[J].济源职业技术学院学报,2022,21(3):28-33.

[60] 董凤愿.基于校企协同的中职学校电商专业育人平台建设实践研究[J].科技经济市场,2022(10):116-118.

[61] 苏森.产教融合视域下高职电商专业实践教学体系研究[J].现代商贸工业,2023,44(2):54-56.

[62] 朱燕芳，胡俊华. 基于产教融合的跨境电商实习实训基地建设 [J]. 营销界，2023（4）：119-121.

[63] 宋昊洋. 数字经济背景下跨境电商产业学院产教融合研究 [D]. 郑州：郑州航空工业管理学院，2022.

[64] 陈超. 跨境电商人才需求问题的统计研究 [D]. 杭州：浙江工商大学，2020.

[65] 林烜. 新时期福建中职学校跨境电商人才培养模式研究 [D]. 福州：福建师范大学，2019.

[66] 闫新苗. 我国跨境电商的现状及发展建议 [D]. 北京：对外经济贸易大学，2015.

[67] 刘雨霞. 数字经济环境下中职学校电子商务专业人才培养体系构建 [D]. 南昌：江西科技师范大学，2022.

[68] 胡小平. 电子商务专业"3+2"中高职衔接人才培养模式研究 [D]. 天津：天津职业技术师范大学，2021.

[69] 王红军. 跨境电子商务人才创业胜任力培养机制研究 [D]. 浙江：浙江大学，2018.

[70] 尹威. 锡林郭勒职业学院电子商务人才培养方案的研究 [D]. 呼和浩特：内蒙古师范大学，2017.

[71] 雷洋. 高校跨境电子商务人才培养模式研究及政策建议 [D]. 呼和浩特：内蒙古工业大学，2017.

[72] 许云雁. 中职学校电子商务专业校企合作调查研究与优化分析 [D]. 广州：广东技术师范学院，2016.

[73] 何梓源. 我国电子商务高速发展背景下的人才供需状况研究 [D]. 上海：上海社会科学院，2013.